"Personas que se preocupan por ~~riño~~ en las circunstancias difíciles. Esta es la medicina que más necesitamos y está presente en cada página de *Ángeles en la sala de urgencias,* una crónica de la humanidad en su mejor momento".

—**Richard Thomas**, actor de películas, televisión y teatro; conocido por su papel como John-Boy en *Los Walton* y presentador de *Es un milagro* [*It's a Miracle*]

"Es difícil dejar de leer *Ángeles en la sala de urgencias.* Sientes que estás *allí* con el doctor Lesslie en cada circunstancia, y cada situación exhibe la dimensión espiritual de la vida y la muerte de una manera que la mayoría de nosotros jamás experimentará en carne propia. Solo puedo comparar ese apremio de tomar decisiones instantáneas con mi época de jugador de baloncesto. Disfruté de cada historia".

—**Bobby Jones**, cofundador de 2XSALT, seleccionado en cuatro ocasiones para participar en el partido All-Star de la NBA y miembro de los 76ers de Filadelfia cuando este equipo fue campeón mundial en 1983

"En una época en la que los médicos ven a los pacientes como un número de Seguro Social, el doctor Lesslie recupera la imagen desdibujada de un médico solícito para quien el paciente es lo más importante. Si algún día tengo que pasar por una sala de urgencias, espero que el doctor Lesslie esté allí para atenderme".

—**Randall Ruble**, presidente de la Universidad y el Seminario de Erskine

"Conocemos a un elenco de personajes maravillosos que pasan por las puertas de la sala de urgencias de un hospital de Carolina del Sur... Pero Robert Lesslie también está allí, él es un médico que se caracteriza por su fidelidad y empatía, tiene un corazón compasivo y sabe detectar la presencia de Dios en medio de la necesidad humana".

—**Thomas Long**, profesor de Predicación,
Cátedra Bandy, Facultad de Teología Candler,
Universidad de Emory

ÁNGELES
EN LA
SALA DE URGENCIAS

Historias de la vida real
que expresan el amor de Dios

ÁNGELES
EN LA
SALA DE URGENCIAS

Historias de la vida real
que expresan el amor de Dios

Dr. Robert D. Lesslie

ORIGEN

Título original: *Angels in the ER*
Copyright © 2008 by Robert D. Lesslie
Published by Harvest House Publishers
Eugene, Oregon 97408
www.harvetshousepublishers.com

Primera edición: julio de 2019

Publicado bajo acuerdo con Harvest House Publishers
© 2008, Robert D. Lesslie
© 2019, Penguin Random House Grupo Editorial USA, LLC.
8950 SW 74th Court, Suite 2010
Miami, FL 33156

Todas las citas bíblicas, a menos que se indique lo contrario, fueron tomadas de
la Santa Biblia, Nueva Versión Internacional® NVI® © 1999, 2015 por Biblica, Inc.®
Usado con permiso de Biblica, Inc.® Reservados todos los derechos en todo el mundo.

Traducción: María José Hooft
Diseño de cubierta: Karys Acosta
Fotografía de cubierta: Jamesboy Nuchaikong / Shutterstock.com

ISBN: 978-1-64473-015-7
ISBN: 978-1-64473-019-5 (ebook)

Impreso en USA / *Printed in USA*

Penguin
Random House
Grupo Editorial

Para Bárbara,
el ángel de mi vida

Índice

ÁNGELES EN MEDIO DE NOSOTROS

Estos veinticinco años trabajando en la sala de urgencias me han enseñado muchas cosas. Sé, sin duda alguna, que la vida es frágil. Comprendí que la humildad puede ser la mayor virtud. Y estoy convencido de que debemos tomarnos el tiempo para decirles a nuestros seres queridos nuestros sentimientos más profundos.

También aprendí a creer que hay ángeles en medio de nosotros. Pueden tomar la forma de un amigo, del personal de enfermería o de un completo extraño. Y, en ocasiones, ni siquiera los vemos; se manifiestan como una presencia sutil, aunque muy real, y nos guían, consuelan y protegen.

La sala de urgencias es un lugar lleno de dificultades y desafíos, tanto para los pacientes como para los que cuidamos de ellos. Sin embargo, las mismas presiones y tensiones que hacen de este un lugar tan desafiante también brindan la oportunidad de experimentar algunos de los misterios y las maravillas más increíbles de la vida. Ofrezco algunos de mis pensamientos y experiencias en estas páginas movido por un sentimiento sincero de aprecio por estos misterios y un profundo sentido de privilegio.

—**Dr. Robert Lesslie**

1

LA NATURALEZA DE LA BESTIA

Aunque ande en valle de sombra de muerte, no temeré mal alguno,
porque tú estarás conmigo.

Salmo 23:4

Todos los que estábamos en la sala miramos hacia la entrada de la ambulancia. Habíamos escuchado los gritos y alaridos y, en especial, el gemido desgarrador de una mujer joven. De repente, las puertas automáticas se abrieron y una multitud de alrededor de quince o veinte personas, todos ellos adolescentes o tan solo un poco mayores, se desparramaron por la sala de urgencias. En medio de ellos, transportaban a un joven. Sus brazos y piernas colgaban de forma descontrolada, y su cabeza se balanceaba de un lado al otro. Su sudadera estaba empapada en sangre.

—¡Ayuda! —El grito provenía de alguien que estaba al frente del grupo—. ¡Le dispararon a Jimmie!

Todos nos dirigimos hacia la puerta. Jeff Ryan, el supervisor de planta de esa noche, fue el primero que se acercó al hombre herido.

—Síganme —dijo a quienes cargaban a Jimmie—. Y no lo dejen caer.

Guio al grupo a Traumatología y gritó por encima de sus hombros al secretario de la sala:

—¡Llama a seguridad!

En la entrada, Jeff volteó y tomó al muchacho sangrante en sus brazos y lo llevó al centro de la sala. Mientras lo acomodaba con cuidado en la camilla, algunos miembros de la multitud intentaron ingresar a Traumatología.

—¡No! —Una palabra de Jeff los frenó de inmediato—. Tendrán que esperar afuera.

Muy pocas personas cuestionaban la autoridad de Jeff Ryan. Tenía poco más de treinta años, medía un metro ochenta y pesaba alrededor de 225 libras. Cuando vine por primera vez a Rock Hill, él ya estaba en la sala de urgencias. Pronto supe que Jeff era uno de los mejores enfermeros con los que trabajaría en toda mi carrera. Parecía un oso de peluche gigante, pero había algo en su mirada que daba la seguridad de que debajo de esa apariencia tierna había una fuerza robusta y un temperamento potencialmente explosivo. Lo he visto explotar un par de veces… y pobre de los que han estado cerca. Decíamos que Jeff era el "responsable de hacer que las reglas se cumplieran".

En pocos minutos, Jimmie estaba completamente desnudo y acostado de espaldas. Tenía una vía intravenosa en cada brazo, cada una de ellas suministrándole solución salina a toda velocidad. Tenía una sonda en la vejiga y recibía oxígeno por medio de una cánula nasal sujetada por una tira elástica alrededor de la cabeza.

Exploré su abdomen por segunda vez. Había un agujero de bala justo arriba de su ombligo. Obviamente, esta era la herida de entrada, pero no había ningún orificio de salida. Había estado despierto y hablando desde el momento en que lo colocamos en la camilla. Desde el principio, sus signos vitales habían estado bien, solo tenía la presión arterial un poco débil. Esto había mejorado rápidamente con la solución salina y ahora parecía que las cosas estaban estables. Los análisis clínicos ya estaban listos y se estaban haciendo las pruebas de compatibilidad para la transfusión sanguínea. La íbamos a hacer tan pronto como estuviera disponible. Habían notificado al cirujano de guardia, Sam Wright. Afortunadamente, todavía estaba en el hospital, en el quirófano, terminando un caso.

Unos minutos después, respondió el teléfono.

—Sam, habla Robert —le dije—. Tengo a un hombre de diecinueve años en Urgencias con una sola herida de bala en el abdomen. Está consciente y sus signos vitales son estables, pero no hay orificio de salida. En la radiografía, parece que la bala está cerca del riñón derecho. Y parece pequeña, quizá de calibre 22.

El calibre era una mera suposición pero, en realidad, esto no cambiaba mucho las cosas.

—Prepáralo para el quirófano —respondió Sam—. Parece que vamos a tener que abrirlo para ver qué está sucediendo. Ahora estoy cerrando la apendicectomía que me derivaste más temprano, así que lo veré aquí en el quirófano.

—Está bien, hagamos eso. Cuando lo veas, habrá recibido, aproximadamente, una unidad de sangre.

—Bueno —dijo y después colgó.

Jeff estaba escribiendo unas notas en la ficha del paciente.

—¿Está listo el doctor Wright para verlo en el quirófano? —me preguntó.

—Sí, tan pronto como esté todo en orden —respondí.

Recogió la tablilla con la ficha, dio unos pasos hacia el costado de la camilla y verificó que hubiera flujo en las dos vías intravenosas. Luego se dirigió hacia la puerta.

—Buscaré ayuda y nos pondremos en marcha —me dijo mientras se cerraba la puerta.

Miré hacia abajo, a Jimmie, y pregunté:

—¿Estás seguro de que no quieres que llamemos a alguien? ¿Familiares? ¿Parientes?

Ya le habían hecho esta pregunta varias veces, pero todo el tiempo respondió que no había nadie a quien molestar. Los "amigos" que lo habían traído a Urgencias tampoco habían ayudado mucho. Una vez que depositaron a Jimmie en nuestra sala de Traumatología, desaparecieron. Quizá escucharon que Jeff pidió que llamaran a Seguridad o quizá sabían que la policía llegaría en cualquier momento. Cualquiera que haya sido el motivo, se habían ido.

Estábamos solos en la habitación y yo estaba esperando a que llegara el equipo de traslado.

—Doctor, no lo voy a lograr —dijo con naturalidad.

Esta afirmación categórica me sorprendió. Lo miré, verifiqué su color y miré el monitor cardíaco para asegurarme de no pasar nada por alto. Parecía bastante estable.

—Jimmie, estarás bien. Sé que esto no te parece gracioso, pero es una herida directa, y el doctor Wright la curará. Es posible que la bala te haya dañado los intestinos o algo por el estilo, pero él te suturará, y estarás en tu casa dentro de unos días.

No tenía que simular que tenía confianza porque realmente la tenía. Esta sería una técnica quirúrgica básica. Desafortunadamente, veíamos muchos casos similares. Él iba a estar bien. Era joven y estaba sano.

En calma y en paz, continuó mirando directo al techo. Sus brazos descansaban junto a su cuerpo y una sábana lo cubría hasta la cintura. Tenía muchos tubos conectados a él, pero permanecía estable y se veía bien.

—No, viejo —dijo él, resignado, mientras miraba al techo en silencio—. No voy a salir con vida de ese quirófano.

Su tono y sus palabras me molestaron. Necesitaba algo de motivación.

—Jimmie…

Antes de que pudiera terminar de hablar, las puertas se abrieron y dos hombres del equipo de traslado ingresaron a la habitación. Hicieron todos los preparativos necesarios y comenzaron a empujar la camilla hacia la puerta. Yo me hice a un lado del camino.

Cuando Jimmie estaba atravesando la puerta, volvió la cabeza y me miró fijamente.

—No voy a salir con vida, doctor.

—Todo va a salir bien, Jimmie —repetí una vez más y, luego, él desapareció.

Por supuesto que yo tenía razón. Y se lo podría decir dentro de unas horas. Miré el reloj de la pared. Eran las 12:30 a. m.

A la 1:00 a. m., una chica de diecinueve años entró rengueando y nuestro personal de Triaje la llevó a la habitación 2. Había metido el pie en un hoyo (el cual, por casualidad, estaba a la salida de uno de los lugares en los que la gente va a tomar bebidas alcohólicas) y se había hecho un esguince de tobillo. Estaba bastante inflamado y necesitaríamos una radiografía para asegurarnos de que no estuviera roto.

Habíamos acabado de mandarla en una silla de ruedas por el pasillo hacia Radiología cuando las puertas de la ambulancia se abrieron. El servicio médico de urgencias trajo a una mujer de veinticinco años directamente a Cardiología. Tenía un historial antiguo de nefropatía y presión arterial extremadamente alta. Parecía que había padecido un accidente cerebrovascular. Estaba respirando, pero no respondía al dolor ni a la estimulación verbal. Necesitábamos una tomografía axial computarizada de su cabeza… y rápido.

En pocos minutos, su camilla se dirigía por el pasillo hacia Radiología.

Me paré en la estación del personal de enfermería mientras escribía las fichas de estos dos pacientes. Una noche atareada se estaba convirtiendo en una madrugada atareada.

De repente, una voz desconocida rugió detrás de mí, casi en mi oreja.

—¿Dónde está mi bebé? ¿Dónde puede estar?

Me di vuelta, asustado, y quedé cara a cara con una mujer de mediana edad. Llevaba una bata con rayas azules y blancas, apenas cerrada con dos alfileres de seguridad grandes. Podía verse un camisón de seda negra que asomaba por debajo de la bata, casi limpiando el piso. Y en los pies tenía pantuflas rojas brillantes, que simulaban un animal peludo irreconocible.

Pero mi mirada se distrajo con su cabeza. Su cabello tenía rulos grandes y rosados, sostenidos por algo que no podía identificar. Miré mejor y lo pude reconocer: eran unas pantimedias muy grandes.

—¿Dónde está Naomi? —preguntó, sin dirigirse a nadie en particular—. ¡Su amiga dijo que estaba aquí!

Comenzó a mirar hacia todos lados buscando a su hija frenéticamente. Entró a una de las salas de exploración y estaba a punto de abrir las cortinas cuando pude detenerla.

—Señora, soy el doctor Lesslie. Acompáñeme y la ayudaremos a encontrar a su hija.

Paró y me miró, estaba por decir algo. Luego giró levemente la cabeza hacia un lado y miró por encima de mi hombro. Abrió muchísimo los ojos.

—¡Mi bebé! —gritó, mientras señalaba hacia el pasillo—. ¿Qué le hicieron a mi bebé?

Me apartó a un lado con su enorme brazo, empujandome contra el mostrador, y corrió por el pasillo.

—¡Mi bebé! ¿Qué le hicieron? —gritó.

La joven que había sufrido el accidente cerebrovascular estaba volviendo de la tomografía computarizada. Estaba acostada en la camilla, seguía sin responder a los estímulos y la estaban llevando hacia su habitación.

—¡Mírenla! ¡Ustedes la mataron!

Ahora gritaba aún más fuerte. Se abrió camino entre los auxiliares de Radiología y empujó a uno de ellos mientras tomaba la cara de la chica con sus manos.

—¡Está muerta! ¡Ustedes la mataron!

Hubo un instante de silencio. Puso los ojos en blanco y levantó la cabeza al cielo.

Y luego emitió un llanto desgarrador.

—¡Jesús! ¡Ayúdame, Señor!

Jeff se estaba acercando a la mujer. Iba a intentar calmarla y después llevarla a una habitación privada. Este tipo de explosiones eran habituales en la sala y, aunque pueda sonar desconcertante, ya todos nos habíamos acostumbrado a ellas. Pero todo esto era nuevo para los otros pacientes y algunas cabezas curiosas se asomaron por detrás de las cortinas e intentaron ver qué estaba sucediendo. Sin embargo, no se querían acercar demasiado. Esta mujer estaba muy exaltada.

—¿Quién hizo esto? ¿Quién mató a mi bebé?

Jeff se acercó a su lado y, en voz baja, le dijo:

—Señora, no está muerta. La estamos cuidando muy bien.

Le dio una palmada suave en el hombro.

Ella no quería saber nada al respecto y se alejó de Jeff.

—¡Quiero saber quién hizo esto!

Su voz parecía amenazadora. Entonces, miró directamente hacia mí y dio un paso hacia donde yo estaba. Me señaló con un dedo amenazador y me dijo:

—¡Te voy a demandar! ¡Voy a ser la dueña de este hospital! Y tú lo lamentarás.

Luego dijo algunas cosas sobre mi ascendencia. Se dio la vuelta y, una vez más, acarició a la joven en la frente. Tomó de nuevo la cabeza de la chica con las manos con mucho amor.

—Mi amor, ¿qué te hicieron? ¿Qué te hicieron? Voy a...

Paró de hablar a mitad de la oración y se quedó inmóvil. Su cabeza se movía de un lado a otro mientras estudiaba la cara de la joven que estaba acostada frente a ella. Parecía cada vez más confundida y, sorprendida, comenzó a abrir los ojos. De pronto, se distrajo con un movimiento en otra parte del pasillo y miró hacia arriba. Era la paciente que tenía la lesión en el tobillo. Estaba volviendo a la sala de urgencias en una silla de ruedas con las radiografías sobre su regazo.

La madre, consternada, se paró de inmediato y dejó caer la cabeza de la joven mujer sobre la camilla.

—¡Allí está mi bebé!

Corrió por el pasillo con una sonrisa de alivio y los brazos extendidos. Los alfileres de seguridad que a duras penas sujetaban su bata finalmente se soltaron, y la bata se abrió y comenzó a ondear mientras corría. Cuando llegó a la silla de ruedas, se arrodilló y abrazó a su hija. La apretó con fuerza y la meció de un lado al otro.

—¿Estás bien, bebita? ¿Estás bien?

No podíamos hacer ni decir nada. Simplemente nos quedamos allí parados.

Eran las 4:30 de la madrugada y yo estaba comenzando a decaer. Con otra taza de café, quizá podría ver el amanecer.

Me dirigía a la sala de estar cuando vi que Sam Wright se estaba acercando por el pasillo. Todavía tenía puestos el uniforme y el gorro de quirófano. Estaban empapados de sudor y noté que había salpicaduras de sangre desde sus rodillas hasta las fundas para los zapatos.

Se desplomó en una de las sillas que están detrás de la estación del personal de enfermería, se quitó el gorro de quirófano y lo tiró en el cesto de basura más cercano.

—Hombre, eso fue difícil —dijo, mientras sacudía la cabeza.

Caminé y me senté a su lado. Estaba hablando de Jimmie.

—¿Qué encontraste, Sam? —le pregunté.

—Lo llevamos al quirófano y lo pusimos en la mesa de operaciones. Inmediatamente después de que lo anestesiamos, su presión arterial comenzó a bajar. Al principio no bajaba tanto, pero después se desplomó. Cuando lo abrí, había sangre por todas partes. Intenté poner una pinza cruzada en la aorta para poder ver qué estaba sucediendo. La hemorragia provenía de un lugar al que no podía llegar y no logré controlarla por completo.

Hizo una pausa y me miró mientras movía la cabeza. Luego continuó.

—Esa bala cortó la pared lateral de la aorta y después se alojó debajo del riñón. No tocó nada más. Increíble. La sangre debe de haberse coagulado rápidamente y por eso no sangró tanto. Hasta que llegamos al quirófano. El coágulo se desprendió y todo lo demás se soltó. Ocho unidades de sangre. Con la misma velocidad con que hacíamos la transfusión, la sangre llegaba al piso. Intentamos todo. Trabajamos... —Se detuvo y miró su reloj de pulsera—. Trabajamos en él durante tres horas y media.

Paró y se desplomó con los hombros hacia adelante. Estaba cabizbajo y tenía la mirada perdida.

—Qué difícil, Robert. No se me ocurre qué otra cosa se podría haber hecho.

Nos quedamos sentados en silencio. Jeff se acercó con dos vasos de café negro y los puso en el mostrador. Nosotros no nos movimos.

—Y tenías razón —habló Sam de nuevo—. Era una bala de bajo calibre, creo que una 22.

La sala de urgencias, Rock Hill y el resto del mundo siguieron su curso a nuestro alrededor. Y yo pensaba en las últimas palabras que Jimmie me dijo.

———————◆◆◆◆———————

La sala de urgencias. Todo sucede allí. Es un lugar asombroso para observar y estudiar la condición humana. Vemos y experimentamos cada sentimiento y emoción, y lo hacemos en un entorno muy intenso y denso. Nos olvidamos del decoro y del buen comportamiento. Nos olvidamos de preocuparnos por lo que los demás pueden llegar a pensar acerca de nosotros. ¿En qué otro lugar verías a un banquero de cincuenta años que camina por el pasillo en una bata sin preocuparse de que un grupo de extraños puedan ver su retaguardia?

Pero todos estamos desnudos en la sala de urgencias, todos. Nuestras fortalezas y nuestras debilidades están expuestas a simple vista y, a veces, esto nos incomoda. Esto ocurre tanto con los pacientes como con los médicos. Como brindamos asistencia médica, ya sea el personal de enfermería o los doctores, los camilleros o los secretarios, aprendemos rápidamente los límites de nuestra predisposición a empatizar, a sacrificarnos y a dejar de pensar en nosotros. Claro que se puede permanecer al margen, distante y a resguardo… pero hay que pagar un precio.

A fin de cuentas, la sala de urgencias es el lugar en donde la fe de cada uno de nosotros será probada. Nuestras creencias serán moldeadas y refinadas o expuestas y descartadas si son inútiles. Allí podemos aprender quiénes somos y en dónde estamos parados. Y, a veces, es el lugar en donde encontramos la fe.

Estas páginas cuentan las historias de distintas personas que anduvieron por este valle de sombras. Por medio de sus experiencias y sus luchas podemos buscar en nuestro corazón las respuestas que necesitamos para encontrar gracia y paz en medio de la oscuridad.

2

EL MENOR DE ESTOS

---

*Porque tuve hambre, y ustedes me dieron de comer; tuve sed, y me
dieron de beber; fui forastero, y me dieron alojamiento; necesité ropa,
y me vistieron; estuve enfermo, y me atendieron; estuve en
la cárcel, y me visitaron.*

Mateo 25:35-36

La sala de urgencias significa cosas distintas para cada persona, pero
una de sus funciones más importantes es ser una red de protec-
ción para los que no tienen adónde ir. Esas personas que no tienen
dinero, cobertura médica, familiares, amigos. La Sala de Urgencia
les ofrece su mejor y última oportunidad de contar con cuidados
médicos. A veces, es el único lugar en el que encuentran algún tipo
de atención.

Puede ser difícil imaginar que alguien considere la sala de urgencias un lugar de bienestar y compañía, pero un ejemplo de esto
es lo que sucede cada Navidad. Uno supone que la mayoría de las
personas quieren estar en su hogar o con sus familiares y amigos, y
solo visitarían la sala de urgencias en caso de una necesidad lamentable, como una enfermedad o una lesión grave. Pero ese no es el caso
de una gran parte de nuestra sociedad, la cual permanece invisible.
Entre la mitad y el final de la mañana, vemos un flujo continuo de
personas que deberían estar en otro lado.

No tienen a nadie más con quien pasar el día de Navidad, solo
pueden hacerlo con los miembros del personal que tienen la mala
suerte de estar de guardia en la sala. No tienen otro lugar donde en-

contrar una comida navideña, aun cuando esta sea insípida y aburrida. Puede ser incómodo prestar atención e intentar imaginar cómo será la vida de aquel hombre o aquella mujer y, en especial, qué les puedes decir o qué puedes hacer por ellos.

———◆� ◆ ◆———

Eran las dos de la tarde de un martes frío y despejado de febrero.

—General, habla la ambulancia 1, cambio.

Reconocí la voz de Denton y levanté el receptor del radio de comunicación con la ambulancia. Denton Roberts era uno de los paramédicos principales del servicio médico de urgencias del hospital. Tenía poco más de treinta años, era brillante y dinámico, y uno siempre podía confiar en sus evaluaciones en el campo. Fue a la Universidad de Clemson durante algunos años y consideró postularse para estudiar medicina. Sin embargo, una vez que comenzó a trabajar como paramédico, supo que había encontrado su especialidad.

—Ambulancia 1, habla el doctor Lesslie, lo escucho —respondí. El radio chirrió por un momento.

—Doctor Lesslie, estamos llevando a un hombre de 65 años con dolor abdominal. —Hizo una pequeña pausa—. Se trata de Slim.

No tenía que decir nada más. Busqué con la mirada qué cama estaba disponible en la sala.

—Tráelo a la habitación 2, Denton. ¿Cuál es tu tiempo estimado de arribo?

—Alrededor de cinco minutos —respondió él.

—Entonces a la habitación 2.

Puse el radio en la horquilla.

Slim Brantley era uno de nuestros pacientes "habituales". Y esto ya era así cuando yo comencé a trabajar en el hospital de Rock Hill. Según la época del año, lo veíamos una o dos veces por semana. Cuando había buen clima, quizá pasaba un mes, más o menos, antes de que llamara a la ambulancia y viniera a visitarnos. Estábamos atravesando una ola de frío, y esta sería su tercera visita en los últimos nueve días. Lori fue hasta la estación del personal de enfermería con un portapapeles en la mano.

—Va a venir un amigo —le dije.

—¿Slim? —preguntó ella, mientras colocaba el portapapeles en el estante.

—Sip... —respondí—. Una vez más.

—Bueno, ya pasaron dos días, así que supongo que ya era hora. ¿Dolor abdominal? —consultó, pero sabía la respuesta.

—Correcto.

Lori Davidson había trabajado en Urgencias durante siete u ocho años. Era madre de tres niños pequeños, un niño y dos niñas. Tenía una conducta tranquila y modesta; sin embargo, demostraba tal confianza y tal compasión que los pacientes se sentían cómodos con ella al instante. Me gustaba que estuviera de guardia.

—Voy a preparar la habitación para Slim —me dijo.

Alcanzar el eminente estado de "paciente frecuente de la sala de urgencias" requiere muchísimo esfuerzo. No todos logran ese notable título. La mayor parte del tiempo solo hay alrededor de diez o doce personas dentro de ese selecto círculo. El hecho de que alguien venga de manera regular a la sala de urgencias no necesariamente lo convierte en un paciente frecuente. Hay algunos farmacodependientes que lo hacen, pero no los consideramos pacientes habituales. Ese es un problema completamente distinto. Nuestros pacientes frecuentes vienen a Urgencias una y otra vez y, casi siempre, con la misma molestia. Puede ser dolor abdominal, como en el caso de Slim, o problemas relacionados con el alcohol o dolor de espalda o convulsiones. Puede ser cualquier cosa. Pero cada uno de nuestros pacientes habituales desarrolla su propia estrategia. Durante varios años, una de nuestras pacientes frecuentes favoritas y más persistentes fue una mujer llamada Sarah May. Tenía unos sesenta años y vivía con su hermana mayor. En algún momento, se convenció a sí misma de que un médico homeópata que ejercía en Rock Hill (aunque no sé si tenía un certificado de especialidad en esa área) había puesto una serpiente dentro de su cuerpo. Creo que se trataba de una serpiente negra. Pero ella estaba completamente segura de que una serpiente reptaba por su estómago. Se retorcía en la camilla, frotaba su abdomen y nos pedía que sacáramos la serpiente de su interior. ¿Qué se hace en un caso como este? Siempre llegaba en ambulancia y, por lo general, un poco después de la medianoche. El servicio médico de urgencias llamaba diciendo: "Llevamos a una mujer con molestias inespecíficas. Estamos en 100 Pine Street". Eso era todo lo que necesitábamos: su domicilio.

"Es Sarah May otra vez", era la respuesta de todos. Y, en unos quince minutos, ya estaba en Urgencias.

Con el correr de los años, la situación de Sarah cambió. En distintas ocasiones, logré que la enviaran a un hospital psiquiátrico en Columbia donde la podían evaluar. Después de una o dos semanas, regresaba a su casa. No le gustaba la experiencia ni que la enviáramos a un hospital psiquiátrico. Al parecer, no tuvieron mejor suerte que nosotros para sacarle la serpiente. Con el tiempo, comenzó a llamar a la sala de urgencias antes que al servicio médico de urgencias.

—¿Está el doctor Lesslie de guardia esta noche? —preguntaba a nuestra secretaria. Cuando la respuesta era afirmativa, pausaba, suspiraba levemente y luego continuaba.

—Oh, bueno… —Y después un clic. Y no nos visitaba esa noche. Pero venía muchísimas veces y su boleto de admisión a Urgencias era siempre esa serpiente.

Por algún motivo, Slim Brantley había elegido el dolor abdominal como su estrategia. O quizá el dolor abdominal lo había elegido a él. A pesar de que le hicimos pruebas muchas veces, no encontramos ninguna afección. Sin embargo, sí tenía una enfermedad real. El consumo excesivo de alcohol y los tres paquetes de cigarrillos al día le habían pasado factura. Tenía muy poca capacidad pulmonar y se había vuelto muy propenso a la neumonía. Y, recientemente, su corazón le había causado problemas, como lo demostraban los episodios recurrentes de latidos rápidos y mareos. Todo esto era real. Pero su dolor abdominal no. Era su boleto de admisión gratuito a la sala de urgencias, le abría las puertas y le procuraba una cama. Y, por lo general, también le conseguía una comida caliente de inmediato. Después de una o dos horas, ya no experimentaba más el dolor, se sentía mejor y estaba listo para regresar a su hogar.

Siempre me pregunté dónde viven las personas como Slim. Una tarde, Denton Roberts estaba sentado conmigo detrás de la estación del personal de enfermería. Por algún motivo, comenzamos a hablar acerca de Slim y Denton me contó que una vez lo recogió de debajo de un puente. Era a mediados del verano y Slim había construido un cobertizo con cajas de cartón. De la basura que rodeaba ese refugio improvisado se podía deducir que, aparentemente, se había estado alimentando con frijoles enlatados y vino barato durante varios días. En otra ocasión, lo recogieron de una cochera donde estaba durmiendo en un catre andrajoso en medio de dos cortadoras de césped que estaban rotas. El propietario de la casa le había dado este refugio a cambio de los pocos trabajos ocasionales que Slim podía realizar.

No tengo la menor idea acerca de cómo se manejaba cuando hacía mucho frío. Aparentemente, tenía algunos amigos que le daban un lugar para que se quedara, hasta que él los volvía locos o incendiaba algo en el sótano, y entonces lo echaban.

Lo intentamos todo con Slim: Asistencia Social, organizaciones benéficas y, en muchas ocasiones, programas de desintoxicación. Una vez, hasta lo enviamos a un hospital psiquiátrico. Pero nada funcionó. Al poco tiempo regresaba a Urgencias.

Y esa noche venía otra vez. Estábamos ocupados, pero no nos tomaría mucho tiempo evaluar a Slim y atenderlo. En esta parte, yo debía ser cuidadoso. Cuando los estudiantes de medicina o los médicos residentes en su primer año de especialización rotan en la sala de urgencias, debo recordarles de manera constante que nuestros "pacientes frecuentes" también se pueden enfermar y que debemos estar atentos cuando los evaluamos, como lo haríamos con cualquier otro paciente. O incluso más. También debía recordarme eso a mí mismo. Por supuesto, la tentación es ignorarlos, suponer que es "lo de siempre" y continuar con las personas que realmente necesitan ayuda. A veces, esta estrategia puede ser desastrosa. Tuvo consecuencias desastrosas para otra de las pacientes frecuentes de Urgencias, Faye Givens.

Faye era una señora adulta que había venido a nuestra sala de manera habitual durante varios años. Su motivo de consulta siempre eran los "nervios" y, al final de la consulta, indefectiblemente pedía "una pastilla para dormir". A veces, un simple comprimido de Tylenol era suficiente para que se fuera feliz. En otras ocasiones, insistía en que le aplicáramos una inyección para aliviar su padecimiento, para lo que hacía mucho ruido y se volvía molesta. Según tengo entendido, nunca se le había diagnosticado ninguna enfermedad grave en nuestra sala de urgencias.

Una tarde, la ambulancia la trajo y ella se quejaba de los "nervios" de siempre. No obstante, esa vez también se quejaba de un fuerte dolor de cabeza mientras señalaba su frente. El doctor Canty, uno de mis compañeros más jóvenes, estaba de guardia y, como todos nosotros, conocía muy bien a Faye. No encontró nada importante en su evaluación rápida y estaba preparado para darle Tylenol y enviarla a su casa.

Le indicó a Lori, quien estaba de guardia esa tarde, que se lo diera. Ella fue a la habitación de Faye, pero regresó a la estación del personal de enfermería de inmediato. El recipiente todavía contenía el pequeño comprimido blanco.

—Hoy no estoy segura acerca de Faye —le dijo—. Algo no anda bien. Quizá sería mejor que la revisaras de nuevo.

El doctor Canty interrumpió lo que estaba haciendo y la miró. Una parte de él respondía a la preocupación de Lori y confiaba en su opinión fundamentada. Su decisión había sido muy clara, pero dudó por un instante. Sin embargo, ignoró rápidamente ese titubeo y pasó por alto la sugerencia. Había visto a Faye muchas veces y siempre era lo mismo: no había ninguna emergencia ni ningún problema médico. Era una cuestión de actitud: cómo sacarla de la sala ocasionando la menor cantidad de problemas posible.

Sin embargo, respetaba a Lori. En parte para tranquilizarla y en parte para dejar de cuestionar su decisión, se acercó a Faye, quien estaba sentada en el borde de la camilla. Su cabeza estaba colgando y la giraba de un lado a otro. Incluso esta posición formaba parte de su comportamiento habitual.

—Faye, ¿cómo está ese dolor de cabeza? —le preguntó.

—Doctor, me está matando. Como si tuviera algo clavado en medio de la cabeza. ¿Puede darme algo? —suplicó.

Él se acercó y tomó la cabeza de ella entre sus manos, asegurándose de que el cuello estuviera completamente flexible. Y lo estaba. Luego la miró a los ojos de nuevo. ¡Increíble! Estaban cruzados y ella los podía mantener de esa forma. Eso requería mucho esfuerzo. Se veía graciosa y él intentó ocultar una sonrisa.

"Esta actuación se merece un premio Oscar", pensó.

—Ya vuelvo —le dijo, salió de la habitación y se dirigió hacia Lori.

—Ella está bien —dijo de manera rotunda—. Dale el Tylenol y deja que se vaya.

Aunque con pocas ganas, Lori hizo lo que le habían indicado y, al poco rato, ya Faye estaba en camino a su hogar.

Dos días después, volvió a la sala de urgencias… muerta. Su autopsia reveló que tenía un tumor grande que ejercía presión contra las estructuras oculares en la parte frontal del cerebro. Eso fue lo que hizo que sus ojos se cruzaran, y eso fue lo que la mató.

Yo estaba detrás de la cortina cerrada de la habitación 5 cuando escuché los clics y los resoplidos de las puertas automáticas de la zona de ambulancias al abrirse. Luego escuché que Denton confirmaba el destino con Lori.

—¿Habitación 2? —le preguntó.

—Sí —respondió ella—. Está bien.

—¡Ayyy!

Podría reconocer ese gemido en cualquier lugar. Era Slim.

—¡Ayyy! ¡Mi estómago!

Cuando terminé de darle instrucciones al paciente de la habitación 5, corrí la cortina y salí. Miré al hombre de mediana edad que estaba sobre la camilla y dije:

—Puede vestirse. Enseguida vendrá una enfermera.

Cerré la cortina que había quedado detrás de mí.

Denton había depositado a Slim en la cama de la habitación 2 y Lori le estaba tomando la temperatura. Cruzamos miradas con Slim y él miró hacia otro lado de manera furtiva.

—La presión arterial está en 110/70 —me informó Denton—. Y sus pulsaciones están en aproximadamente 90, pero son un poco irregulares. Yo lo veo bien —agregó, mientras sostenía la ficha de ingreso del servicio médico de urgencias y yo firmaba al final de la hoja de traslado.

—Está bien, Denton. Gracias.

Denton empujó la camilla fuera del cubículo y se fue a la estación del personal de enfermería mientras yo entraba a la habitación de Slim. Lori había puesto el tensiómetro en su lugar y estaba colocando dos electrodos sobre el tórax de Slim, los cuales lo conectaban al monitor cardíaco.

—114/72 —me dijo, tras haber encendido el monitor y anotado algo en una servilleta de papel que, por casualidad, estaba sobre el mostrador—. Sin fiebre, 98.4 °F.

—¡Ayyy! ¡Doctor, haga algo! ¡Me está matando!

El monitor se encendió y su *bip-bip-bip* hizo que mirara la pantalla que estaba en la pared por encima de su cabeza.

De inmediato, pensé en Rita Flowers. Rita era una enfermera que se había graduado hacía poco tiempo y realizaba rondas en la sala de urgencias como parte de su orientación hospitalaria. Era una brillante joven, pero todavía no sabíamos si llegaría a ser una buena enfermera de cuidados intensivos. Por supuesto que en esta etapa de su formación todavía le faltaba experiencia y era muy inocente.

Un día, tuvo la suerte de cuidar de Slim. Él había llegado en una ambulancia y, como de costumbre, se quejaba de dolor abdominal. El hecho de que se retorciera de dolor e hiciera tanto ruido hizo que Rita se preocupara, entonces controló sus signos vitales y lo conectó a un monitor. Era tan obvia su preocupación que no pasó desapercibida para él.

Cruzó por la estación del personal de enfermería a toda prisa y buscó al médico más cercano.

—Doctor, tiene que ver a este hombre —suplicó—. ¡Ahora!

El doctor de la sala de urgencias miró por encima de su hombro e identificó al paciente fácilmente.

—Está bien, Rita. Estaré allí dentro de unos minutos —dijo, y volvió a la historia clínica que estaba sobre el mostrador.

Ella se quedó inmóvil, no sabía qué hacer. Buscó ayuda, pero todos parecían ocupados. Volvió al cubículo y miró el monitor cardíaco. Ahora estaba regular. Eso era bueno.

Slim seguía gimiendo con los ojos cerrados y se agarraba el estómago con las manos. Lentamente, levantó un párpado y esperó su oportunidad.

Rita giró y comenzó a hacer algunas anotaciones sobre el mostrador que estaba al lado de la camilla. Slim levantó la mano hasta su tórax y agarró uno de los electrodos que tenía allí. Lo sacudió con fuerza y gritó con angustia.

—¡Ayyy! —gritó, mientras giraba de un lado a otro.

Rita lo miró y, por instinto, observó el monitor que estaba en la pared. ¡Había todo tipo de líneas ondulantes en la pantalla! Nunca había visto algo como eso. ¿Qué se suponía que hiciera? ¿Avisar que estaba teniendo un paro cardíaco? Y luego, de pronto, había un ritmo tranquilo y regular. Slim dejó de gemir. Rita suspiró aliviada.

—Por favor, deme algo para terminar con este dolor —suplicó.

Rita miró a la estación del personal de enfermería y después de nuevo a Slim.

—Veré qué puedo hacer por usted, señor Brantley.

Ella regresó a su historia clínica. Slim esperó un tiempo y luego sacudió el electrodo de nuevo.

—¡Ayyy! —Esta vez gritó más fuerte.

Rita miró el monitor y vio las mismas líneas ondulantes y extrañas que había visto antes. El corazón de Slim entraba y salía de un ritmo peculiar, caótico y claramente muy peligroso. Tenía que hacer algo o, de lo contrario, podría ocurrir algo desastroso. Entonces, él se calmó, y el monitor volvió a emitir su estable bip-bip-bip.

Eso fue suficiente.

—Ya vuelvo —le dijo, mientras se dirigía a la entrada del cubículo para buscar ayuda.

Se encontró con Virginia Granger, la enfermera supervisora de la sala.

Virginia, nuestra veterana más experimentada, levantó la mano y detuvo a Rita. Asintió con la cabeza hacia Rita y luego le indicó que debía seguirla hasta la cama de Slim. Había visto todo.

Virginia era una figura imponente. Había cumplido sesenta años unas semanas antes y, muy a su pesar, no había logrado que su edad fuera un secreto para el personal de la sala de urgencias. Era inflexible y siempre usaba una blusa y una falda de un blanco cegador y demasiado almidonadas, no podía ocultar su pasado militar. Había trabajado en varios hospitales militares durante más de veinte años y había traído esa experiencia resistente y organizativa a nuestra sala. Y también trajo la cofia de enfermera, puntiaguda y con ribetes negros, que había usado de manera continua desde su graduación.

Virginia se paró frente a Slim con las manos en la cintura, los labios fruncidos y el ceño arrugado. Tenía una mirada amenazante.

—Slim Brantley —enfatizó el nombre para darle más dramatismo.

Él abrió los ojos lentamente y hundió el mentón en su pecho. Parecía un niño de edad escolar al que hubieran sorprendido mientras golpeaba la cabeza de su compañera.

Ella esperó un momento y después retiró la mano de él del electrodo que estaba en su tórax y la puso a un costado del cuerpo.

—Slim, no quiero que hagas eso nunca más —le advirtió—.
Nunca más.

Virginia asintió con la cabeza con solemnidad, le guiñó un ojo a
Rita y luego salió de la habitación.

Rita se quedó helada y miró a Slim por unos segundos, desconcertada y confundida. Cuando finalmente se dio cuenta de lo que
había sucedido, se dio vuelta y siguió a Virginia de regreso a la estación del personal de enfermería.

—Señora —susurró una vocecita detrás de ella—. ¿Podrían darme algo para comer?

Yo había cuidado a Slim durante los últimos quince años y, sorprendentemente, todo seguía igual. Medía 1.95, quizá dos metros. Era difícil notarlo. Hasta cuando estaba "bien", se desplomaba y dejaba caer los brazos a los costados. Y era muy delgado.
Es probable que, en todas las ocasiones en que lo vi, nunca
haya pesado más de 170 libras. Su cara estaba arrugada, tenía
rasgos marcados y sus ojos tenían una apariencia ceniza que su-
gería que había tomado alcohol en exceso durante demasiados
años. Los pocos dientes que le quedaban eran de un color café
amarillento y se encontraban en malas condiciones. Sus manos
eran excepcionales. Sus dedos eran extremadamente largos, al
igual que sus uñas descuidadas y sucias. El dedo índice y el
dedo medio de su mano derecha estaban manchados de un
amarillo oscuro y sucio, lo que daba fe de su relación continua
con los Marlboro.

En esta ocasión, Slim parecía particularmente desaliñado. Tenía
puestas varias capas de ropa debido al frío. Llevaba dos pantalones.
La pieza exterior era de una tela verde con estampado escocés y estaba manchado. Sus botas negras se veían bastante usadas y, para mi
sorpresa, eran del mismo par. Pero lo más sorprendente era que las
suelas estaban intactas. No tenía calcetines. Tenía puestos dos suéte-
res celestes y el de encima era por lo menos dos tallas más chico que

el otro. Debajo de todo esto, traía lo que aparentaba ser la camiseta de un árbitro.

—Doctor, ¿puede darme algo para atacar el dolor? ¡Nunca me había sentido tan mal! ¡Ayyy!

Llevé a cabo una exploración física de Slim y le pregunté dónde se estaba quedado, cuándo había comenzado el dolor y si tenía algún síntoma relacionado. Lo que generalmente necesito saber. Mientras tanto, confirmaba de manera somera que la exploración era normal o, por lo menos, tan normal como puede ser en el caso de Slim.

Estaba convencido de que no le pasaba nada grave, entonces tomé la ficha de la habitación 2 y comencé a escribir.

—Slim, pareciera que tu barriga está bien. Parece que no te está ocurriendo nada malo. ¿Crees que te sentirías mejor si pudieras comer algo? —De alguna manera, ya conocía la respuesta a esta pregunta.

Slim comenzó a frotar el hueco que tenía donde debería haber estado su estómago.

—Bueno, doctor, usted sabe que... probablemente... eso me haga muy bien. El dolor se calmó un poquito. ¿Qué están sirviendo en la cocina?

Se le veía optimista y mucho más cómodo.

—No lo sé, Slim, pero intentaré averiguar.

Mientras caminaba hacia la estación del personal de enfermería, cerré la cortina.

—Amy, ¿puedes llamar a la cafetería y preguntarles si pueden enviar una bandeja para Slim? —le pregunté.

—Ya está en camino —respondió ella—. Una doble ración.

Al igual que yo, Amy había ayudado con el cuidado de Slim durante muchos años. Tenía treinta y dos años y era una de las mejores secretarias de unidad que había ocupado ese lugar en la estación del personal de enfermería de la sala de urgencias. Y eso dice mucho. Manejar el bombardeo casi constante de llamadas y de órdenes desesperadas que recibía requería mucha inteligencia, paciencia e iniciativa. Además de tener todas estas características importantes, también le gustaban mucho las competencias de la NASCAR. Cuando no había tanto trabajo, nos recordaba aquella vez en que le dio la mano a Junior Johnson.

Treinta minutos después, Slim estaba comiendo, satisfecho y tranquilo. Ahora había más trabajo en la sala. Había un paro cardíaco en camino y dos pacientes intoxicados con monóxido de carbono que habían tenido la suerte de llegar a la sala de urgencias para que pudiéramos tratarlos. Debían poderse recuperar sin ningún inconveniente.

Al salir de la habitación 3, pasé por el frente de la cortina de Slim. Un olor repugnante me detuvo. Miré por todos lados y luego eché un vistazo a la estación del personal de enfermería. Amy me había clavado la mirada. Sacudía la cabeza mientras pellizcaba su nariz con una mano y señalaba hacia la habitación 2 con la otra.

—¡No de nuevo! —le dije, exasperado.

Ella asintió con la cabeza.

Uno de los problemas más importantes de Slim en los últimos años era la pérdida inoportuna del control de sus intestinos. Inoportuna quiere decir que solía ocurrir en nuestra sala justo cuando terminaba de comer. En su defensa, siempre se disculpaba.

Una ambulancia interrumpió mi reflexión acerca de esta circunstancia no deseada. Dos paramédicos entraron de prisa con una camilla a Cardiología. Era nuestro paro cardíaco.

El paciente era un hombre de noventa y dos años con cáncer y enfermedad de Alzheimer, ambos en etapa avanzada. No pudimos hacer nada por este caballero. Le indiqué al paramédico que detuviera las compresiones torácicas y estudiamos el monitor. Trazado plano. Lo miramos durante unos minutos, pero nada cambió. Había muerto. No tenía familiares, y ninguno de sus compañeros de la residencia de ancianos lo iba a venir a ver.

Mientras agradecía al equipo del servicio médico de urgencias, comencé a escribir su registro y volví a la estación del personal de enfermería.

Al pasar por la habitación 2, eché un vistazo y pude ver a través de la cortina, que estaba un poco abierta. Me detuve y miré.

Lori estaba en la habitación con Slim. Tenía guantes y estaba limpiando el percance gastrointestinal. Y le sonreía.

—Señora, lo lamento mucho —le dijo, con la mirada baja y perdida. Es difícil para un hombre conservar su dignidad cuando está sentado en un lugar público con los pantalones abajo.

—Slim, todo está bien —dijo Lori, quien seguía sonriendo—. Los accidentes ocurren. Y me alegra saber que te sientes mejor.

Siguió con la limpieza. El olor era increíblemente fuerte.

Una vez que terminó, se quitó los guantes y los tiró en el contenedor de residuos. Se lavó las manos en el fregadero y paró por un momento mientras se dirigía a la salida de la habitación, cerca de la cabecera de la cama. Puso la mano sobre el hombro de Slim y le dio una suave palmada.

—Slim —dijo con delicadeza—, debes cuidarte mejor. Tienes que dejar de beber.

—Ya lo sé, señora, ya lo sé. Es difícil —respondió—. Pero lo voy a intentar.

—Muy bien, Slim. Eso es todo lo que queremos que hagas. Simplemente inténtalo.

Lori había vivido esta situación muchas veces con Slim. No obstante, le seguía ofreciendo su apoyo y le demostraba, una y otra vez, que había alguien que se preocupaba por él.

Se dio vuelta y quitó la mano del hombro de Slim. Mientras lo hacía, Slim se estiró y, con cuidado, tomó su muñeca. Lori se detuvo y lo miró.

—Lori. —Era la primera vez que usaba su nombre—. Gracias.

Eso fue todo. "Gracias". Lori miró a Slim por un momento y asintió. Él soltó su muñeca y ella salió de la habitación. Se acercó hasta donde estaba yo y se detuvo. Se dio cuenta de que yo había estado mirando la escena. Se sonrojó un poquito. No eran necesarias las palabras, por tanto, sonrió, asintió y se fue.

Esa fue una de las últimas veces que vi a Slim. Murió hace un par de años. Sin embargo, recuerdo muy bien esa consulta y el incansable cuidado de Lori por este hombre. Eso era mucho más que simplemente cumplir con su trabajo. Era una manifestación de su espíritu y solidaridad. Intento responder como lo hizo ella cuando enfrento circunstancias similares. A veces lo logro. Otras veces, no. Pero cuando no lo consigo, cuando me alejo de las circunstancias irritantes o de un paciente que no me parece tan agradable, por lo menos soy consciente de mi error. Quizá ese sea el primer paso.

El Rey les responderá: "Les aseguro que todo lo que hicieron por uno de mis hermanos, aun por el más pequeño, lo hicieron por mí".

MATEO 25:40

3

UNA CURVA EN EL CAMINO

... a pesar de que hasta ahora han tenido que sufrir diversas
pruebas por un tiempo. El oro, aunque perecedero,
se acrisola al fuego. Así también la fe de ustedes, que vale
mucho más que el oro, al ser acrisolada por las pruebas
demostrará que es digna de aprobación,
gloria y honor cuando Jesucristo
se revele.

1 PEDRO 1:6-7

Parecía algo muy sencillo. Cuando ocurrió, Frank y Katie Giles estaban de camino desde Cleveland hacia Myrtle Beach, Carolina del Sur; viajaban hacia el sur por la Interestatal 77. Habían tomado esta autopista muchas veces en el pasado, de hecho, una vez al año durante los quince años anteriores. Dos de sus mejores amigos se habían mudado a la playa unos años atrás y su visita anual se había convertido en una tradición. Además, era una excusa para que los Giles se tomaran unas vacaciones cuando el invierno comenzaba a abandonar el valle de Ohio. Frank había cumplido sesenta y seis años poco tiempo atrás y se había jubilado hacía unos meses, por tanto, esta sería la primera vez que podrían pasar dos semanas completas en la playa con sus amigos.

Parecía algo muy simple e insignificante. Todavía estaban en Carolina del Norte, lidiando con los restos del tráfico de la hora pico en Charlotte, y Katie le había preguntado a Frank si quería que ella manejara por un rato.

Como él no respondió, ella levantó la mirada de la revista que estaba leyendo y repitió la pregunta.

—Frank, has manejado durante casi dos horas. ¿Quieres que siga yo?

Las manos de él agarraron el volante con fuerza, quizá demasiada, y miró fijamente hacia adelante. Ella estudió su cara por un momento. Sus ojos seguían el tráfico caótico e impredecible que los rodeaba y él estaba manejando la camioneta sin ningún problema. Sin embargo, algo estaba mal. Tenía las cejas levantadas, una señal de ansiedad, algo inusual en él, y sus labios temblaban, como si estuvieran intentando formar una palabra o un sonido.

—¿Frank? —preguntó Katie, quien ya estaba preocupada. Se estiró y tocó su brazo.

Y entonces, se acabó. Así de simple. Solo habían transcurrido treinta segundos, quizá menos.

—¿Qué...? —tartamudeó él, mientras sacudía la cabeza para despejarse—. ¿Qué dijiste, Katie? ¿Que si quiero que tú conduzcas? No, no, estoy bien —respondió, más relajado.

Ella siguió buscando verle la cara, aunque estaba aliviada por lo que acababa de decir. Pero todavía estaba preocupada y esa sensación apenas estaba comenzando a desaparecer.

—Qué alivio, Frank. Me preocupé. Seguramente estabas soñando despierto.

Puso la revista en el bolsillo de la puerta del acompañante.

Él estiró los brazos y se acomodó en el asiento.

—Eso fue muy raro —comenzó diciendo—. Podía escuchar tus palabras con tanta claridad como la luz del día y podía ver todo lo que sucedía alrededor de nosotros. Pero no podía hablar. Sabía lo que quería decir, pero no lograba decirlo. Mi boca no funcionaba. Fue lo más extraño que me ha pasado en la vida.

—Frank, ¿te encuentras bien ahora? —preguntó Katie, quien comenzaba a preocuparse nuevamente.

—Estoy bien —respondió y se dio cuenta de que debía tranquilizar a su esposa—. Tan solo no podía hablar, por un segundo nada más. No me duele la cabeza ni nada por el estilo. Estoy bien. En serio. Puso la mano sobre la rodilla de su esposa mientras aceleraban por la autopista.

Katie miró atentamente al hombre que había sido su esposo durante cuarenta años. Se veía bien. Había vuelto a la normalidad, lo que decía tenía sentido, y parecía estar en control de sus facultades. No obstante, eso no debería haber sucedido. Ella lo sabía.

Permaneció en silencio por unos kilómetros y después dijo:

—Frank, debemos detenernos y consultar a un doctor.

Él giró la cabeza y la miró.

—¿Cómo? No, estoy bien, Katie. En serio. No tenemos por qué detenernos y no tenemos que consultar a un doctor.

—No, vamos a parar. Todavía nos quedan varias horas para llegar a Myrtle Beach y no me voy a sentir bien a menos que te revisen.

Estaba sentada derecha como un clavo con los brazos cruzados. Él conocía muy bien esa postura y sabía que no iba a poder convencerla de lo contrario. Pasaron por una señal de kilometraje y ella dijo:

—Mira, Rock Hill está a solo dieciséis kilómetros. Podemos parar allí. Es una ciudad bastante grande, debe haber un hospital. Solo tenemos que seguir las señales.

Y luego guardó silencio. Frank conocía ese silencio y sabía que no lograría disuadirla. Tendrían que parar en Rock Hill y encontrar un hospital.

Comienza el proceso. Alguien perfora tu boleto, te lo devuelve y subes al tren. Ya no hay marcha atrás. Y, al igual que cuando te embarcas en un tren, ya no puedes controlar hacia dónde te diriges. Es casi como si tuviera vida propia.

Suele ser algo muy sencillo, un síntoma que parece ser inocente, un leve cambio en la manera en que te sientes, un resultado en una exploración de rutina. Uno va a su médico o a la sala de urgencias para controlar esa "cosa nueva". Una exploración, una prueba lleva a otra. Aparece algo más. "Tendremos que seguir esto de cerca". O las palabras desagradables: "Tendrá que consultar con un especialista".

Cuando pierdes el pretexto de la autodeterminación y el control, cuando desaparecen las capas endebles y artificiales que construimos para protegernos, nuestra mortalidad nos mira a los ojos. Casi todos los días, uno de los miembros del personal de la sala de urgencias dice algo como: "No sé cómo van a hacer para soportarlo. ¿Qué pueden hacer?". Es una pregunta retórica y, como tal, no recibe respuestas. Pero ese pensamiento negativo está en el aire. Hace que pongamos los pies en la tierra por un momento, suena una melodía tan familiar como incómoda: *Si no fuera por la suerte...* Y después seguimos con la vida.

No sucede lo mismo con la persona que tiene el boleto en la mano.

Frank estaba sentado en la habitación 2. Tenía puesta una bata de hospital y parecía avergonzado mientras intentaba atar los cordones en su espalda. Katie intentaba ayudarlo. Se molestó y sacudió la cabeza.

—¿Por qué hacen estas batas tan cortas?

—Son muy cortas, ¿verdad? —dije yo, habiendo cerrado la cortina al entrar a la habitación—. Hola, soy el doctor Lesslie. ¿Qué puedo hacer por ustedes esta mañana?

Ambos levantaron la mirada. Katie había logrado atar los cordones y asegurar la bata de Frank.

—Hola, doctor —comenzó a decir Frank—. Creo que ni siquiera debería estar aquí, pero mi esposa...

Katie lo interrumpió.

—Su esposa está preocupada por él y quiere que lo evalúen. Estamos de vacaciones y Frank tuvo un episodio inusual hace un ratito mientras manejaba por la interestatal. Solo quiero que lo evalúen.

Luego explicó el problema que su esposo había experimentado. Frank estaba sentado, inclinado hacia adelante, con los brazos cruzados y la cabeza agachada.

Cuando ella terminó, le pregunté a Frank cómo se sentía ahora y qué recordaba él del incidente.

—Doctor, me siento bien ahora, completamente normal —respondió él—. Y lo que me pasó en la autopista fue algo inusual. Porque yo podía escuchar a Katie y sabía lo que quería decir, pero no podía hacer que mi boca hablara. Fue muy raro. Y después, todo pasó y listo.

Parecía bien ahora, pero la historia no me dejaba tranquilo. Podría haber sufrido un accidente isquémico transitorio o podría tener un aneurisma que estaba comenzando a filtrarse. Su corazón podría estar generando pequeños coágulos. Esto podría representar muchas cosas potencialmente peligrosas o un simple problema pasajero, uno que jamás se repetiría.

Su exploración física era completamente normal. Sus signos vitales también estaban dentro de los rangos normales, su estado neurológico era el adecuado y su auscultación cardíaca estaba normal. Pero había algo que no parecía bien, y el hecho de que estuvieran de viaje, lejos de casa, no me dejaba tranquilo.

—Bueno, todo parece estar bien por ahora, pero creo que deberíamos revisar un poco más. Mi recomendación es que hagamos una tomografía axial computarizada de su cabeza para asegurarnos de que no haya ningún problema allí —expliqué.

—Doctor Lesslie, yo… —comenzó a hablar Frank.

Pero Katie lo interrumpió de nuevo, mientras apoyaba la mano sobre su brazo.

—Doctor Lesslie, haga lo que crea que debe hacer. Quiero estar segura de que todo está bien antes de seguir nuestro camino hacia Myrtle Beach.

Frank la miró, y su expresión de desconcierto se transformó en una expresión de resignación.

Lo miré y esperé su aprobación.

—Bueno… está bien, doctor. Si es lo que usted cree que debemos hacer.

—Así es, señor Giles. Va a tomar una hora, más o menos, y una vez que tengamos los resultados podrán seguir su camino. Me sentiría mejor si supiera que la tomografía está bien.

—Nosotros también, doctor. Y gracias —respondió Katie, con una sonrisa.

El Departamento de Radiología estaba junto a la sala de urgencias, a la vuelta de la esquina. Por fortuna, las máquinas para realizar tomografías estaban libres esa mañana. Pudieron hacer la del señor Giles sin demora y, al cabo de treinta minutos o una hora, el radiólogo me enviaría un informe por fax. Mientras llenaba su ficha en la estación del personal de enfermería, no esperaba complicaciones. Sabía que estaba siendo prudente, quizá demasiado. Pero uno suele ser más cuidadoso con las personas que no son de la ciudad y tan solo están de paso. La mayoría de nuestros pacientes son de Rock Hill o de las afueras de la ciudad y casi todos tienen un médico al que pueden acudir si necesitan una nueva revisión. Y si las cosas se complican, pueden volver a Urgencias. Pero en el caso de los que están de viaje, uno intenta asegurarse de que no los está enviando de regreso a la autopista con un problema sin identificar o sin resolver.

Había llegado más gente a la sala mientras yo estaba en la habitación 2 con los Giles. Me ocupé de un dolor de garganta, comencé con los estudios completos de un anciano con dolor abdominal y apenas había echado un vistazo a un dedo que tenía una herida cuando vi que dos radiólogos traían a Frank Giles de vuelta a la sala en una silla de ruedas, y su esposa caminaba a su lado. Me sonreían mientras ingresaban a su habitación.

Estaba hablando con Amy, le pedía algunos análisis clínicos para el caballero que tenía dolor abdominal.

—Necesitamos un hemograma completo, electrolitos, amilasa, lipasa y radiografías abdominales para la habitación 3, por favor. Ah, e intenta localizar a algún familiar. No pudo hablar mucho conmigo.

—Por supuesto —respondió Amy. Había previsto esto y ya había notificado a los radiólogos.

La ficha de Frank Giles estaba sobre el mostrador y noté que no había ningún informe enviado por fax junto a esta. Por lo general, el informe llega a la sala primero que el paciente. Miré la máquina de fax que estaba junto al codo de Amy. Nada.

Luego sonó el teléfono.

Amy levantó el teléfono mientras seguía completando las solicitudes de análisis clínicos para el paciente de la habitación 3.

—Sala de urgencias —respondió—. Habla la señora Conners.

Hubo una pequeña pausa y después siguió:

—Por supuesto, él está aquí, doctor Stringer. Ahora le paso el teléfono.

—Es para usted —me dijo y me dio el teléfono sin levantar la mirada de su papeleo—. El doctor Stringer de Radiología.

Matt Stringer había ingresado al equipo de Radiología unos dos años atrás. Tenía una muy buena formación en neurorradiología y, un dato casi tan importante, era fácil trabajar con él. Parecía comprender las presiones que sufrimos en Urgencias y nunca nos cuestionaba cuando pedíamos estudios, en particular las solicitudes que hacíamos en medio de la noche. A menudo se acercaba a nuestra sala con radiografías que le parecían particularmente llamativas y las analizábamos juntos. Me había enseñado mucho acerca de las tecnologías para realizar gammagrafías que cambian constantemente y de las nuevas técnicas de diagnóstico por imagen.

—Hola, Matt —dije por el teléfono—. ¿Qué sucede?

—Robert, ¿qué me puedes decir acerca de este señor Giles que mandaste para que hiciéramos una tomografía axial computarizada?

El tono de la voz de Matt era frío, algo que no era muy habitual en él.

—¿Qué quieres decir? Desde el punto de vista neurológico, está bien. Esta mañana tuvo un breve episodio de afasia expresiva, pero ha estado bien desde entonces. ¿Por qué? ¿Qué ves en su tomografía? —le pregunté y comencé a preocuparme.

Este debía haber sido un informe directo, normal e insustancial. Al parecer, no lo era.

—¿Es decir, que no tuvo ningún problema hasta el día de hoy? —preguntó Matt—. ¿Ningún dolor de cabeza, ninguna pérdida del equilibrio, ningún cambio de comportamiento?

—No. Ni él ni su esposa dijeron nada al respecto. ¿Por qué?

Matt hizo una pausa y luego dijo:

—Sería mejor que vinieras a la sala y miraras esta tomografía conmigo.

—Allí estaré.

Le dije a Amy adónde iba a ir y miré por un segundo hacia la habitación 2, donde las cortinas estaban bien abiertas. Los Giles estaban hablando y no miraban hacia donde estaba yo. Giré y caminé por el pasillo hacia la parte trasera de la sala de urgencias y luego hacia Radiología.

Matt Stringer estaba sentado en una silla de cuero negro en una de las habitaciones con negatoscopios. Estaba estudiando una fila de radiografías sujetadas a una caja luminosa. Apretó un botón y, después de un rápido quejido mecánico, la fila subió y apareció un nuevo conjunto de radiografías.

—Hola, Matt —lo saludé mientras entraba al cubículo con iluminación tenue—. ¿Qué tienes allí?

Me paré detrás de él, me incliné sobre su hombro derecho y miré el negatoscopio. Él estiró el brazo y señaló una de las radiografías, pero mis ojos ya habían encontrado el objetivo. Yo estaba estupefacto.

—Mira eso, Robert —dijo él tocando la radiografía.

Estábamos viendo una tomografía axial computarizada, un corte transversal del cráneo y el encéfalo de Frank Giles. Y en el centro de lo que debería haber sido solo el cerebro, había algo que no debía estar allí. Era del tamaño de una pelota de tenis, sus bordes estaban claramente delimitados porque era de un tono de gris diferente al resto del tejido circuncidante. Esta masa de apariencia amenazante había extendido sus tentáculos hacia el cerebro indefenso de Frank.

Supe de inmediato qué era, pero se lo pregunté a Matt de todas maneras con la esperanza de estar equivocado.

—¿Qué crees que es eso?

—Debe ser un glioblastoma. Y uno muy maligno, por lo que se puede ver —respondió él—. ¿Y dices que este hombre no tuvo ningún síntoma? Mira el tamaño de esa cosa. Es difícil creerlo.

Seguí mirando la radiografía y comencé a pensar en un montón de cosas. "Un tumor cerebral". ¿Cómo les daría esta noticia a los Giles? ¿Qué les iba a decir?

—No, Matt. Se lo pregunté a ambos varias veces y él ha estado muy bien. No ha tenido cefaleas ni cambios visuales, no ha bajado de peso, no ha experimentado trastornos al caminar. Nada. Solo ese breve episodio de esta mañana —le dije.

A mí tampoco me parecía lógico. Se trataba de un tumor grande que estaba ocupando mucho espacio. En función de su tamaño y ubicación, uno pensaría que ya debería de haberse anunciado.

—Mmm... —reflexionó Matt—. Bueno, eso ya no importa, ¿no? Esto lo va a matar. Es demasiado grande y demasiado invasivo como para que hagamos algo. Está en una ubicación muy mala y debe de estar creciendo bastante rápido. ¿El hombre vive en la ciudad?

Le conté a Matt las circunstancias actuales de los Giles. Él se frotó el mentón y me miró.

—Buena suerte, Robert. No quisiera estar en tu lugar y tener que decirles esto.

Yo tampoco me sentía muy bien al respecto.

—Bueno, gracias, Matt. Supongo que lo mejor será que vuelva a la sala de urgencias y me siente a hablar con ellos.

—Bueno, nos vemos. Avísame si hay algo que pueda hacer para ayudar.

Regresó a su trabajo y apretó el botón del escritorio. Con el mismo quejido mecánico, las radiografías de la tomografía axial computarizada de Frank Giles desaparecieron y las radiografías de otra persona ocuparon su lugar.

El camino hasta Urgencias era largo, pero no lo suficiente. El hecho de no conocerlos no hacía que fuera más fácil darles la noticia. Eran personas buenas e iban a comprender inmediatamente las consecuencias de lo que tenía que decirles.

Virginia Granger estaba parada en la estación del personal de enfermería cuando yo me acercaba. Levantó la mirada del anotador que tenía en la mano y se quitó los lentes. Los colocó encima del anotador y dijo:

—Doctor Lesslie, tenemos que revisar algunas cosas antes de nuestra reunión de personal. ¿Tienes unos minutos ahora o preferirías que fuera en otro momento?

Volvió a ponerse los lentes y estudió mi rostro. Inclinó un poco la cabeza.

—¿Estás bien? ¿Pasó algo?

Miré hacia la habitación de los Giles y noté que la cortina estaba cerrada.

—Tengo que darles malas noticias a las personas de la habitación 2 y me llevará unos minutos.

Le comenté en pocas palabras lo que acababa de descubrir.

Virginia frunció los labios, asintió levemente con la cabeza y dijo:

—¿Quieres que te acompañe? Quizá pueda ayudarte.

Levanté la vista de la ficha y la miré a los ojos. Eran grises como el acero. Lo que la mayoría consideraría frío y amenazante yo lo consideraba compasivo e incisivo. Sus años en el ejército y en Urgencias habían moderado esta compasión haciéndola más reservada, pero todavía estaba allí. Y yo sabía que había dado noticias igual de devastadoras a muchísimas personas como Frank y Katie Giles.

Apreciaba su propuesta y, por un momento, pensé aceptarla.

—No, pero gracias, Virginia —le dije—. Prefiero hacer esto solo.

Katie estaba parada al lado de la cabecera de la camilla con la mano sobre el hombro de su esposo. Cuando entré a la habitación, levantaron la vista. Cerré la cortina y me senté en la banca que estaba junto a la pared. Parecían ansiosos, y en el rostro de Katie había vestigios de una sonrisa. Frank estaba tenso, con los dedos de las manos entrelazados y descansando en su regazo.

¿Qué diría? ¿Cómo comenzaría? Y entonces, Katie me ayudó.

—Bueno, ¿qué encontraron, doctor? ¿Está todo bien? ¿Podremos reanudar nuestro viaje?

Sostuve la ficha de Frank contra mi pecho y me incliné hacía adelante.

—Frank, Katie, me temo que tengo malas noticias.

Ella se puso tensa y su mano, que antes descansaba sobre el hombro de su esposo, ahora lo sujetaba con fuerza. Abrió bien grande los ojos.

—La tomografía axial computarizada no salió bien. Hay un problema.

—¿Qué clase de problema? —preguntó Katie con insistencia—. ¿Qué sucede?

Frank permanecía en silencio.

—Frank, me temo que tienes un tumor en el cerebro.

Katie resopló y se puso una mano sobre la boca.

Frank se puso blanco como el papel.

—¿Un tumor en el cerebro? —repitió. Hubo una pequeña pausa—. ¿Cuán malo es, doctor Lesslie?

Esto era más fácil para mí, una pregunta médica. Me sentía más cómodo en ese terreno familiar.

—En primer lugar, yo no soy un neurocirujano —expliqué—. Pero es bastante grande. Está en un mal lugar y parece agresivo e invasor.

—¿Y eso qué significa? —preguntó él.

—El radiólogo que examinó tu radiografía piensa que debe de ser un tipo de tumor que crece rápidamente. Uno que no va a terminar bien.

Se hizo un silencio por un momento, y luego Katie habló.

—¿Y eso qué significa?

—Una vez más, señora Giles, no soy neurocirujano. Pero es un problema muy serio. Y debemos ocuparnos de él cuanto antes.

—No, lo que quiero saber es… —insistió ella, pero su esposo puso la mano sobre su brazo y la interrumpió.

—Doctor, ¿qué cree que tenemos que hacer? ¿Qué deberíamos hacer en este momento? ¿Cree que es seguro que vayamos a Myrtle Beach o deberíamos volver a casa? —me preguntó él.

Ya había pensado al respecto y le dije lo que yo haría si me encontrara en su situación.

—Mi consejo es que cancelen su viaje y regresen a su hogar. Deberán consultar con su médico de cabecera y decidir junto con él cómo van a proceder. El episodio de esta mañana fue menor, pero me temo que algo peor podría ocurrir en cualquier momento. Creo que puede viajar tranquilo, pero les recomiendo que la señora Giles maneje.

Katie tenía lágrimas en los ojos y asintió con la cabeza.

—¿Y nuestros amigos de la playa? —preguntó él y la miró a los ojos—. Esperan que lleguemos esta tarde.

Katie estaba callada.

Yo me paré.

—Hablen solos por unos minutos. Si deciden seguir con el viaje a Myrtle Beach, puedo llamar e intentar conseguir ayuda en caso de que la necesiten. Independientemente de la decisión que tomen, necesitarán llevar una copia de la tomografía con ustedes. Yo iré a organizar eso y volveré dentro de un par de minutos.

Cerré la cortina, caminé unos metros y me senté al lado de Amy. Estaba exhausto.

Aquel par de minutos se convirtió en media hora porque el anciano que sentía dolor abdominal requirió mi atención. Sus radiografías demostraron que su intestino grueso estaba perforado y, por tanto, necesitaría un cirujano. Habiéndome encargado de estos trámites, volví a la habitación 2 para ver cómo estaban los Giles.

Cuando salí de allí, el clima era tenso y lúgubre. Ahora había cambiado por completo. Él estaba vestido y los dos estaban parados junto a la cama con los brazos alrededor de la cintura el uno del otro. Y estaban sonriendo.

Frank habló primero.

—Decidimos seguir su consejo y volver a casa. Tenemos que hacer algunas llamadas y entonces podremos salir.

Luego fue el turno de Katie.

—Y queremos agradecerle por su ayuda, doctor Lesslie —me dijo—. Sin duda alguna, esto fue sorpresivo y no era lo que queríamos escuchar. Pero así se dieron las cosas y necesitábamos saberlo.

Yo simplemente los escuchaba.

—Katie tiene razón, doctor. Podremos manejar esta situación. Vamos a estar bien, sin importar lo que nos depare el camino.

Hubo una pausa, y yo estaba a punto de salir de la habitación cuando Frank siguió hablando.

—Somos personas espirituales, doctor. No necesariamente religiosos. Hay una diferencia.

Un movimiento de Katie llamó mi atención. En ese momento, noté la pequeña cruz plateada que colgaba de una cadena en su cuello. Había agarrado la cruz con la mano y la apretó con cuidado.

—No soy un hombre viejo, de ninguna manera. O, por lo menos, no me siento viejo —Frank rio—. Pero viví muchos años muy bonitos e hice muchas cosas buenas. Si esta cosa, este tumor, es maligno y no puede arreglarse, bueno…, que así sea. Y si yo pensara que esta vida, estos pocos años en la tierra, es todo lo que tenemos, bueno…, supongo que tendría un motivo para enojarme. Pero nosotros no creemos eso. Esta es la primera parte, el primer paso. Y estoy bien. Estamos bien.

Katie miró a su esposo y sonrió, luego lo abrazó con más fuerza.

Estaba parado en la estación del personal de enfermería, completando la ficha de Frank Giles, cuando Virginia Granger los condujo a la salida a través del área de Triaje. Me miró y asintió con la cabeza y después, increíblemente, me guiñó el ojo. A continuación, la pareja desapareció detrás de la puerta que se cerraba. Estaban comenzando un viaje nuevo e inesperado.

El boleto de Frank ya estaba perforado. Estaba en su tren y Katie estaba con él. Sin importar hacia dónde se dirigiera el tren, estarían juntos. Y tuve el presentimiento de que, independientemente del destino final del viaje, estarían bien.

Siempre tengo presente al Señor; con él a mi derecha,
nada me hará caer.

Salmo 16:8

4

TODOS LOS HIJOS DE DIOS

Todos deseamos el conocimiento; pero ¿para qué sirve el conocimiento sin el temor de Dios? Sin duda alguna, un hombre inculto y humilde que sirve a Dios es mejor que un intelectual orgulloso que descuida su alma para estudiar la
trayectoria de las estrellas.

THOMAS À KEMPIS

La siguiente es una verdad universal: la sala de urgencias es un nivelador de personajes. Encontramos un denominador común y lidiamos con los mismos problemas que todos los que nos rodean: el dolor y el sufrimiento, la salud y la enfermedad y, a veces, la vida y la muerte. En ese momento nada más importa: ni nuestro domicilio, ni nuestros títulos o diplomas, ni la calidad o el precio de la ropa que vestimos.

Otra verdad infalible de la vida dentro de la sala de urgencias es que cuando pienses que eres bueno en lo tuyo, que puedes manejar todo lo que se te presente, en ese instante o en un futuro no muy lejano, serás humillado. Tenemos que aprender a no creernos más de lo que somos y olvidarnos de nuestro orgullo para poder ayudar a los demás. Esto también sucede con las personas que no trabajan en la sala de urgencias. Resulta que es un desafío para los pacientes, sin importar su camino en la vida.

◆◆◆

2:15 p. m. Era un martes por la tarde, a mediados de mayo, y el clima afuera era espectacular. Había sido un día tranquilo hasta ese momento y el personal estaba animado. Lori Davidson estaba en el área de Triaje. Abrió la puerta de esa zona y acompañó a la señora Betty Booth al área de observación.

Mientras pasaban por la estación del personal de enfermería, Amy Conners las observó desde el mostrador.

—Buenas tardes, señora Booth —dijo ella y le sonrió a la anciana.

—Buenas tardes, Amy —respondió la señora Booth, quien asintió con la cabeza pero no sonrió—. Espero que mi habitación esté limpia y preparada.

No era precisamente su habitación, pero quizá debería haberlo sido. Había venido a la sala de urgencias cada tarde durante tres semanas para recibir un medicamento especial para tratar una enfermedad de la médula ósea. Su doctor había indicado que debía ser por vía intravenosa, y el proceso duraba casi dos horas. Durante ese periodo de tiempo, era nuestra invitada en una de las camas de la sala de observación. En ese horario casi no se usaban dichas camas, y ella solía encontrar un poco de privacidad.

—Estoy segura de que está todo listo para usted —respondió Amy, quien giró los ojos asegurándose de que yo la viera una vez que Lori y su invitada ya se habían ido.

La señora Betty Booth era uno de los pilares de la comunidad, al igual que su familia lo había sido durante varias generaciones. Su linaje incluía algunos alcaldes, concejales de la ciudad e incluso un senador en representación del estado. Ahora era viuda y no tenía hijos, representaba los últimos vestigios del "antiguo Rock Hill". Este título era muy importante para ella y quería asegurarse de que quienes la cuidaran lo comprendieran. Era muy exigente respecto de su cuidado y su entorno. No toleraba a las personas distraídas ni las interrupciones de su rutina establecida que podían evitarse. Le habíamos sugerido que viniera a Urgencias durante las primeras horas de la tarde porque solía ser el momento de mayor tranquilidad. De todas maneras, era una sala de urgencias. No podíamos garantizar paz y tranquilidad, ni siquiera en la sala de observación.

Ese día en particular, estaba sola en observación. La sala estaba limpia, tranquila y pudo elegir su camilla.

—Me gustaría estar en aquella cama —le informó a Lori y señaló hacia la esquina derecha de la parte trasera de la habitación, la cama C—. Y asegúrate de que las cortinas estén cerradas.

Lori ayudó a la señora Booth a subir a la camilla, levantó su cabeza hasta un nivel cómodo y le dio una frazada tibia.

—Su enfermera vendrá dentro de unos minutos para comenzar su vía intravenosa —le dijo—. Yo debo regresar a Triaje.

—Está bien, Lori. Y asegúrate de decirle que se apresure.

Lori salió de la habitación y fue hacia la estación del personal de enfermería.

—¿Quién está en observación hoy? —preguntó mientras miraba la pizarra de tareas.

Virginia Granger estaba sentada en la estación del personal de enfermería y trabajaba en uno de sus informes administrativos.

—Becka, pero se está tomando un receso en este momento. Puedes darme la ficha y yo iniciaré el proceso. Conozco a la señora Booth.

Amy le dio la ficha y regresó a Triaje.

Becka Hemby tenía veintidós años y acababa de graduarse del programa local de enfermería. Llevaba apenas un mes en la sala de urgencias. Aunque tenía el potencial para ser una excelente enfermera de urgencias, todavía estaba aprendiendo los gajes del oficio.

En tan solo unos minutos, Virginia colocó la vía intravenosa de Betty y pidió su medicamento a la farmacia. Lo traerían enseguida. La señora Booth se reclinaba con comodidad y leía su revista *Southern Living* con las cortinas cerradas. Parecía que todo sucedía conforme a lo previsto.

Pero luego, las cosas se complicaron. Pareciera que siempre ocurre eso, ¿no? Justo cuando parece que todo está bajo control, que todo marcha sobre ruedas, nos encontramos con un bache imprevisto en el camino... y después, con un pozo.

Nuestro bache fue la joven enfermera, la señorita Hemby. Su descanso había terminado y fue a reemplazar a Lori en Triaje. La rutina de siempre. Lori volvería dentro de quince minutos y Becka retomaría sus tareas habituales, las cuales incluían la sala de observación. Esos quince minutos acabarían siendo determinantes. En ese instante llegó nuestro pozo, personificado por Jasper Little.

Jasper era uno de nuestros pacientes frecuentes. Le gustaban mucho los vinos fuertes y solía beber hasta perder la conciencia. No solía aparecer en la sala en este horario. Su nivel de alcohol en sangre no llegaba al rango habitual de 0.40 sino hasta más avanzada la tarde. Pero alguien le había dado diez dólares por un trabajo ocasional y él había ido derecho a su tienda preferida.

Becka saludó al señor Little y lo llevó a Triaje. Tomó sus signos vitales e intentó comprender lo que él estaba diciendo. Apenas podía caminar y parecía como si estuviera hablando en otro idioma. Tomó la sabia decisión de sentarlo en una silla de ruedas y llevarlo a la sala. Supuso que necesitaría soluciones intravenosas y medicamentos, y estudió en la pizarra de la estación del personal de enfermería cuál sería la habitación más adecuada. Durante el poco tiempo que había estado con nosotros, nos había ayudado a cuidar de él durante uno de sus delirios alcohólicos.

"Mmm", pensó. "Solo hay un paciente en observación, y es probable que Jasper se quede un buen rato con nosotros, así que lo llevaré allí".

Llevó a Jasper a observación y lo puso sobre la camilla de la cama B, en la esquina izquierda de la parte trasera de la habitación. La señora Booth estaba leyendo plácidamente detrás de la cortina y no se dio cuenta de que tenía un nuevo compañero.

En ese preciso instante, Lori regresó de su receso. Miró de reojo la sala de observación, le dijo a Becka que iría a Triaje y se llevó la silla de ruedas de Jasper. No intentó identificar al nuevo paciente.

El señor Little mantuvo a Becka ocupada. No era sencillo levantarlo en la camilla y asegurarlo detrás de las barandas levantadas. Conocía la política de la sala, entonces lo desvistió y le puso una bata de hospital.

—Quédese aquí, señor Little —le indicó—. Ya vuelvo.

Él balbuceó una respuesta completamente ininteligible, luego se recostó en la cama y cerró los ojos.

Yo fui quien tomó la ficha de Jasper cuando llegó al mostrador. Supuse que sería una de sus consultas de rutina: soluciones intravenosas, multivitamínicos y tiamina por vía intravenosa y observación por unas cuantas horas. Apostábamos para ver quién acertaba con su nivel de alcohol en sangre. Por un segundo, pensé que quizá no era una buena idea que estuviera en observación con la señora Booth. Ella lo consideraba su dominio privado y, definitivamente, no visitaba los mismos círculos que Jasper Little. Sin embargo, él ya estaba en la cama y ¿qué era lo peor que podría ocurrir?

Nos enteramos una hora más tarde. Becka había controlado a la señora Booth y se aseguró de que estuviera cómoda. Su medicamento se aplicaba sin complicaciones y, en alrededor de treinta minutos, podría ir a su casa. Luego Becka dio un paso hacia la camilla de Jasper.

—Señor Little —dijo ella mientras movía suavemente su hombro—. ¿Cómo está?

Él levantó la cabeza de la almohada y entreabrió los ojos.

—Quiero mear —declaró él.

—¿Perdón? —preguntó Becka.

—Quiero mear —repitió él.

Su cabeza se desplomó nuevamente en la almohada, y cerró los ojos.

Ella miró la vía intravenosa. Estaba bien abierta y él había recibido casi dos litros de solución. "Probablemente sea cierto que debe orinar", pensó. Miró hacia el mostrador que estaba detrás de la camilla, pero no vio ningún tipo de orinal o bacinilla. Estaba preocupada porque pensaba que él todavía se tambaleaba demasiado como para llevarlo hasta el baño.

—Entiendo, señor Little —le dijo—. Voy a salir por un segundo para buscar un orinal. Ya vuelvo.

—Quiero mear —murmuró él.

Yo estaba en la estación del personal de enfermería cuando Becka salió de observación y se dirigió hacia el armario de suministros. Había estado allí durante varios minutos cuando sacó la cabeza y preguntó:

—¿Alguien sabe dónde están las bacinillas?

Antes de que pudiéramos responder, escuchamos un fuerte alarido que provenía de la sala de observación. Era la señora Booth.

—¡Oh, santo Dios! ¡Ayuda!

Becka salió corriendo del armario de suministros y fue hacia observación. Yo dejé la ficha que tenía en las manos y fui detrás de ella.

—¡Ayuda! ¡Que alguien haga algo!

Cuando llegué a la puerta, Becka estaba corriendo la cortina de la señora Booth y preguntando:

—Señora Booth, ¿cuál es el...?

Se detuvo en mitad de la oración y la miró fijamente.

Betty Booth estaba sentada derecha en la cama con las manos sobre la boca y los ojos tan grandes como dos platos. Luego señaló hacia el final de la cama.

Apareció Jasper Little en toda su gloria. De alguna manera, había salido de la camilla y cruzado la habitación junto con el soporte de su intravenosa. Becka le había puesto la bata al revés, por lo que la abertura estaba por delante. Él estaba parado al pie de la cama de la señora Booth con las manos en la cadera, los ojos cerrados y la pelvis hacia adelante. Orinaba con mucho entusiasmo al pie de la camilla.

—Quiero mear —murmuró mientras sonreía y asentía con la cabeza.

Becka cerró la cortina de prisa y llevó a Jasper hacia su cama. La señora Booth no dijo una sola palabra y estaba asustada hasta los tuétanos. Al día siguiente, su médico hizo que otro hospital le administrara el medicamento. No la vimos nunca más.

———◆◆◆———

10:15 p. m. Dos policías escoltaron a un hombre de mediana edad a la sala.

—Buenas noches, doctor —me saludó uno de ellos al acercarse a la estación del personal de enfermería—. Le traemos trabajo.

Los miré y los saludé, apenas noté al hombre que estaba en medio de ellos. Estaba esposado, tenía el cabello despeinado y la camisa por fuera de los pantalones. Miré sus pies y noté que solo tenía un zapato. Luego, miré su rostro de nuevo y me di cuenta de que parecía familiar. Me llevé el dedo índice al mentón y ladeé la cabeza mientras intentaba recordar su nombre.

Y lo recordé. Debe de haber sido obvio que lo había reconocido porque el oficial que había hablado asintió con la cabeza y dijo:

—Sí, se trata de una persona muy importante.

Parecía que el visitante esposado no había escuchado esto. Creo que no estaba escuchando nada. Apestaba a alcohol, y la postura encorvada y la cabeza caída indicaban que había cruzado hacía mucho rato el límite de estar meramente "bajo los efectos del alcohol".

Jeff Ryan se acercó al mostrador.

—Pueden llevarlo a Cirugía Ortopédica —les indicó a los policías—. No hay nadie allí y va a estar fuera del paso.

—Por supuesto —respondieron y se fueron por el pasillo. Conocían la sala tanto como nosotros.

Cuando estaban lo suficientemente lejos, Jeff dijo:

—¡Qué sorpresa!

—¿Es Joe Sightler? —pregunté—. ¿El alcalde de Hazelton?

Hazelton era una ciudad pequeña ubicada a unos veinte minutos de Rock Hill. Era un político local muy mediático que solía aparecer en las noticias y nunca escapaba de los temas controversiales.

—Sí, es Joe —respondió Jeff—. Parece que hoy está en aprietos.

—O, por lo menos, está borracho —dijo Amy desde el escritorio—. Apenas puede permanecer en pie.

"Esto será interesante", pensé. Tenía que hacer otras cosas y todavía faltaba para que su ficha llegara al mostrador. De todas maneras, sería interesante.

Toda sala de urgencias tenía sus pacientes importantes. Nosotros habíamos atendido a actores de cine, jugadores de fútbol profesionales, políticos y luchadores profesionales. Incluso personajes bíblicos famosos; una vez cuidé a un hombre que decía ser Juan el Bautista. Tratamos a todos por igual y no mostramos favoritismo, y ninguno recibe beneficios especiales. (Aunque sí controlamos un poco más a Juan. Era un poco diferente). El punto es que todos nos ponemos los pantalones metiendo una pierna a la vez. Todos tenemos las mismas debilidades y los mismos problemas, las mismas necesidades y los mismos dilemas. Joe Sightler era un político reconocido, pero aquella noche, en la sala de urgencias, no era más que un hombre que necesitaba atención médica. Todavía no sabía qué tipo de atención necesitaba, pero no parecía nada grave. Tendría que esperar su turno como el resto de los mortales.

Levanté su ficha del mostrador justo cuando uno de los policías se estaba acercando.

—El señor Sightler sufrió un pequeño accidente automovilístico —me dijo—. En realidad, creo que ni siquiera califica como tal. Estaba en un restaurante local esta tarde y había bebido demasiado. Nosotros paramos al lado del restaurante gracias a un semáforo cuando él salía del lugar y entraba a su auto. Nos quedamos allí una vez que el semáforo se puso en verde porque no podíamos creer lo que veían nuestros ojos. Apenas había logrado cruzar el estacionamiento sin caerse. Pensamos que no había manera de que aquel hombre intentara manejar.

El oficial se detuvo y movió la cabeza, todavía no podía creer lo que había sucedido. Luego continuó.

—Entramos al estacionamiento e intentamos detenerlo, pero, antes de que lo pudiéramos hacer, él encendió el motor y retrocedió directamente hacia un poste de luz. Creo que no podía ver el poste porque lo embistió varias veces. Lo golpeó una y otra vez. Tuve que entrar y apagar el motor.

Esta vez, cuando él hizo una pausa, miré la ficha de Joe y busqué "Motivo de ingreso". La oficina había escrito: "Accidente automovilístico. Sin síntomas. La policía solicita una prueba de alcoholemia".

—Iré a verlo —le dije al oficial—. Y ustedes podrán irse tan pronto como sea posible.

—No hay apuro, doctor. Ya casi termina nuestro turno. Llevaremos a Joe a la estación y es probable que deba quedarse al menos una noche con nosotros. Seguramente mañana saldremos en el diario.

—Seguramente —coincidí.

Habiendo controlado a Joe y determinado que no tenía ninguna lesión física importante, esperamos su prueba de alcoholemia. Había aceptado hacerla mascullando:

—No tengo nada que ocultar.

Yo suponía que iba a ser más de 0.40.

Lamentablemente, esta no era la primera vez que teníamos que cuidar al alcalde en estado de ebriedad. Uno supone que habría sido más discreto con el alcohol, pero él parecía ajeno a las potenciales repercusiones. O quizá creía que las reprimendas o el escándalo público no lo afectarían.

Mientras caminaba por el pasillo, una melodía de la música de fondo me llamó la atención. El reproductor automático de CD estaba en la oficina del personal médico, y nosotros podíamos elegir la música de la sala de urgencias. En unos segundos se escucharon sonidos de la discográfica Motown en toda la sala. Reconocí las voces de los integrantes de The Temptations apenas comenzó la canción "My Girl".

Estaba en la estación del personal de enfermería cuando me entregaron los resultados de los análisis que habían llegado por fax. Mostraban el nivel de alcohol en sangre de Joe Sightler: 0.465, más de cuatro veces el límite legal.

—Con eso bastará —indicó el policía, quien miraba por encima de mi hombro.

—Supongo que ahora se encargarán ustedes —le dije—. Dentro de unos minutos, estará listo para salir.

En ese momento, el ritmo familiar del comienzo de la canción "I Heard It Through the Grapevine" se escuchó en la sala.

—Qué buen tema —dijo el oficial sacudiendo la cabeza al ritmo de la canción.

El señor Sightler también debía haber escuchado la música. Un movimiento inesperado al final del pasillo me llamó la atención y miré hacia la puerta de la habitación de Cirugía Ortopédica. Joe había salido de la habitación y estaba caminando por el pasillo. Aunque se tambaleaba demasiado como para decir que estaba caminando. Todavía llevaba la bata de hospital y estaba descalzo. Tenía las manos levantadas a la altura de los hombros, con las palmas hacia delante y estaba haciendo algún tipo de baile. Tenía los ojos cerrados y movía la cabeza de un lado al otro.

—Oh, oh, oh, oh, te debes estar preguntando cómo supe... —cantó.

Sorprendentemente, sonaba bastante bien.

Dos auxiliares de Radiología giraron por la esquina que estaba detrás de él. Estaban llevando a una anciana en una silla de ruedas. Se había lastimado el tobillo y habíamos pedido una radiografía. Los tres se encontraron con la majestuosa vista del alcalde deambulando por el pasillo. Solo que su visión era diferente a la nuestra. La bata de Joe estaba desatada y abierta por la parte de atrás. Su ropa interior estaba colgada en otro lugar. Y su trasero estaba gloriosamente expuesto a todo el mundo.

La mujer que estaba en la silla de ruedas parecía apreciarlo. A pesar de que escuchamos un pequeño gruñido y vimos que se tapó los ojos, espiaba entre sus dedos. Los auxiliares de Radiología solo sonrieron. Ya habían visto varios traseros. La gente comenzó a asomarse por detrás de las cortinas y vieron a su funcionario electo de una manera muy personal e íntima.

—Mmmm —susurró el oficial—. ¿Qué me dices de eso?

Creo que el alcalde habría seguido bailando enfrente de toda la sala si se lo hubiéramos permitido. Pero quizá no. Cuando se acercó a la estación del personal de enfermería se detuvo, abrió un ojo, me miró y me hizo un guiño.

Los oficiales lo guiaron de regreso a la habitación y lo ayudaron a vestirse. Una pierna a la vez, igual que todo el mundo.

Con el orgullo viene el oprobio; con la humildad, la sabiduría.
PROVERBIOS 11:2

5

LA EXPERIENCIA DEL DOLOR

Aunque el mundo está lleno de sufrimiento, también
está lleno de superación.
HELEN KELLER (1880-1968)

Dolor. Nos dicen que los humanos podemos manejar el dolor de manera lógica y predecible en cuatro etapas distintas. Primero viene la conmoción, luego la negación, después la ira y, finalmente, la resignación.

Todas las pérdidas y todos los dolores, ya sean grandes o pequeños, funcionan del mismo modo. Atravesamos las etapas, retrocedemos, volvemos sobre nuestros pasos, volvemos a salir adelante, recaemos y así sigue. La capacidad de alcanzar la resignación es un regalo, y debemos ser agradecidos por ella.

Para la mayoría de nosotros, esta resignación final es ocasional. Nuestra tendencia natural es dar vueltas en círculos, no viajar derecho. Y estos círculos pueden ser destructivos. Conmoción, negación, ira. Conmoción, negación, ira. Y nunca llegamos a la resignación.

Todos los días, en la sala de urgencias, vemos a personas que enfrentan pequeños dolores y, muchas veces, pérdidas abrumadoras. Vemos cómo aceptan sus emociones y lidian con hechos repentinos e inesperados que les cambian la vida. A veces podemos ayudarlos. En otras ocasiones, no. Descubrí que, a veces, podemos predecir cómo responderán las personas ante una crisis. Con el pasar de los años, uno se da cuenta de quiénes están tranquilos y pueden controlar sus emociones. Y quiénes no. Con frecuencia, podemos identificar a la persona que está a una palabra, un susurro o una mirada de perder la cabeza. Muchas veces acertamos, pero no siempre. A veces los actos y las reacciones de algunos nos sorprenden grandemente.

———— ◆I◆I◆ ————

Ya llevaba unos años trabajando en la sala de urgencias del hospital de Rock Hill. Aquella mañana de domingo, hace unos veinte años, uno de mis compañeros, Bill Blanchard, estaba de guardia en la sala. Era una mañana hermosa: primaveral, tranquila e inofensiva. La sala de urgencias estaba en paz. A las 9:30 a. m., Bill estaba bebiendo su segundo café y leyendo el diario local. Solo había un par de pacientes que no necesitaban tratamiento urgente. Habían llegado en una breve avalancha al amanecer y Virginia Granger, la supervisora de enfermeras de aquel día, le estaba dando el alta a uno de ellos. Pasó por la estación del personal de enfermería donde Bill estaba sentado con el diario en una mano y el café en la otra. Se lo notaba indiferente y tenía los pies sobre el mostrador.

Cuando Virginia pasó por allí, hizo una pausa, miró sus zapatos por encima de los lentes y simplemente dijo:

—Doctor Blanchard.

No necesitaba otra advertencia.

—Oh, discúlpeme —respondió él.

Se enderezó en la silla con los pies firmes en el piso. Mantuvo los ojos en el diario y no levantó la mirada al cederle terreno a Virginia. Lo hacía por respeto más que por temor, a pesar de que Virginia tenía una reputación amenazadora en el hospital, en especial entre los médicos. No toleraba ninguna tontería en su sala.

Pero Bill no estaba haciendo sus primeros años de especialización. Ya había completado su formación en medicina de urgencias en un gran centro médico urbano ocho años atrás. Hacía más de seis años que estaba en este hospital y era un doctor de urgencias con vasta experiencia. Era uno de los favoritos de los estudiantes de medicina o de los médicos recién graduados que rotaban en la sala porque siempre estaba disponible para responder sus preguntas básicas: "¿Cuál es la dosis de amoxicilina para un niño de dos años?". "¿'QD' quiere decir cada día o cuatro veces al día?". "Creo que el hombre de la habitación 5 tiene conjuntivitis aguda. ¿Qué medicamento debería darle?".

Nunca lo noté impaciente, ni siquiera cuando un residente confundido le preguntó:

—Doctor Blanchard, creo que hay un hombre que tiene apendicitis. Sé que el apéndice está del lado derecho, pero ¿su derecha o mi derecha? ¿Depende del lado que yo lo miro?

—Mmm —respondió Bill, tranquilo, con un aire de seriedad adecuada, pero fingida, para no avergonzar a este médico principiante—. Supongo que sería su derecha, ¿no?

Era una influencia estabilizadora para cada uno de nosotros y compartía con libertad su experiencia práctica y diversa.

No obstante, estaba por enseñarnos una de sus lecciones más importantes, aunque sin intenciones de hacerlo. Y, definitivamente, no por propia elección.

Aquella mañana, Bill era el único médico en Urgencias. Pasó a la sección de deportes del diario para aprovechar el inusual descanso.

Virginia notó que él había cambiado la postura y que tenía los dos pies firmes en el piso. Mostró su aprobación asintiendo levemente con la cabeza y siguió caminando hacia la habitación de su paciente. El sonido agudo de la radio del servicio médico de urgencias la interrumpió.

—Sala de urgencias, habla la ambulancia 1. ¿Me copian?

Bill levantó la mirada del diario mientras Virginia dejaba la ficha y se acercaba a la radio. Como había hecho esto miles de veces, ella sacó su bolígrafo, atendió el teléfono y se preparó para tomar notas en el cuaderno que estaba junto a la radio.

—Sala de urgencias del hospital, ambulancia 1. Diga.

Hubo un silencio y luego un ruido de estática.

—Estamos en la interestatal con un 10-50 (accidente automovilístico). Dos lesiones físicas, una muerte. El otro parece estar bien. Masculino de veinticinco años. Lo llevamos sobre una tabla, protocolo medular completo. Estamos a diez minutos.

—10-4 (mensaje recibido), ambulancia 1. Llévenlo a Traumatología menor 3 cuando ingresen —le indicó Virginia al paramédico.

Terminó sus anotaciones y levantó la ficha para intentar, una vez más, darle el alta a su paciente.

Bill le habló sin dejar de mirar el diario.

—Pareciera que se trata de un terrible accidente. No es muy habitual en un domingo por la mañana.

—Es verdad —respondió Virginia—. Pero uno nunca sabe. La gente hace cosas extrañas.

Diez minutos después, las puertas de la zona de ambulancias se abrieron y le dieron paso a la camilla que empujaba uno de los paramédicos del hospital. Su compañero del servicio médico de urgencias sujetaba el costado de la camilla. El paciente estaba sujetado con firmeza a la tabla y su cabeza estaba atada con tiras de velcro.

Desde la estación del personal de enfermería, Bill podía ver al joven y determinar que no se encontraba en peligro inminente. Los ojos del paciente se movían rápidamente de un lado a otro, y él preguntaba una y otra vez:

—¿Dónde está mi esposa? ¿Cómo está?

El paramédico del hospital llevó la camilla hacia Traumatología menor y el paramédico de la ambulancia se dirigió hacia la estación del personal de enfermería con un portapapeles en la mano. Se acercó a Bill, se inclinó hacia delante y en voz baja le dijo:

—Doctor Blanchard, es un caso muy complicado.

Inclinó la cabeza hacia el nuevo paciente.

—Una pareja joven que se casó ayer en algún lugar de Tennessee. Pasaron la noche al norte de la ciudad y viajaban hacia la playa por su luna de miel. Un camión de dieciocho ruedas cambió de carril delante de ellos y el joven se desvió y perdió el control. Dieron dos vueltas. La chica no tenía el cinturón de seguridad y salió expulsada del auto hacia el terraplén. Un traumatismo craneal muy grave. Parece que murió con el impacto. Él apenas tiene un rasguño. El paramédico se irguió, apoyó las manos en la parte posterior de la espalda y se estiró.

—¿Sabe lo que le pasó a su esposa? —le preguntó Bill.

—No, no tiene la menor idea. No le dijimos nada. Y el policía de la autopista tampoco se lo dijo. Creo que tú tendrás que hacerlo —agregó, avergonzado.

—Sí, bueno, supongo que sí —aceptó Bill. Ya había estado en esa situación en muchas ocasiones.

Virginia trabajaba eficientemente y, en solo media hora, Bill le había curado al joven, el señor Jones, todas las lesiones importantes. De hecho, no se quejaba por nada y solo había notado unos rasguños en su mano izquierda. Seguía preguntando por su esposa y Bill evitaba darle respuestas específicas. Estaba esperando al policía de la autopista para confirmar la historia del paramédico.

Bill pasó por la habitación del joven y notó que estaba parado al lado de la camilla. Tenía las manos en los bolsillos y miraba la puerta en silencio. Virginia le había dicho que apenas tuvieran noticias concretas acerca de su esposa compartirían la información con él.

Cuando Bill llegó a la estación del personal de enfermería dijo:

—Virginia, llévalo a la sala para los familiares. Intenta tranquilizarlo, iré allí dentro de unos minutos.

—Bueno, lo intentaré —respondió ella.

Bill sabía que el señor Jones estaba en buenas manos.

Mientras estaba en la estación del personal de enfermería y completaba el informe del joven, un oficial de la policía de autopistas entró a la sala y se acercó a él.

—Doctor Blanchard —dijo—. Creo que ya sabe lo que sucedió esta mañana.

Bill reconoció al oficial, Tim Reed, y se sintió aliviado al enterarse de que él estaba trabajando en el accidente. Conocía a Tim porque se habían encontrado en otras situaciones como esta y lo consideraba muy profesional y atento.

—Sí, Tim. El servicio médico de urgencias me contó. Pero me gustaría escuchar tu versión también. ¿Qué sucedió?

Tim relató la misma historia desalentadora que el paramédico le había contado a Bill. Solo agregó que el camionero había escapado, pero lo habían detenido varios kilómetros más adelante. Le habían imputado el cargo de conducir con una licencia vencida. Los demás cargos habían quedado pendientes.

—Gracias, Tim —dijo Bill—. Eso es lo que necesito saber. Iré a hablar con el señor Jones.

Sin pensarlo, levantó la hoja de ingreso del joven que estaba esperando en la sala para los familiares.

—Lo siento, doctor Blanchard. Usted sabe que no podemos informar la muerte de los seres queridos a sus familiares. Ojalá no tuviera que hacer esto.

—Ojalá nadie tuviera que hacerlo. Gracias.

Fue hacia la sala para familiares e intentó hilvanar unas palabras para aliviar el dolor de este joven y el suyo. No se le ocurrió nada. Nunca se le ocurría nada.

La sala para los familiares estaba ubicada en la parte posterior de la sala. Era pequeña: tres metros de largo y tres de ancho. Tenía un sillón pequeño, dos sillas, una mesa, una lámpara y un teléfono. Las cosas básicas.

Bill abrió la puerta y vio a Virginia y al señor Jones, quienes estaban sentados en las sillas. Ambos levantaron la mirada cuando él entró y se pusieron de pie. Virginia se colocó entre Bill y la puerta.

—Estaré en la estación del personal de enfermería si me necesitas —le dijo.

Bill se dio cuenta, gracias al rostro consternado del señor Jones, de que Virginia no le había dicho nada acerca del estado de su esposa. Escuchó que la puerta se cerró y quedaron los dos solos.

También notó que el señor Jones sabía que había ocurrido algo horrible y que el doctor Blanchard no tenía nada bueno que decirle.

—Siéntese, señor Jones —dijo Bill, mientras señalaba hacia una de las sillas con el portapapeles.

—No, gracias, me quedaré parado —respondió—. ¿Qué me puede decir acerca de mi esposa? ¿Cómo está? ¿Cuándo podré verla?

Era un joven de contextura grande y atlética, medía 1.85 o 1.90 y pesaba alrededor de 250 libras, es decir, unas 75 libras más que Bill Blanchard.

Bill todavía no había decido cómo le daría las noticias. ¿De manera directa, franca y al grano? ¿O en forma gradual hasta llegar al hecho de que la esposa de este hombre había muerto al instante en el accidente?

Pensaba en esto mientras caminaba por la habitación para sentarse en una de las sillas. Al hacerlo, olvidó que estaba peligrosamente lejos de la puerta. Regla número uno: en este tipo de situaciones, siempre —siempre— debes pararte entre el familiar y la puerta.

Como el señor Jones caminaba por todas partes debido a los nervios, se había parado justo frente a la puerta bloqueando la salida. Lamentablemente, Bill no se dio cuenta de esto. Estaba distraído momentáneamente y comenzó a hablar de la manera en que él creía que sería la mejor forma de explicarle al señor Jones lo que le había ocurrido a su esposa.

Comenzó a describir el accidente, el cual el joven apenas recordaba. Explicó lo que sucedió con el chofer del camión y su maniobra negligente a alta velocidad. Luego le contó lo de su esposa.

—Al parecer, el camión hizo que ustedes giraran para evitar el choque y perdieran el control del vehículo. El auto dio varias vueltas y su esposa salió expulsada.

A propósito, no mencionó que el señor Jones llevaba el cinturón de seguridad, pero su esposa no. Tendría muchos meses y años para sentirse culpable por ello.

—Me temo que cuando salió del auto se golpeó la cabeza con el suelo. Debido a la velocidad del vehículo y la fuerza del impacto, sufrió una lesión craneal muy grave. Lamento tener que decirle esto…, pero no sobrevivió. Falleció. Pero, sin duda alguna…

Estaba a punto de decirle que ella no había sufrido, que su muerte había sido rápida, pero no tuvo la oportunidad. En ese momento, se dio cuenta de su error. El joven que tenía enfrente estaba por explotar y Bill estaba en el peor lugar.

El señor Jones miraba hacia el suelo con los puños apretados y temblaba. Bill se paró de la silla lentamente, con la esperanza de corregir su error imprudente.

Era demasiado tarde. El señor Jones explotó. Tomó a Bill del cuello y, sin ningún esfuerzo, lo levantó, dio una vuelta y lo golpeó contra la puerta.

—¡Hijo de p…! —gritó—. ¡La mataste! ¡Tú mataste a mi esposa!

Bill no podía hacer mucho. Intentó liberarse, pero el agresor era demasiado grande y fuerte. El portapapeles se cayó y repiqueteó sobre las baldosas del piso mientras el señor Jones golpeaba una y otra vez a Bill contra la puerta. Y luego comenzó a darle puñetazos en la cara con la ferocidad que surgía de su frustración y dolor.

Virginia escuchó la conmoción y buscó ayuda de inmediato. Intentó abrir la puerta de la sala para los familiares. No estaba cerrada con llave, pero el cuerpo del doctor Blanchard la mantenía cerrada. Empujó la puerta con todas sus fuerzas, pero fue en vano. Volvió a la estación del personal de enfermería y llamó a Seguridad.

Unos minutos después llegaron dos oficiales. Había un silencio de mal agüero en la sala. Pudieron abrir la puerta fácilmente. Vieron al señor Jones parado en la esquina con la espalda contra la puerta. Tenía la cabeza gacha y la frente contra la pared. Respiraba con dificultad, pero estaba tranquilo.

El cuerpo inmóvil de Bill Blanchard estaba sobre el piso. La sangre goteaba por su boca y se había formado un pequeño charco de color rojo oscuro sobre las baldosas frías que estaban debajo de su cara. Sus lentes estaban al lado de su cabeza con los cristales rotos y el marco aplastado.

Sobrevivió, pero solo pudo volver a trabajar en la sala de urgencias varias semanas más tarde. Perdió tres dientes y tuvo fracturas en la mandíbula, la órbita del ojo y dos costillas.

La regla número uno…

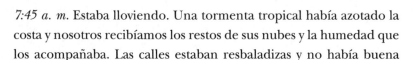

7:45 a. m. Estaba lloviendo. Una tormenta tropical había azotado la costa y nosotros recibíamos los restos de sus nubes y la humedad que los acompañaba. Las calles estaban resbaladizas y no había buena visibilidad.

—Vamos a estar ocupados esta mañana —dijo Amy Conners al aire.

Estaba organizando el papeleo de una noche atareada que había dejado su colega del tercer turno.

—Siempre lo estamos cuando llueve de esta manera. Uno piensa que la gente aprenderá a manejar con mal clima. Que irán más despacio o algo. O se quedarán en su casa.

Por supuesto que estaba en lo cierto. La lluvia traería aparejados varios accidentes menores y, quizá, algunos graves. Seguramente veríamos un poco de todo.

Como si hubiera estado programado, la radio del servicio médico de urgencias irrumpió en la calma de la mañana.

—Sala de urgencias, habla la ambulancia 2.

Lori estaba controlando el registro de medicamentos. Dejó el cuaderno de cuero sobre el mostrador y fue hacia la radio.

Levantó el auricular y respondió.

—Ambulancia 2, hablo desde la sala de urgencias. Diga.

—Tenemos a una señora de ochenta y dos años, sufrió un accidente automovilístico. Paro cardíaco total. Está intubada, no responde a ningún medicamento. Reanimación cardiopulmonar en proceso. Debemos llegar dentro de cinco minutos. ¿Alguna otra indicación?

Lori me miró para saber qué debía responder. Le dije que no con la cabeza.

—No, ambulancia 2. Continúe con la RCP. Llévenla a Traumatología cuando ingresen.

—10-4.

La radio calló.

Lori y yo fuimos a Traumatología para preparar lo necesario.

—¿Lo ves? Yo te avisé —entonó Amy proféticamente—. Llamaré al laboratorio y a Radiología.

—Gracias —respondí.

No parecía muy alentador. Las probabilidades de que aquella desafortunada mujer sobreviviera eran muy bajas. Su edad, el hecho de que no respondía a la reanimación y las probabilidades de que el traumatismo hubiera surgido a partir de un accidente automovilístico presagiaban un desenlace mortal.

Resulta que las circunstancias de esta anciana no eran las que nosotros suponíamos. Estaba llevando a su esposo a su consulta mensual con el cardiólogo. Él había tenido un infarto de miocardio seis meses atrás y ahora estaba bien. Ella tenía una buena salud y no padecía ningún problema médico importante. Vivían en las afueras, en una granja que había sido de su familia por muchas generaciones.

Iban hacia la ciudad esa mañana cuando ella comenzó a frotarse el pecho. Luego se quejó de una indigestión, la cual atribuyó a su desayuno, ya que lo había preparado y comido con prisa. Su esposo no se había preocupado por ello hasta que notó que el auto comenzó a tocar el borde de la calle. Miró a su esposa y vio que su cabeza colgaba y se balanceaba de un lado a otro. Antes de que pudiera decir o hacer algo, ella se desplomó sobre el volante. El auto salió completamente de la calle y, con lentitud, chocó contra un poste de luz.

Un testigo había llamado al servicio médico de urgencias y, en pocos minutos, nosotros recibimos la llamada de la ambulancia 2.

Al parecer, había sufrido un infarto de miocardio muy fuerte y tenía un electroencefalograma plano cuando llegó a la sala de urgencias. A pesar de nuestro esfuerzo, no pudimos hacer nada para cambiar eso. Su muerte se dictaminó veinte minutos después.

—El señor Reid está en la sala para los familiares, doctor Lesslie —me dijo Lori—. Está solo, pero creo que llamaron a otros familiares.

Estaba terminando mis anotaciones en la ficha de la esposa.

—Gracias, Lori. Iré allí dentro de un minuto.

Ella no se movió, sino que se quedó parada a mi lado.

—¿Quieres que entre contigo? —me preguntó.

—No. Gracias, pero estaré bien. Solo diles a sus familiares adónde ir cuando lleguen aquí.

Tenía la hoja de ingreso de la señora Reid en la mano cuando entré en la pequeña sala. El señor Reid estaba sentado en el sillón con las manos cruzadas y la mirada fija en el piso. Era un hombre alto, de contextura media, y su cuello estaba arrugado y curtido debido a las décadas que había pasado debajo del sol. Levantó la mirada cuando entré.

Por un segundo, pensé que tenía que pararme entre este hombre y la puerta. Era un reflejo protector, la lección de Bill Blanchard se había grabado a fuego en mi memoria. Pero se trataba de un hombre de ochenta años, difícilmente sería una amenaza.

Atravesé la pequeña habitación y me senté junto a él en el sillón. Estreché su mano y él, de alguna manera, logró esbozar una pequeña sonrisa.

—Señor Reid —comencé—. Debo comentarle acerca de su esposa.

Asintió, y sus ojos me decían que él ya sabía lo que estaba por decir. Lo supo cuando la vio desplomarse en el auto.

Hablamos durante unos minutos y después permanecimos en silencio. Lloró por un momento y después se recompuso. Estaba tranquilo y, por algún motivo, en paz.

Sus ojos brillaban mientras decía:

—¿Sabe qué? Tuvo una buena vida. Una buena familia. Nietos que la amaban. Pero no siempre fue fácil trabajar en la granja durante todos estos años. Pero eso es lo que ella quería. Ni siquiera consideraba irse de allí.

Y luego expresó su preocupación por sus hijos y nietos.

—La van a extrañar muchísimo. También son granjeros y viven en el campo familiar. La ven todos los días. No sé qué...

La puerta interrumpió su última frase. Miré a los dos hombres adultos y al adolescente que ingresaron a la sala. Eran hombres grandes. Y todos tenían puestos overoles usados y manchados, la característica distintiva de los hombres que trabajan con las manos. La puerta se cerró y el hombre mayor se sentó en las dos sillas. El adolescente se paró a mi lado. Tenían la mirada fija en el señor Reid y luego me miraron a mí.

"Bill Blanchard". De repente, pensé en su cara hinchada y magullada. Agarré el portapapeles para protegerme al menos un poco, en caso de que fuera necesario.

Estaba a punto de decir algo cuando el señor Reid habló.

—Chicos, odio tener que decirles esto, pero mamá pasó a una mejor vida.

Era una declaración muy sencilla, pero era todo lo que necesitaban oír.

Los dos hombres se levantaron inmediatamente y el joven se enderezó, estaba firme frente a la puerta. Su mirada fue del señor Reid hacia mí y luego de vuelta al señor Reid.

—Papi —dijo uno de los hijos.

Esa palabra sencilla contenía una inmensidad de dolor, pérdida y amor. Y luego comenzaron a caminar a lo largo de la sala.

El señor Reid se levantaba despacio y parecía mucho más viejo y débil que unos minutos antes. Parecía que estaba temblando ahora. Yo también me levanté y miré hacia la puerta. El adolescente estaba quieto, con los brazos pendiendo a cada lado, mientras miraba atentamente a su abuelo.

Uno de los hombres extendió los brazos y me tocó suavemente el hombro mientras caminaba con rapidez hacia adelante. En un instante, los dos hijos estaban abrazando a su padre y llorando.

Los miré y justo en ese momento me di cuenta de la fuerza con que yo estaba apretando el portapapeles. Me sentía insignificante y desubicado.

Uno de los hijos del señor Reid me miró y dijo:

—Doctor, conozco a uno de los paramédicos que ingresaron a mamá. Lo vi en el estacionamiento hace un minuto y me dijo que estaba en muy mal estado cuando la encontraron. Me dijo que usted hizo todo lo que pudo para intentar salvarla. Moss y yo queremos agradecérselo —dijo él, mientras señalaba con la cabeza a su hermano.

Estiró su mano hacia mí y yo la estreché sin saber qué decir.

Salí al pasillo y cerré la puerta que había quedado detrás de mí. Estaba solo, me quedé parado allí por unos minutos. Miré el portapapeles y me sentí algo tonto. ¿De qué habría servido esta tablilla endeble si esos dos hombres grandulones y el adolescente se hubieran puesto violentos? Y después me sentí insignificante de nuevo cuando recordé sus respuestas ante la noticia de su madre y abuela. Estos hombres, esta familia, tenían fundamentos sólidos y a pesar de que su pérdida había sido repentina y horrible, de alguna manera mantuvieron la compostura. Se apoyaron los unos a los otros con amor palpable y solemnidad discreta.

Sin embargo, uno nunca sabe. No podemos predecir cómo reaccionarán las personas en estas circunstancias. Debemos estar atentos.

Siempre recuerda la regla número uno.

Fui hacia la estación del personal de enfermería.

6

LAS GENERACIONES PASAN

Que todo mortal es como la hierba, y toda su gloria
como la flor del campo.

ISAÍAS 40:6

Era un sábado por la noche, alrededor de las 9:30 p. m., y habíamos estado muy entretenidos. La mayoría de las habitaciones estaban ocupadas y el montón de expedientes de pacientes que aún no habíamos examinado seguía aumentando.

Levanté el que estaba en la parte más alta de la pila, miré la ubicación de la habitación y me dirigí en esa dirección. Revisé rápidamente la información en la parte superior de su ficha médica:

TRAUMATISMO MENOR - C
WILLIAM PURVIS
HOMBRE BLANCO DE 35 AÑOS
DESGARRO DE TÓRAX

—Ese luce en muy mal estado —comentó la enfermera de Triaje señalando la ficha con la cabeza al pasar por mi lado.

Genial. Podría tomar mucho tiempo reparar un desgarro complicado y, mientras tanto, se generaría un embotellamiento en Urgencias. Bueno, primero tendríamos que ver cómo lucía.

William Purvis estaba sobre la camilla C. Se encontraba en la esquina derecha de la parte posterior de Traumatología menor. Cada una de las camas de esta habitación estaba rodeada por cortinas colgadas del techo que podían abrirse para dar más espacio o cerrarse para dar más privacidad. Como él estaba solo en la habitación, las cortinas estaban abiertas.

Caminé hacia su camilla y cerré la cortina que separaba su cama de la que estaba a su lado. Supuse que el señor Purvis querría algo de privacidad en caso de que alguien entrara.

—Señor Purvis, soy el doctor Lesslie —anuncié—. ¿Qué le sucede?

Estaba acostado cómodamente, apoyado sobre una almohada y sostenía un vendaje de gasa sobre su tórax. Se notaba que la sangre había empapado la malla de algodón en algunos lugares.

—¡Esto! —dijo él mientras se quitaba la gasa y revelaba una herida de treinta centímetros que iba de su pezón izquierdo hasta la boca del estómago. Era evidente que llegaba al músculo, pero ya no sangraba. La presión que él ejerció debió de haber ayudado. Obviamente, estaba exasperado y puso el vendaje de nuevo en su pecho.

En ese instante, noté que tenía puestos leotardos negros y zapatos de lucha de un rojo brillante. Estudié su cara por un momento para intentar recordar su nombre. Parecía familiar, y entonces… me di cuenta.

—Usted es uno de los Hermanos Bruiser, ¿no? —le pregunté.

Él asintió, pero no me miró.

—Sí, soy Max.

Los Hermanos Bruiser, Max e Irv, eran dos de mis luchadores preferidos cuando era niño. Eran unos de los "villanos" principales y, por algún extraño motivo, yo me sentía identificado con ellos. Mmm… Sin ir más lejos, los había visto un par de semanas atrás cuando vinieron a la ciudad. Fui el "médico del evento" e hice algunas pruebas que debían realizarse antes del gran espectáculo de lucha. Después, tuve que quedarme cerca en caso de que algo saliera mal. Casi nunca ocurría. Eran atletas muy bien entrenados y, por lo general, todo estaba planificado y coreografiado.

—Max o William, soy un gran admirador de ustedes —mentí un poquito—. Cuénteme más acerca de lo que ocurrió hoy.

Esta mitad de los Hermanos Bruiser era enorme. Debía de medir, por lo menos, dos metros, y en la ficha decía que pesaba más de 300 libras. Por lo que podía ver, la mayor parte de ese cuerpo era músculo. Se movió un poco en la camilla al retorcerse de dolor.

—Estábamos luchando en el Centro Cívico por la tarde —dijo él—. Acababa de terminar el encuentro y yo estaba saliendo del ring antes de Irv. Bajé por los escalones, y un viejo que estaba sentado en la primera fila saltó y me cortó con un cuchillo. Pude ver un poco del filo, parecía que era una cuchilla de punta cóncava, pero parecía que todo sucedía en cámara lenta. No pude hacerme a un lado con la rapidez necesaria, y luego pasó esto —señaló su pecho de nuevo—. Irv bajó de un salto las escaleras y le dio un puñetazo al hombre.

—¡Guau! —dije yo—. Uno supondría que tienen mejor seguridad.

—Exactamente —coincidió él—. Pero este hombre debe de haber tenido alrededor de setenta años. Yo me hubiera preocupado más por las mujeres que estaban a su lado. Se pusieron muy nerviosas.

—¿Qué pasó después? —pregunté.

—Salí de allí tan rápido como pude, eso pasó —exclamó él—. Ese hombre estaba loco, y yo no podía esperar. Los espectadores gritaban e Irv gritaba y me empujaba por el pasillo. Y aquí estoy.

Seguramente fue un caos. Esos lugares estaban siempre llenos y la multitud se debe de haber vuelto loca. Apostaba a que saldría en la televisión el siguiente sábado.

Tuve que recomponerme. Ahora, Max era un paciente y no una celebridad. Tenía que volver al modo médico. De todas maneras, era interesante tenerlo allí. No era una estrella de cine ni el vicepresidente, pero era famoso, al menos por estas partes del país. O, quizá, era infame.

—Bueno, déjame ver esa herida —dije y quité la gasa con cuidado. Mientras la revisaba, le pregunté:

—¿Alguna vez le había pasado algo como esto?

—¿Se refiere a que me ataquen después de una pelea? No. A mí no. Nunca antes me habían herido. De hecho, nunca he necesitado suturas. Pero, por lo que respecta a las luchas, no, nunca me habían lastimado. Por supuesto que me han escupido e insultado. Pero eso es parte del juego. Y, una vez, una señora golpeó a Irv con su cartera. Pero nunca nos han lastimado en serio.

Hizo una pausa y movió la cabeza, luego miró su pecho expuesto.

—¿Es muy malo? —preguntó él.

—No demasiado —respondí—. Estará bien. Necesitará un par de puntos, en realidad unos cuantos puntos, pero estará bien.

Lori entró a la habitación y comenzó a instalar la bandeja de suturas. Me puse los guantes quirúrgicos y empecé a anestesiar los bordes de la herida. Me llevó alrededor de cuarenta y cinco minutos limpiar y cerrar la herida, pero quedó muy bien.

Durante aquellos cuarenta y cinco minutos, Max y yo charlamos acerca de la imprevisibilidad con la que viven los luchadores profesionales. Parecía un estilo de vida complicado y definitivamente menos glamoroso de lo que uno se imagina. Implicaba mucho trabajo y entrenamiento. Y, por otro lado, el hecho de ser un "villano". De todas maneras, era fascinante.

Cuando le estaba dando los toques finales a mi obra de arte, escuché que Lori entró a la habitación y le indicó a otro paciente que se sentara en la camilla que estaba al lado de la de Max. Escuché su voz a través de la cortina cerrada.

—Señor —le dijo al paciente—, póngase cómodo y el doctor estará con usted tan pronto como sea posible.

—Está bien —fue la respuesta calmada.

—Parece que va a tener una noche larga, doctor —susurró Max e inclinó la cabeza hacia la cama contigua.

—Sí, pero es un sábado por la noche —respondí—. ¿Qué esperas? En especial cuando hay un grupo de luchadores en la ciudad.

Él se rio y se relajó un poco ahora que ya habíamos terminado.

—Bueno, Max, vamos a tener que quitar esos puntos dentro de diez días, aproximadamente —le indiqué—. Solo debes mantener la zona limpia y seca. Te daré algo para el dolor, por si lo necesitas, y una crema que deberás aplicarte varias veces al día. En cuanto a los puntos, puedes pedirle a tu médico de cabecera que los retire o, si estás cerca, puedes venir aquí.

—Gracias, doctor. Muchas gracias. Quizá venga a verlo la próxima vez que esté en la ciudad —respondió él.

—Sí, puede ser. Les contaré a mis hijos acerca de todo esto. Estoy seguro de que querrán ir a verte a ti y a Irv luchar. Quizá puedan estrecharte la mano.

—Eso suena bien —respondió él—. Uno nunca sabe.

Pensé que parecía un buen hombre. Y no el matón amenazante con el ceño fruncido que se ve en la televisión.

Me estiré, me quité los guantes y los arrojé al contenedor de basura que estaba al pie de la camilla.

—Dentro de un minuto vendrá una enfermera y pondrá un vendaje sobre eso —agregué al salir.

Al acercarme a la puerta, eché un vistazo a nuestro nuevo paciente. Cuando estuve fuera del campo de visión de Max, me detuve y lo miré fijamente. En la cama D había un hombre mayor con el pelo despeinado y la camisa medio salida del pantalón. Estaba mirando el piso y sostenía su mandíbula con las dos manos. Pude ver que el lado izquierdo de su cara estaba hinchado y tenía hematomas. Un pequeño hilo de sangre se abría paso desde el rincón de su boca hasta su mentón.

Un movimiento detrás de mí me llamó la atención. Max se había parado y estaba juntando su ropa. Tenía que esperar a la enfermera, pero quizá se le estaba agotando la paciencia. Miré otra vez al nuevo paciente. ¿Se trataba de una extraña coincidencia o del agresor de Max? No podía correr el riesgo.

Sin perder otro segundo, fui al cubículo de la cama D y cerré la cortina de manera que la zona quedara completamente aislada. El hombre viejo levantó la mirada, pero no dijo nada. Yo solo sonreí.

Lori entró a la habitación, le pidió a Max que se recostara de nuevo y vendó la herida.

Después de un par de minutos, dijo:

—Listo, señor Purvis, ya terminamos. Aquí tiene una receta de un medicamento por si siente dolor y algunas instrucciones para que cuide de la herida. Deberán retirarle los puntos dentro de diez días. ¿Tiene alguna pregunta?

—No, creo que eso es todo, señora —dijo él.

Y después, más fuerte y a través de la cortina:

—De nuevo, gracias, doctor.

—No hay de qué, Max —respondí.

El hombre mayor me miraba fijamente y estaba en silencio y confundido. Yo me quedé parado y seguí sonriéndole. Cuando me aseguré de que Lori y Max estaban fuera de la habitación, me relajé y, aliviado, suspiré.

¡Uf! Me recompuse y entonces le hablé al paciente:

—Soy el doctor Lesslie. ¿Qué puedo hacer por usted?

Él me miró y movió un poco la cabeza. Lo miré de cerca y pensé que debía de tener, por lo menos, ochenta años. Pero ochenta años muy gastados, y había demasiados cigarrillos y demasiado alcohol en su haber.

Por un momento, no dijo nada. Quizá había estado bebiendo y se cayó o quizá había sufrido un accidente automovilístico y se golpeó la cabeza con el volante.

Y entonces, empezó a hablar.

—Doctor, estaba en las luchas esta noche —le costaba hablar debido a que tenía lastimada la mandíbula—. Uno de los Hermanos Bruiser estaba luchando con Jumbo Mullins y Jumbo le estaba dando su merecido. Después Max, creo, comenzó a hacer piquete en los ojos de Jumbo y le clavó los dedos. Eso no es justo, en especial si uno tiene en cuenta la manera en que Jumbo perdió el cinturón ante Big Al Gargantúa el mes pasado. Bueno, yo sigo a Jumbo Mullins desde hace casi diez años, y eso no estaba bien. Hacerle piquete de ojos y todo eso.

Hizo una pausa y se tocó la mandíbula inflamada.

—Entonces, le grité al árbitro, pero no sirvió de nada. Cuando se acabó la lucha, bajaron del ring y yo estaba ahí, sin meterme con nadie, y uno de los hombres se acercó ¡y me dio un puñetazo! ¡Así de la nada! Le puede preguntar a mi sobrino, Skeeter. Al parecer, golpeó mi mandíbula.

Fue interesante que no mencionara nada acerca del cuchillo con punta cóncava. Sabía que no debía mencionarlo.

—Echemos un vistazo —dije yo, me acerqué y examiné con cuidado su rostro hinchado y magullado.

Era obvio que la mandíbula estaba dislocada y podía escuchar que rechinaba cuando él intentaba hablar.

—Creo que tiene razón acerca de su mandíbula —le dije—. Parece que está rota. Pero necesitaremos una radiografía para confirmarlo. Le pediré a una de las enfermeras que le traiga una compresa de hielo. Quédese quieto y lo llevaremos a Radiología dentro de unos minutos.

—¡Maldito joven! —soltó él—. Si hubiera venido directamente hacia mí, creo que podría haberle dado. Pero no, tuvo que darme un puñetazo. Así de la nada. Eso no está bien.

—Bueno, no se preocupe por eso ahora —intenté calmarlo—. Lo que hace falta es garantizarle los cuidados que necesita. Aguarde aquí.

Abrí la cortina y fui hacia la puerta.

—¡Eso no está bien! —balbuceó de nuevo.

Miré otra vez y vi que nuestro aspirante a pugilista daba puñetazos al aire. El movimiento repentino sacudió su mandíbula y él se quejó por el dolor y, una vez más, se agarró la cara.

Fui hacia el pasillo y reflexioné acerca de lo que acaba de suceder. Teníamos a Max Bruiser, un luchador profesional que era reconocido y admirado, derribado por un hombre viejo, arrugado y anónimo, tan viejo que podría ser su padre. Recordé una escena de la película *Patton*, en la que George C. Scott hace el papel de George W. Patton al final de su carrera. El general relataba la historia de los conquistadores romanos que volvían triunfantes de la batalla y, llenos de orgullo, daban vueltas en sus cuadrigas por la ciudad. Un esclavo debía pararse detrás de ellos y susurrar una y otra vez un recordatorio de su falibilidad: "Toda gloria es efímera".

Esa frase sigue siendo cierta.

Para confirmar aún más esta declaración, noté que el brillante momento de gloria de nuestro viejo matón estaba acabando. Dos policías habían entrado a la sala y se dirigían hacia Traumatología menor.

———————◆◆◆◆———————

Eran las 2:00 p. m. de un miércoles.

—Doctor Lesslie, es posible que quiera ver al hombre de la habitación 5 —comentó Nancy cuando pasamos por el pasillo.

La habían transferido de Pediatría recientemente, y hoy estaba en Triaje. Parecía un poco perpleja.

Paré, la miré y le pregunté:

—¿Cuál es el problema?

Se dio vuelta y me miró mientras movía la cabeza.

—Es un hombre viejo con dolor torácico. ¡Y es muy gruñón! Sintió dolor en el lado izquierdo del tórax por unos días y hoy vino para que lo revisemos. La presión arterial y el pulso están bien, pero no me dejó medir su temperatura. Me dijo que tenía fiebre, que él lo sabía y que yo debería escribir eso.

—De todos modos, ¿la mediste? —pregunté.

Suponía que no se había rendido ante el pedido del paciente. Era importante obtener los signos vitales exactos de cada paciente y, además, era parte de nuestra política. Una vez que explicas esto, la mayoría se calma y nos permite hacer nuestro trabajo.

—No, no lo hice. Y cuando lo conozcas, entenderás por qué —se dio vuelta, regresó a la parte trasera de la sala y, sobre el hombro, dijo—: me tomaré un descanso.

Cuando llegué a la estación del personal de enfermería, la tablilla de la habitación 5 estaba en la parte más alta de la pila de pacientes. La levanté con curiosidad.

Masculino de 89 años con dolor torácico.
Presión arterial 148/82. Pulso 92.
Frecuencia respiratoria 24.
Temperatura ¿?

Estaba mirando hacia la cortina cerrada de la habitación 5 cuando se acercó Virginia Granger.

—¿Sabes quién es? —preguntó y señaló con la cabeza hacia donde yo estaba mirando.

—¿El hombre de la habitación 5? —respondí y volví a mirar la ficha.

John Albernathy. El nombre me resultaba familiar, pero no lo podía ubicar. Su domicilio no ayudaba. Vivía en una calle del barrio más antiguo y más bonito del centro de la ciudad.

—Es el doctor Albernathy —explicó ella—. Lo vi entrar con Nancy. No cambió nada desde la última vez que lo vi. Diez años atrás, quizá.

El doctor Albernathy. Ahora lo recordaba. Había sido uno de los médicos del hospital durante más de cuarenta años y se había jubilado un par de meses antes de que mi esposa y yo nos mudáramos a la ciudad, hacía casi diecinueve años. Al poco tiempo de eso, nos cruzamos un par de veces en eventos sociales y luego nunca más. Al igual que Virginia, yo no lo había visto desde hacía diez, quizá quince años. Y no había oído mucho acerca de él. Cada tanto, alguien me decía que el doctor Albernathy había sido su médico. Pero cada vez eran menos las personas las que me decían eso y estaban más distanciadas en el tiempo.

—¿Lo llegaste a conocer? —me preguntó Virginia.

—La verdad, no —respondí—. Se jubiló antes de que yo entrara a la sala de urgencias. Lo vi un par de veces, pero no lo conozco.

—Bueno, te espera una sorpresa —dijo ella mientras sonreía.

No me gustó cómo sonaba eso.

—¿A qué te refieres con "una sorpresa"? —le pregunté.

—Digamos que John Albernathy es muy terco y puede ser un poco malhumorado. O, al menos, solía serlo. Quizá se ha ablandado durante estos últimos años. Pero lo dudo. Mejor ve y averíigualo —me animó y otra vez señaló con la cabeza hacia la habitación 5.

Por lo que había dicho Nancy, las probabilidades de que se hubiera ablandado eran bajas.

—Mmm —suspiré—. Creo que haré eso.

Levanté el portapapeles y, cuando estaba girando en esa dirección, Virginia agregó:

—Ah, y creo que escuché que su esposa murió hace dos años, más o menos. Creo que no tiene ningún familiar cerca, así que debe de estar solo. Quizá necesites saber eso.

—Gracias, Virginia —le dije—. Eso puede ser útil.

Cuando abrí la cortina de la habitación, encontré al doctor John Albernathy sentado bien derecho sobre la camilla. Tenía los brazos cruzados y el ceño fruncido.

—¿Te conozco? —preguntó él, aunque parecía más una acusación que una pregunta.

Cerré la cortina y me senté en el banco que estaba junto a su camilla.

—Doctor Albernathy, soy el doctor Lesslie —me presenté—. Creo que nos hemos visto un par de veces.

Estudió mi rostro.

—Mmm… me pareces conocido —admitió, ya no era tan duro como al inicio—. ¿Trabajas en la sala de urgencias?

John Albernathy no parecía de ochenta y nueve años, sino más joven. Todavía tenía mucho cabello gris ondulado, sus ojos eran claros y azules y su mirada era penetrante. Era un hombre delgado y parecía en forma. Se había puesto la bata de hospital, pero se había dejado puesta la camiseta como una declaración silenciosa e inequívoca de resistencia y autonomía.

—Sí, soy médico de urgencias en este hospital. Trabajo aquí —expliqué.

—¿No tienes un consultorio privado? —insistió él.

Pensé que, quizá, John no estaba familiarizado con el ejercicio de la medicina de urgencias ni con el hecho de que las salas de urgencias emplean médicos a tiempo completo. Ya habían pasado veinte años desde que había dejado de ejercer y las cosas eran diferentes ahora.

—No, no tengo un consultorio en la ciudad. Aquí es donde paso el tiempo. Tras haber terminado la carrera de medicina, me especialicé en medicina de urgencias. Es una especialización ahora, al igual que la medicina clínica o cirugía. Usted era médico general, ¿no? —le pregunté, un poco más cómodo ahora que parecíamos encontrar algunos puntos en común.

—Sí, sí —respondió él mientras acariciaba su mentón y miraba hacia la luz del techo—. Fui médico general durante cuarenta y tres años. —Después me miró de nuevo a los ojos—. Trabajaba en este hospital. Asistí partos, tuve a pacientes con paros cardíacos, accidentes cerebrovasculares en la Unidad de Cuidados Intensivos, todo eso. Ha cambiado un poco desde aquel entonces —agregó y echó un vistazo a la habitación—. Seguramente no encontraría el camino hacia la cafetería y menos aún a la Unidad de Cuidados Intensivos.

Comencé a recordar más acerca de John Albernathy o, por lo menos, más acerca de lo que otros médicos y amigos de la ciudad me habían contado de él. Fue uno de los primeros médicos generales de la zona y tenía el consultorio más grande del condado. Todos decían que era un gran médico y que las personas confiaban en él. Aunque eso no significa que les pareciera agradable. Tenía fama de descortés e inflexible. Y dejaba en claro que él era el médico y el que estaba al mando. Al parecer, no se podían negociar con él sus decisiones o proponer alternativas al tratamiento.

Fuera de su oficina y del hospital, también era "el doctor". Era su imagen pública aceptada y esperada. Si una mesera o un secretario, desconocedores de su posición, se dirigían a él como "señor Albernathy", él les informaba rápidamente que era un médico. "Lo que usted quiere decir es doctor Albernathy, joven".

—Sí, ahora que lo pienso, escuché algo acerca de ustedes, los médicos de urgencias. En un programa de televisión o algo así. De todas formas, te diré algo. Cuando yo ejercía, nosotros nos encargábamos de estos casos. No necesitábamos que un doctor pasara todo su tiempo en Urgencias. Si alguien venía al hospital, el personal de enfermería de la sala nos llamaba y, si era algo que podíamos manejar, lo mandaba a nuestra casa o a la oficina. Si era algo más grave, parábamos de hacer lo que estábamos haciendo y veníamos. No importaba si era de noche o de día. —Hizo una pausa y asintió con la cabeza. Luego agregó—: Sí, nos encargábamos de estos casos.

Pensé que no debía informarle que ahora vemos más de ciento cincuenta personas por día en la sala de urgencias, en lugar de las diez o doce que veían por día hace veinticinco años. Las cosas habían cambiado.

—¿Sabe qué? —siguió él—. Una de las alas médicas de arriba lleva mi nombre.

Estudió mi rostro y esperaba una respuesta afirmativa.

Pensé por un momento y luego, de repente, me acordé. Asentí con la cabeza, sonreí y dije:

—Sí, el ala Albernathy. Está en el cuarto piso. Es una zona de cuidados posquirúrgicos ahora, pero sigue siendo el ala Albernathy.

Apareció un gesto de satisfacción en su rostro y dijo:

—Sí. La nombraron en honor a mí. Hace mucho que no voy por allí.

Eso era algo bueno. A pesar de que estaba contento porque pude recuperar esta información de los bancos más remotos de mi memoria, él no necesitaba ver la placa con su nombre. Estaba rayada, manchada y una parte de ella estaba escondida detrás de una planta de plástico. Recordaba su existencia debido a que sentí curiosidad por su origen. Ahora lo conocía.

—Sí, el ala Albernathy —repitió él.

Me paré, puse la ficha de ingreso en el mostrador que estaba detrás de mí y pregunté:

—Doctor Albernathy, cuénteme acerca de este dolor torácico que siente.

Él levantó la mirada y apuntó hacia el lado izquierdo de su tórax, alrededor de una palma debajo de su axila.

—Me duele justo aquí cuando respiro profundo o me recuesto. Tuve tos por un par de días y ahora fiebre. No sé cuánto, pero creo que alrededor de 38.8. Creo que debe ser neumonía.

Esa también era mi impresión.

—Necesitaremos la temperatura exacta, ¿no cree? —le pregunté de la manera más suave posible.

Me miró de reojo y luego asintió con la cabeza.

—Supongo que sí —admitió.

Lori había corrido la cortina de la habitación y metió la cabeza por la abertura.

—¿Está todo bien aquí? —preguntó y me miró—. ¿Necesita algo, señor Albernathy?

Él giró los ojos y estaba a punto de hablar. Yo lo interrumpí.

—Lori, estamos bien. ¿Puedes decirle a la secretaria que necesitaremos unos análisis de sangre, hemocultivos y una radiografía torácica? Gracias.

Ella se fue de la habitación.

—Parece neumonía, ¿no? —comenté—. Veremos qué nos dice la radiografía torácica y, de ser así, deberá quedarse en el hospital.

—Supuse que tendría que quedarme —respondió él y luego frunció el ceño e hizo gestos hacia un pequeño bolso que estaba sobre el piso—. Traje un par de cosas conmigo, por si acaso.

Veinte minutos después, teníamos la respuesta. La radiografía torácica del doctor John Albernathy estaba colgada en el negatoscopio que estaba afuera de la sala de observación. Tenía una grave neumonía en su pulmón izquierdo, lo que explicaba la fiebre, la tos y el dolor torácico. A su edad, era un problema grave, pero con antibióticos y fluidoterapia debería recuperarse en un par de días.

Virgina Granger pasaba por allí y se paró a mi lado.

—¿Neumonía? —me preguntó y señaló la zona blancuzca en la parte izquierda de su tórax.

—Sí, y bastante importante —respondí.

Me miró sobre sus gafas bifocales.

—Supongo que ya te has dado cuenta de que es una criatura interesante —dijo ella—. Entiendo que tuvo que atravesar muchas cosas. Tengo una amiga que vive en la misma calle y me dice que después de la muerte de su esposa, hace un par de años, suele pasarse todo el tiempo en la casa. No sale mucho. Y no tiene familiares en la ciudad. —Hizo una pausa y luego añadió—: Supongo que está bastante solo. Y no le va a gustar tener que quedarse en el hospital.

No hay muchas personas que disfruten quedarse en el hospital, pero su comentario me despertó curiosidad.

—¿Por qué lo dices?

—Bueno, doctor Lesslie, quizá piensas que yo soy "de la vieja escuela" —dijo ella mientras se acomodaba el gorro de enfermera almidonado que ya estaba derecho sobre su cabeza—, pero John Albernathy es *muy* "de la vieja escuela". Viene de una época en la que el médico general era uno de los pilares de la comunidad. Todos lo conocían y lo respetaban. En todas partes, las personas se le acercaban, estrechaban su mano y le decían que jamás olvidarían cómo había ayudado a su madre o a su esposa o a su hijo. Así eran las cosas. Y ahora… —suspiró y meneó la cabeza—, bueno…, ahora ni siquiera tú lo reconociste, ¿o sí?

—No, yo…

—Y está bien —me interrumpió—. Hace muchos años que ya no es popular. De hecho, pienso que soy la única en la sala que sabe quién es. Quizá una de las pocas en todo el hospital. Es un poco triste, ¿no lo crees?

Era una pregunta retórica, y yo esperé mientras ella reflexionaba. Luego continuó:

—Es triste porque construyó toda su vida en función de esa idea, la de ser el doctor de la ciudad. Y ahora, ¿para qué le sirve? ¿A quién le importa, con excepción de a él mismo? Está medio perdido, anda sin rumbo.

Por supuesto que ella tenía razón. El tratamiento de la neumonía de John sería la parte más específica de su cuidado. Tenía que informarle al doctor Albernathy su diagnóstico y que debería quedarse en el hospital. Estaba entrando a la habitación 5 cuando escuché a Frank, uno de los auxiliares del laboratorio.

—Muy bien, compañero, esto puede doler un poquito.

Se estaba preparando para sacar sangre del brazo izquierdo del doctor Albernathy. John hizo un gesto de dolor cuando Frank dijo esto, pero no era debido al pinchazo anticipado de la aguja. Era porque lo había llamado "compañero". Eso lo había lastimado, y yo no estaba seguro acerca de cómo respondería.

Para mi sorpresa, el gesto de dolor se convirtió en una mirada de resignación, y él permaneció en silencio. Dejó caer los hombros y, por primera vez, parecía un hombre viejo.

Mi siguiente turno fue dos días después. A media mañana, pude ir arriba y controlar a algunos de los pacientes que habían ingresado en mi último turno. En especial, quería controlar a John Albernathy.

—302 —me dijo la secretaria de la unidad—. Usted será el primer visitante.

La habitación 302 estaba cerca de la estación del personal de enfermería, y el camino era corto.

Empujé la puerta para abrirla y la toqué suavemente.

—¿Doctor Albernathy?

Como no escuché ninguna respuesta, entré a la habitación. John estaba sentado en la cama, con una inclinación de 45 grados y la cabeza levantada con una almohada. El televisor colgado en la pared estaba apagado y él estaba mirando por la ventana.

Se dio vuelta cuando entré.

—Hola, doctor Lesslie —dijo él—. ¿Volvió para asegurarse de que no me haya ausentado sin permiso?

—Sí, así es —respondí y sonreí—. Y para ver si necesitaba algo.

—Bueno, gracias —dijo él—. En realidad, creo que estoy bastante bien. Ya no tengo fiebre y el dolor torácico ya no es tan fuerte. Ese internista joven y mocoso me dice que podré ir a casa dentro de uno o dos días. Todavía está un poco verde, pero parece que sabe lo que hace —admitió.

»Pero la comida es horrible —continuó—. Antes era mejor. O al menos eso creo. —Hizo una pausa y parecía perplejo—. Pero quizá siempre fue horrible. ¿Cómo podría saberlo? Nunca antes fui un paciente.

Hablamos durante unos minutos, y entonces llegó el momento en que debía regresar a la sala.

—Doctor Albernathy, cuídese y recupérese —le dije—. Está en buenas manos, así que haga lo que le pidan, ¿está bien?

—Debe de haber hablado con Virginia Granger —respondió él con sarcasmo—. Siempre la tuve que vigilar.

Me reí.

—Sí, Virginia me ha dicho algunas cosas acerca de usted. Y sí, hay que vigilarla.

Estaba abriendo la puerta para salir cuando John Albernathy habló bajito detrás de mí.

—Doctor Lesslie… Robert. Si tienes la oportunidad mañana y yo todavía estoy aquí…, ¿podrías venir de nuevo para que hablemos? Pero solo si tienes la oportunidad.

—Crearé la oportunidad, John. Si todavía está aquí y no en su casa —le dije.

—Gracias.

La puerta se cerró a mis espaldas y yo me paré en el pasillo por un momento, pensando.

—Permiso —dijo un camillero que venía de detrás de mí—. Abran paso.

Estaba empujando una silla de ruedas ocupada por un adolescente. El chico estaba vestido con su ropa de calle y, probablemente, le estaban dando el alta. Cuando pasaron, las puertas del otro lado de la sala se abrieron. Dos enfermeras salieron de la habitación, me miraron, asintieron con la cabeza y siguieron su conversación.

—No puedo creer que se salga con la suya —dijo una de las enfermeras. Luego la conversación se desvaneció y se volvió incomprensible a medida que caminaban hacia la estación del personal de enfermería.

El intercomunicador se encendió.

—Doctor Smith, preséntese en Radiología de inmediato. Doctor Smith, a Radiología.

Y así se iban: la vida, el tiempo, las personas. Por otro minuto, simplemente miré y escuché.

7

EL RON DEL DEMONIO

El vino lleva a la insolencia, y la bebida embriagante al escándalo; ¡nadie
bajo sus efectos se comporta sabiamente!

PROVERBIOS 20:1

Bajo los efectos del alcohol, las personas hacen y dicen cosas que jamás harían o dirían si estuvieran sobrios. Vemos esto a diario en la sala de urgencias. Lamentablemente, no pueden deshacer estos actos ni retractarse de lo que dijeron. Sin duda alguna, el vino lleva a la insolencia.

———◆◆◆———

Las voces detrás de la cortina de la habitación 2 habían sido silenciosas al principio. La madre y el padre de nuestro paciente de quince años habían llegado a la sala y acababan de entrar al cubículo. Estaban mirando a su hijo, preguntaban cómo estaba y se aseguraban de que estuviera bien.

El servicio médico de urgencias había traído a Johnny a Urgencias porque había sufrido un accidente automovilístico menor. Hacía poco que había recibido el permiso para conducir como principiante y al parecer había tomado de manera clandestina, junto con algunos de sus amigos, uno de los autos de su familia para dar una vuelta. Uno de los chicos más grandes se las había ingeniado para conseguir dos paquetes de seis cervezas, y emprendieron viaje.

Eran las tres de la tarde de un día cálido de mayo, y bebieron rápidamente la cerveza. El grupo decidió recorrer varios barrios cercanos a la casa de Johnny con él, mareado, al volante. No pudo maniobrar para hacer un giro cerrado en Forest Hills Estates y se metió en una nueva entrada para autos por en medio de un jardín de azaleas. Después chocó con un gran bebedero de concreto para pájaros y, al final, encajó el sedán entre dos pinos.

Johnny se había golpeado la frente contra el volante. No era grave, tan solo un par de hematomas y una pequeña herida que debíamos suturar. Cuando intentó salir del auto, descubrió que la puerta del conductor estaba atascada contra uno de los árboles. Miró a su alrededor y se dio cuenta de que sus amigos lo habían dejado solo. Habían logrado trepar por una de las ventanas de atrás y escaparse.

A pesar de la confusión causada por las cinco cervezas, el joven estaba comenzando a comprender que estaba en aprietos. Se estremeció cuando vio que el parabrisas del auto de su padre estaba hecho añicos. En la entrada estaba la señora de la casa. Tenía poco más de sesenta años y llevaba puesto un vestido floreado y un delantal azul marino. Estaba tiesa como una roca y miraba fijo y con rabia hacia los escombros de su jardín, con los puños cerrados sobre su cadera.

Johnny movió la cabeza, se desplomó en el asiento y esperó. Al cabo de un par de minutos, llegaron la policía y el servicio médico de urgencias.

Las voces que provenían de detrás de la cortina eran un poquito más fuertes, un poquito más enervadas. Parecía que era principalmente el padre, pero cada tanto también oíamos al hijo.

—¡Qué...! ¿Quiénes estaban...? No, ¡quédate aquí! —Algunas palabras y frases llegaban a la sala. Eran estallidos y partes incomprensibles de oraciones, pero era evidente que la temperatura de la habitación 2 estaba subiendo.

Amy Conners levantó la mirada de su registro.

—Quizá deberías ver cómo están las cosas allí —me dijo e inclinó la cabeza en dirección a las voces—. ¿Crees que debería llamar a Seguridad?

—No, no hará falta —le aseguré—. Se calmarán en un minuto. Pero iré allí y hablaré un poco con ellos.

Tenía motivos para confiar en mi valoración de la situación. Había hablado un poco con los padres de Johnny cuando ellos llegaron a la sala de urgencias. Parecían tranquilos, aunque obviamente estaban preocupados. Su padre era un profesional y vestía un traje formal. Su madre era alta, delgada y muy callada, permitía que su esposo hiciera todas las preguntas.

Mientras me acercaba a la habitación 2, los sonidos que provenían de detrás de la cortina dieron un giro amenazante. La distancia era de apenas unos pasos. Pero en los segundos que me llevó cruzar ese pequeño espacio, escuché con claridad que el padre le gritaba a Johnny y Johnny le respondía con groserías masculladas. Después de eso, se escucharon ruidos de una pelea, del golpe de la camilla contra la pared y los gruñidos de dos hombres que luchan entre sí. Luego, el grito de una mujer. Y silencio.

—¡Deténganse! —ordené tras haber corrido la cortina y entrado a la habitación.

Jamás olvidaré la escena extraña e inquietante que vieron mis ojos. El padre de Johnny estaba parado cerca de mí con los puños cerrados en su costado, el cabello despeinado y la corbata torcida, colgando sobre su hombro. Miraba con furia a su hijo. Johnny estaba parado a tan solo treinta centímetros aproximadamente de su padre. Su cabeza pendía hacia abajo y su camiseta estaba arrugada y por fuera de los jeans. Un hilo de sangre chorreaba de la herida en su frente que todavía estaba abierta. Sus brazos colgaban sin fuerza a los lados, y miraba hacia el piso. Se balanceaba un poco de un lado al otro, ya que todavía estaba ebrio.

Luego vi a su madre. Estaba en un rincón de la habitación, apretada contra el final de la camilla y el mostrador. Tenía las manos sobre la cara y los ojos desmesuradamente abiertos. La mirada iba de su hijo a su esposo y de regreso a su hijo. Caían lágrimas por sus mejillas. El único sonido en la habitación era el de su llanto ahogado.

Un puñetazo de Johnny le había destrozado la mandíbula.

Una intervención quirúrgica podría reparar el hueso fracturado, pero nada podría reparar ese golpe. Sería parte de esta familia, de esta relación, para siempre.

Más tarde, cuando estaba en la estación del personal de enfermería, levanté la mirada del portapapeles de la habitación 2 y dejé mi bolígrafo. Miré hacia las cortinas cerradas que estaban en frente de mí. Había recordado algo. El siguiente domingo era el Día de la Madre.

———◆◈◆———

Eran las 10:30 de la noche de un viernes. Hay un instante, entre las 6:00 de la tarde y la medianoche, que suele indicar el comienzo oficial del fin de semana. La cantidad de pacientes aumenta y la naturaleza de nuestros encuentros con ellos empieza a ser diferente. No es una coincidencia que ese momento de la semana también marque el inicio de un aumento en el consumo de alcohol. Más choques, más caídas, más peleas. Pareciera que todos se divierten mucho.

Este turno nocturno en particular parecía ser como todos los demás. Ya habíamos tenido un paciente apuñalado y un accidente de motocicleta. El primer caso se trataba de una herida superficial en las nalgas de un joven, infligida cuando intentaba escapar del alcance de un conocido al que acababa de golpear en la cabeza con una botella de cerveza. El accidente de motocicleta era más interesante. Tres individuos grandes habían intentado montar este vehículo al mismo tiempo, estaban convencidos de que podrían saltar una pared de piedra baja en el borde de un campo. La gravedad asomó la cabeza y yo tenía que coser algunos puntos. Nada grave.

Jeff y yo estábamos hablando acerca de este trío temerario en la estación del personal de enfermería cuando las puertas automáticas de la zona de ambulancias se abrieron y anunciaron la llegada de más trabajo. Ambos levantamos la mirada y vimos que una de nuestras unidades de medicina de urgencia empujaba dos camillas hacia la sala.

Denton Roberts dirigía la primera camilla hacia Urgencias y se detuvo junto a nosotros. En la camilla había una mujer de treinta años que estaba despierta y miraba a su alrededor. Su rostro estaba pálido, parecía ansiosa, y había varias abrasiones en su frente. Había pedazos de vidrio desparramados entre sus largos cabellos rubios.

—¿Qué pasó? —le pregunté a Denton y, por instinto, tomé la muñeca de la mujer y revisé su pulso. Iba un poco rápido, pero era fuerte y regular. Tenía una vía intravenosa en la parte posterior de su otra mano que estaba conectada a un paquete de solución salina que colgaba de un poste en la cabecera de la camilla. Podía ver que estaba bien abierta.

—Accidente automovilístico en la autopista 5 —respondió él. Señaló con la cabeza hacia la otra camilla—. El joven que está allí iba conduciendo. Ambos habían bebido demasiado. De hecho, él está bastante borracho, se desvió del camino y acabó en una zanja. Ella se queja de dolor abdominal y él tiene un poco de dolor en la espalda. Sus signos vitales están bien. Ninguno se desmayó. Ella estaba sujeta con el cinturón de seguridad. Cuando llegamos, él estaba caminando por el medio de la carretera. Los iniciamos con el protocolo medular completo y les pusimos intravenosas. Él parece estar bien, pero te divertirás —terminó con una sonrisa irónica.

—¿Qué quieres decir? —miré en dirección a nuestra segunda víctima.

—Bueno, digamos que no está muy contento —agregó Denton y asintió.

Si tenía alguna duda acerca de lo que había querido decir, me lo aclararon de inmediato. "Protocolo medular completo" quería decir que la persona estaba sujetada sobre una tabla con los brazos a los costados, las piernas estiradas y la cabeza y el cuello atados en su lugar, lo que impedía el movimiento. Esto era necesario para proteger a quienes tenían lesiones medulares obvias o potenciales. Pero también era muy incómodo.

—¡Quítenme estas cosas!

Sandy Green, el compañero de Denton, tenía problemas con nuestro próximo invitado. Sandy estaba intentando llevar la camilla hacia la sala con una mano y, con la otra mano, trataba de evitar que el paciente se cayera.

—¡Y quítenme esta cosa del brazo!

Se refería a la vía intravenosa que habían colocado en su codo derecho, la cual intentaba agarrar con torpeza. Sandy necesitaba una mano, quizá dos.

—Jimmy, debes quedarte quieto y dejar que te ayudemos.

La calma y el consejo sencillo vino de la mujer joven que estaba delante de mí.

—¡No necesito ayuda! ¡Necesito salir de aquí!

Jeff se había movido hacia la segunda camilla y estaba intentando ayudar a Sandy a mantener el orden.

—Aguarda un minuto, Jimmy —le ordenó—. Déjanos llevarte a una cama y controlarte, y después podrás salir de aquí, ¿está bien?

—¡No necesito que me controlen! ¡Solo déjenme salir de aquí! —fue la respuesta.

Miré a Denton.

—Llévenlos a Traumatología menor. A y B. Creo que no hay nadie allí en este momento.

—Está bien, doctor —respondió él y comenzó a empujar a su paciente por el pasillo.

Cuando Sandy pasó por la estación del personal de enfermería, le di una palmada en el hombro. Era un hombre grande y estaba sudando muchísimo.

—Solo sigue a Denton —le dije.

Él asintió y no dijo ni una sola palabra.

Miré a su paciente. Probablemente tenía un poco más de treinta años, estaba vestido con jeans azules, camiseta y traía tenis de correr.

Su cabello largo de color negro azabache se veía teñido y descuidado. Tenía un tatuaje grande en el antebrazo derecho. El nombre "Amanda" estaba estampado en tinta negra sobre un gran corazón rojo. Salvo por el tatuaje, no veía ninguna marca en su cuerpo, ningún rasguño, nada de sangre. Nada.

—¡Sheryl! —gritó él—. ¿Adónde te llevan?

"¿Sheryl?". Miré el tatuaje de nuevo. Mmm... El amor puede ser fugaz.

—Relájate, Jimmy —Sandy intentó calmarlo—. Estamos yendo junto con ella. Solo quédate quieto.

Se fueron por el pasillo y Jimmy siguió expresando de forma elocuente su disgusto con las circunstancias actuales.

—¡Les dije que me quitaran esta cosa!

Mientras yo terminaba con otros dos pacientes, Jeff evaluó a nuestras víctimas del accidente automovilístico. Fue hacia el mostrador con las fichas.

—Finalmente, logramos que Jimmy se calmara —me dijo—. De todas maneras, no sé por cuánto tiempo se quedará así. Está muy ebrio. Y muy ofensivo. Está en la cama A. Parece que está bien, solo se queja de dolor en la parte baja de la espalda. Pero se está moviendo bastante bien.

Terminé la ficha con la que estaba trabajando y la puse en el cesto "Dar el alta".

—Bien. ¿Y acerca de ella?

—No lo sé. Creo que tiene algo —dijo Jeff—. Su frecuencia cardíaca es de 110, más o menos, y su abdomen está blando. La presión arterial es 110 sobre 70. Todo lo demás pareciera estar bien. Abrí más su vía intravenosa.

—Muy bien —respondí—. Iré a echar un vistazo.

Había trabajado lo suficiente junto a Jeff para saber que cuando él pensaba que un paciente tenía algo, generalmente estaba en lo cierto. No exageraba y había visto muchos casos.

Tammy, una de nuestras auxiliares de enfermería de la noche, estaba en Traumatología menor con los dos pacientes. Estaban en camas contiguas y una cortina las separaba. Jimmy estaba recostado, momentáneamente en silencio, con los ojos cerrados. Fui hacia la cama B.

—¿Cómo te sientes, Sheryl? —le pregunté.

Ella me miró.

—No me siento muy bien, doctor. ¿Qué tengo?

—Lo vamos a averiguar —le dije mientras comenzaba a palpar su abdomen.

Jeff tenía razón. Estaba blando y se estaba distendiendo.

—¿Duele aquí? —le pregunté y apreté hacia abajo en la parte superior del lado izquierdo de su abdomen, debajo de la caja torácica. Allí está el bazo y sospechaba que podría haberse lesionado en el accidente. Si tenía un desgarro o estaba sangrando, eso explicaría la distensión.

—¡Ayyy! ¡Sí! ¡Eso duele! —gritó ella, pero mantuvo la calma.

Dejé de presionar y quité la mano.

—Está bien, no lo volveremos a hacer —le dije—. Pero parece que tienes algo lastimado en el abdomen, quizá el bazo, por ese motivo haremos una tomografía axial computarizada tan pronto como sea posible. También le voy a pedir a uno de los cirujanos que te revise.

—¿Es grave, doctor? —me preguntó.

—Bueno, depende de lo que encontremos —respondí—. Pero lo arreglaremos sin importar lo que sea. ¿Está bien?

—Está bien —suspiró ella y cerró los ojos.

Antes de salir, le pregunté:

—Ah, otra cosa. ¿Bebiste algo esta noche?

Podía oler el alcohol en su aliento, pero no parecía ebria.

No dudó para responder.

—Solo una cerveza. Eso fue todo.

Lo anoté en la ficha porque le creí. La respuesta habitual a esta pregunta en la sala de urgencias suele ser: "Dos cervezas, doctor". No importa cuán borracha esté la persona, siempre son "dos cervezas". Supongo que la honestidad se apaga una vez que el alcohol alcanza determinado nivel.

Fui hacia la cama A e hice una evaluación rápida a su pareja. Estaba roncando ahora y apenas abrió los ojos cuando hice la exploración física. Sus signos vitales eran completamente normales y no pude encontrar indicios de lesiones importantes.

Logré despertarlo lo suficiente como para hacerle una pregunta.

—¿Cuánto bebiste esta noche, Jimmy?

—Dos cervezas —arrastró esas palabras en forma de respuesta. No escribí eso.

En la estación del personal de enfermería, le pregunté a la secretaria de la unidad si Tom Daniels estaba en el hospital. Era el cirujano de guardia aquella noche y, si estaba cerca, quería alcanzarlo antes de que se fuera a casa.

Unos minutos después, ella levantó el teléfono, después tapó el auricular y dijo:

—El doctor Daniels está en el quirófano terminando un caso. ¿Tienes que hablar con él? Es el supervisor del quirófano.

—No —le dije—. Tan solo pídele que pase por Urgencias una vez que haya terminado. Dile que quizá tenga un bazo para él.

Le transmitió el mensaje y colgó.

—Dentro de unos diez minutos debe estar aquí —me dijo ella.

Estaban listos para hacer la tomografía axial computarizada de Sheryl, pero diez minutos no cambiarían mucho las cosas. Podíamos esperar.

—Jeff, Jimmy de Traumatología menor necesitará un análisis de orina —le ordené—. Solo fíjate si hay sangre. Nos aseguraremos de que no se haya lastimado los riñones, y después se podrá ir.

—Por supuesto —respondió él—. Pero tendremos que usar un orinal. No creo que pueda caminar.

—Tienes razón —dije yo—. Buena suerte. Quizá ni siquiera puedas despertarlo.

Jeff fue al armario de suministros y sacó uno de nuestros orinales de acero inoxidable. Se dirigió por el pasillo hacia Traumatología menor, y yo iba unos pasos detrás de él.

Estaba por entrar a la habitación donde había cuatro camas cuando avisté a Tom Daniels, que acababa de doblar la esquina en el fondo de la sala. Todavía tenía el uniforme y el gorro de quirófano.

—¿Fue una noche larga? —le pregunté.

—Fue un día largo —respondió él—. No tuvimos respiro. Me dijeron en el quirófano que quizá tengas algo para mí. ¿Un bazo, quizá?

—Sí, ella está aquí.

Lo guie hacia Traumatología menor y noté que Jeff estaba intentando despertar a nuestro paciente somnoliento de la cama A. Pasamos esa cama y fuimos detrás de la cortina que lo separaba de la cama B.

—Sheryl, él es el doctor Daniels —le dije—. Es el cirujano de guardia esta noche y quiero que te revise.

Tom fue al otro lado de la camilla.

—¿Sheryl es tu nombre? Soy Tom Daniels. El doctor Lesslie me dijo que estás dolorida.

Siguió con la exploración física mientras le hacía preguntas. Cuando le palpó el abdomen, ella se quejó de dolor y se movió en la cama. Él me miró y asintió con la cabeza.

—Sheryl, estoy de acuerdo con el doctor Lesslie. Algo anda mal en tu abdomen y es probable que tengamos que ir al quirófano para averiguar qué es. Haremos la tomografía axial computarizada primero y luego decidiremos qué hacer. ¿Está bien?

—Está bien, doctor —respondió ella—. Solo quiero que me deje de doler.

Mientras pronunciaba esas últimas palabras, escuché que alguien gruñía del otro lado de la cortina. Había escuchado algunos ruidos extraños detrás de nosotros, pero esto era más fuerte y más amenazante.

—¡Eh! ¡Basta!

Luego se escucharon más gruñidos y los ruidos de una pelea. De repente, el orinal voló por la habitación y golpeó la luz del techo sobre la cama C, luego el poste de la vía intravenosa y, finalmente, el piso. Dio un par de vueltas y se detuvo.

Jeff estaba intentando obtener una muestra de orina de Jimmy y este no colaboraba. Cuando lo despertaron por primera vez de su sueño alcohólico, golpeó a Jeff con el puño directamente en la oreja izquierda. Después, lo pateó dos veces: una vez en el estómago y otra en el muslo. La gota que derramó el vaso fue cuando tomó el antebrazo de Jeff y lo hizo sangrar con las uñas.

Tom Daniels me miró. Me di vuelta y abrí la cortina.

Los gruñidos eran de Jimmy y tenían una buena explicación. Por un momento, los miré maravillado. Jimmy seguía recostado sobre su espalda en la cama. Pero Jeff estaba sentado a horcajadas sobre él y presionaba con su gran mano izquierda contra su tórax. Después de alrededor de un minuto, Jimmy se retorcía, luchaba e intentaba pegarle.

—¡Ayyy! ¡Bájate!

Luego intentó escupir a Jeff en la cara. Jeff fue rápido y logró esquivar el proyectil líquido. Pero lo que hizo Jimmy tuvo un resultado inesperado e indeseado. La mano derecha de Jeff estaba sobre la cara de Jimmy y, al moverse, lo golpeó brevemente sobre el puente de la nariz. No fue un golpe contundente, al menos no lo suficiente como para desgarrar la piel o romper un hueso. Pero fue suficiente como para llamar su atención. Le dolió y Jimmy gritó.

—¡Ay! ¡Bájate!

El ciclo se repetía. Durante un par de segundos, Jimmy estaba quieto. Luego comenzaba a retorcerse de nuevo e intentaba patear a Jeff. Y, una vez más, intentaba escupirle. Luego un pequeño golpe en la cara.

—¡Eh! ¡Que alguien me lo quite de encima!

En ese momento, noté los ojos de Jeff. Lo había visto enojado en otras ocasiones, pero, por fortuna, no muchas. Era difícil irritarlo. Su cara se ponía colorada y él se quedaba muy callado. Después, pasaba al olvido. Pero esta vez era diferente. Jimmy debía de haber encontrado los botones indicados. Los ojos de Jeff apenas estaban abiertos y sus pupilas tenían el tamaño de la cabeza de un alfiler. Me dieron escalofríos.

Era uno de los mejores del personal de enfermería, un gigante. Y tenía fuerza. No obstante, había visto que con esas manos enormes sostenía con ternura a un bebé de dos meses y con destreza colocaba una vía intravenosa en su manita. Y también había visto cómo levantaba cuidadosamente a una mujer de noventa años de la silla de ruedas y la colocaba sobre la mesa de exploración. Pero jamás me animaría a decírselo.

Aquella noche, era una persona totalmente diferente, alguien que no esperaba ver y que me asustaba un poco.

—¡Doctor! —Jimmy se dio cuenta de que yo estaba parado al lado de la camilla—. ¡Quítemelo de encima!

Jeff seguía sentado a horcajadas sobre el cuerpo de Jimmy con la mano derecha sobre su cara.

Eché un vistazo a Jeff, pero él seguía mirando fijo a su paciente.

Miré de nuevo al hombre que estaba suplicando desde la cama.

—Jimmy, si te comportas, intentaré quitarlo de allí. Pero debes comportarte. Debes dejar de patear y escupir.

—¡Está bien! ¡Está bien! ¡Solo quítemelo! —respondió él.

Jeff no se movía. Parecía que la sinceridad y el nuevo remordimiento de Jimmy no lo habían convencido. Yo tampoco estaba muy convencido.

—Jimmy, intentaré hacerlo, pero debes prometer que mantendrás la calma. ¿Me estás escuchando? —le pregunté—. No más patadas.

Tom Daniels se había acercado y estaba parado detrás de mí. Inspeccionó la escena mientras acariciaba su mentón, parecía entretenido.

—Dile que ponga la mano en el corazón y lo prometa cruzando los meñiques —susurró en mi oído.

Lo miré y fruncí el ceño.

—Tom, estoy intentando salvarle la vida a este hombre —lo reprendí.

—¡Por favor, doctor, quítemelo de encima! —Jimmy se estaba cansando y pensé que ya era seguro rescatarlo.

—Jeff, ya es tiempo de dejarlo. Vamos, baja de esa cama —intenté convencerlo.

Sin pronunciar una sola palabra, y con una agilidad inesperada, Jeff saltó hacia el piso. Fue hacia la esquina de la habitación para recoger el orinal y alisó las arrugas de su camisa quirúrgica con las palmas de las manos.

Jimmy no perdió ni un segundo y, por supuesto, no perdería esta oportunidad. Se sentó en la cama y colgó las piernas por el borde intentando alcanzar el piso.

—¡Fue suficiente! ¡Todos están locos! ¡Me iré de aquí!

—Jimmy, mantén la calma —le dije—. Estaremos encantados de revisarte, pero debes comportarte. Quédate sentado.

Fue en vano. Jimmy estaba determinado a salir de nuestra sala.

—Dije que saldría de aquí y así será.

Se puso de pie y, con más equilibrio que el que yo esperaba, caminó hacia la puerta. Se tropezó una vez y miró a Jeff.

—¡Eres un loco #$%#&!

Y luego se fue.

Tom Daniels miró hacia donde estaba Jeff.

—Jeff, ¿te encuentras bien? —le preguntó.

—Mmm...

Esa fue la respuesta. Estaba bien. Todavía no se había calmado completamente, pero estaba bien. Fue hacia la cama B.

—¿Ella necesita algo más? —nos preguntó. Seguía teniendo la cara roja debido a su actividad más reciente.

—No —respondió Tom—. Solo mantén su vía intravenosa bien abierta y obtengamos esa tomografía axial computarizada tan pronto como sea posible.

La tomografía de Sheryl mostró que su bazo estaba desgarrado y que, probablemente, su intestino estaba roto. Treinta minutos después, estaba en el quirófano y ya la habían anestesiado.

Yo estaba solo, sentado detrás de la estación del personal de enfermería. La puerta de Triaje se abrió y un hombre mayor entró a la sala de urgencias. Fue hacia el mostrador y llamó la atención con las manos.

—¿Es usted el doctor? —me preguntó.

—Sí, soy el doctor Lesslie —respondí—. ¿Cómo lo puedo ayudar?

—Soy Stanley Wells, el papá de Jimmy —respondió él. Yo me senté un poco más erguido en la silla—. Quisiera hablar unos minutos con usted.

Lo miré por un momento. Supuse que tenía cincuenta y cinco, quizá sesenta años, pero parecía mucho mayor. Su rostro estaba arrugado y desgastado, y estaba algo encorvado. Muchos días difíciles y muchas noches aún más difíciles. Y demasiados años con Jimmy.

—Sí, ¿qué sucedió con Jimmy?

Pensé muchas cosas. Que se había desmayado en la sala de espera. Que había ido a su casa a buscar un arma. Que había llamado a la policía. Pero ninguna de ellas era acertada.

—Solo quiero ofrecerle disculpas. Sé que es problemático. Es un hombre joven e irritante, en especial cuando bebe. Y está muy borracho hoy —me dijo—. Entiendo que armó un gran alboroto aquí.

—Bueno, se puso un poco revoltoso, señor Wells —dije yo, un poco desprevenido, pero definitivamente aliviado—. Supongo que sabe que sufrió un accidente automovilístico bastante serio.

—Sí. Ya hablé con la policía al respecto —respondió él—. ¿Cómo está esa mujer, Sheryl? Creo que la conoció en el bingo la semana pasada. Parece una buena chica. ¿Va a estar bien?

—Bueno, está en el quirófano en este momento. Sufrió daños y hemorragia internos, pero está en buenas manos y creo que estará bien —respondí.

—¡Maldito joven! Le dije cientos de veces que dejara de beber y, en especial, que no manejara después de haber bebido. Pero él no escucha. Nunca lo ha hecho y supongo que nunca lo hará. Lo multaron tres veces por conducir bajo los efectos del alcohol, y ahora esto. No sé qué voy a hacer con él.

Hizo una pausa y miró la parte posterior de sus manos nudosas.

—De todas maneras, doctor, solo quería venir y ofrecerle disculpas por la manera en que actuó mi hijo. Espero que no haya lastimado a nadie.

—No, no lo hizo. Pero se marchó cuando estábamos intentando revisarlo para confirmar que no tuviera ninguna lesión. Creo que estará bien, pero si quiere que lo revisemos, simplemente tráigalo aquí.

—Gracias, doctor, pero dudo que quiera volver aquí. Está sentado en la sala de espera con la policía y creo que se irá con ellos. Está en problemas esta vez. No tiene permiso para conducir y ya engañó a la policía un par de veces.

Hizo una pausa y movió la cabeza.

—Igual, creo que está bien. No se queja de ningún dolor ni nada. Pero si cambia de opinión, lo traeré aquí.

—Haga eso, señor Wells —le dije—. Si tiene alguna pregunta acerca de Jimmy, tráigalo o llámenos.

Se paró derecho ahora y se puso las manos en los bolsillos.

—Bueno, gracias. Pero, como ya dije, lamento mucho la manera en que se comportó.

—No se preocupe —le dije—. Y espero que su noche mejore.

Lo miré mientras se dirigía hacia Triaje.

Veinte minutos después, Jeff estaba conmigo en la estación del personal de enfermería. Estaba a mi izquierda y escribía en la ficha de Sheryl. Se aseguraba de que todo lo que habíamos hecho estuviera debidamente anotado. Unos minutos antes, Tom Daniels nos había transmitido un mensaje por medio de la enfermera del quirófano. Sheryl estaba bien. Su bazo estaba desgarrado y habían tenido que sacarlo. Todo había salido bien y él la estaba cerrando.

Quizá Sheryl aprendería algo esa noche. No necesariamente acerca de conocer hombres en el bingo, sino acerca de no subirse a un auto con alguien que ha bebido. Sería una lección costosa.

Escuché pasos detrás de mí que provenían de la entrada de Triaje.

—Doctor.

La voz sonaba familiar, pero el tono era diferente. Me di vuelta y vi al señor Wells de nuevo, parado frente a mí.

—Sí, señor Wells. ¿Cómo puedo ayudarlo? —le pregunté—. ¿Jimmy quiere que lo revisemos ahora?

Jeff siguió escribiendo en la ficha que estaba frente a él y nunca levantó la mirada.

—No exactamente, doctor —respondió el señor Wells, su voz tenía ahora un tono perspicaz—. Quiero hablar un minuto con usted.

—Por supuesto —contesté—. ¿Cuál es el problema?

—Bueno, acabo de salir y estaba hablando con Jimmy. La policía se lo llevó a la estación, pero antes de que se fuera me contó algo inquietante.

—¿Qué cosa?

Temía que, quizá, ya sabía la respuesta.

—Jimmy me contó que cuando estaba aquí, el doctor saltó sobre él y lo golpeó. Lo sostenía y le pegaba una y otra vez en la nariz.

Hizo una pausa y se acercó a mí. Su cara estaba a unos pocos centímetros de la mía. Y estaba enojado.

—Ya sé que Jimmy puede ponerse a la ofensiva cuando ha bebido, pero ese no es motivo para que le den una paliza a mi hijo, doctor. Además, él estaba bajo los efectos del alcohol y no se podía proteger y todo eso. Eso no está bien y vine a quejarme de eso.

Estaba parado con las manos en la cadera y se le notaba la indignación.

Jeff nunca levantó la mirada de su trabajo. Siguió escribiendo.

—Señor Wells, déjeme decirle un par de cosas —comencé a explicarle—. En primer lugar, yo soy el único doctor de guardia esta noche. Y, en segundo lugar, yo no sostuve a su hijo y, definitivamente, no le golpeé la nariz.

—Bueno, ¡alguien lo hizo! —exclamó él—. Puedo ver las marcas rojas en su nariz y Jimmy me dijo que un doctor las había hecho, y él no me miente. Bueno…, no suele hacerlo.

—Déjeme repetírselo, señor Wells. Sé que está molesto, pero yo soy el único doctor aquí y no le pegué a su hijo.

Intenté convencerlo, pero no cedía.

—Escúcheme, doctor… —comenzó de nuevo.

Pero yo lo interrumpí.

—Señor Wells, déjeme contarle lo que sucedió. Estábamos intentando evaluar a su hijo, controlarlo y asegurarnos de que todo estuviera bien. Pero se puso a la ofensiva, como usted dijo antes. Y comenzó a insultar, escupir y patear. Y, al final, uno de nuestros enfermeros tuvo que sentarse sobre él y obligarlo a que se comportara.

Eché un vistazo hacia donde estaba Jeff. Había dejado de escribir, pero no se movía. Tan solo miraba la ficha que estaba sobre el mostrador.

El señor Wells se alejó. Claramente, estaba intentando digerir la nueva información. Luego, extendió sus manos hacia adelante con las palmas hacia arriba.

—¿Lo que me dice es que un enfermero golpeó a mi hijo? —preguntó, sin poder creerlo.

—Así es, señor Wells —le dije—. Un enfermero tuvo que obligarlo a que se comportara.

Jeff no se movía.

—Dice que un enfermero… —balbuceó, visiblemente desanimado.

—Sí, señor Wells, un enfermero tuvo que obligarlo a que se comportara —confirmé.

Él miró el piso en silencio por un momento.

—Un enfermero golpeó a mi hijo. Bueno, debo estar maldito.

Nunca miró hacia donde estaba Jeff.

Después de eso, el señor Wells se enderezó, estiró su mano hacia mí y dijo:

—Bueno, doctor, quiero agradecerle por intentar ayudar a mi hijo. Y le ofrezco disculpas una vez más por su comportamiento. Sé que hicieron todo lo que pudieron por él.

Estreché su mano.

—No hay problema, señor Wells. Espero que todo resulte bien para usted y para su hijo.

Él asintió, se dio vuelta y caminó despacio hacia la puerta de Triaje.

—No lo puedo creer —balbuceaba—. Un maldito enfermero le dio una paliza a mi hijo.

Cruzó la puerta y se fue.

<hr>

—¡Rápido! Traigan una sonda endotraqueal número 4.

Si no lográbamos proteger las vías respiratorias del bebé de ocho meses, lo íbamos a perder.

—¡Y traigan a un neumólogo de inmediato! —agregué yo.

Hacía menos de un minuto, el servicio médico de urgencias había entrado de prisa por las puertas de la zona de ambulancias con este pequeño.

—Traumatismo craneal —gritó Denton, uno de los paramédicos, y se dirigió hacia Traumatología mayor—. Apenas respira y casi no se siente el pulso.

Lori y yo nos apuramos, fuimos a la habitación e hicimos una evaluación rápida del bebé. Denton lo había puesto sobre la camilla y dio un paso atrás. Le costaba respirar y era obvio que estaba molesto. El bebé tenía hipotonía y su frecuencia cardíaca era débil y lenta. No tenía ninguna lesión obvia, pero de inmediato noté que sus pupilas estaban notablemente dilatadas y desviadas hacia la derecha. Ese no era un buen indicio.

En pocos minutos ya lo habían intubado y un neumólogo estaba haciendo que el aire entrara a sus pulmones mediante ventilación manual. Lori le había colocado una vía intravenosa y se estaba asegurando de que al bebé no le bajara la temperatura. Su saturación de oxígeno había mejorado con la ventilación de los pulmones, así como la frecuencia cardíaca y el gasto cardíaco.

Habiendo soltado un suspiro de alivio, me enderecé y busqué al paramédico en la habitación. Todo parecía estable en ese momento y yo necesitaba comprender mejor qué había sucedido.

Vi que estaba al pie de la camilla y le pregunté:

—Denton, ¿de qué se trata este traumatismo craneal? ¿Sabes cómo ocurrió?

Denton estaba escribiendo en la tablilla del servicio médico de urgencias. Levantó la mirada y dijo:

—Recibimos una llamada desde la avenida Jones, nos dijeron que había un niño con dificultad para respirar. Cuando llegamos allí, bueno, era un caos total. Había cerca de diez o doce personas en la casa y todas estaban gritando. Una de ellas dijo que se cayó y se golpeó la cabeza. No logré entender a nadie. Creo que todos estaban borrachos. Bueno, sus padres venían detrás de nosotros en un camión y deben llegar en cualquier momento.

Se detuvo y continuó escribiendo su informe. Levantó la mirada y agregó:

—Ah, doctor, los padres también están borrachos.

Necesitábamos una tomografía axial computarizada de la cabeza del niño y Lori iba a la estación del personal de enfermería para pedirla. Cuando abrió la puerta, tres personas se lanzaron dentro de la habitación y la empujaron contra el mostrador.

—¿Dónde está mi bebé? ¿Dónde está JJ? —Estas palabras provenían de una de las dos mujeres. Denton tenía razón. Era obvio que estaba ebria. Se tambaleaba mientras se abría camino hacia el costado de la camilla.

»¿Cómo está mi bebé? —preguntó e intentó enfocar su visión borrosa en el pequeño cuerpo tendido frente a ella. Estaba descalza, al igual que sus dos acompañantes. Y, como ellos, vestía unos jeans azules cortados y una camiseta sucia—. ¿Va a estar bien?

Lori había pedido la tomografía axial computarizada a través de la puerta abierta y regresó a la camilla. Estaba intentando calmar a los visitantes y reestablecer el orden. Intenté explicarles la situación en términos que ellos pudieran comprender y les conté nuestros planes más próximos.

El nombre de la madre era Maylees y la otra mujer, Jenny, era la hermana de Maylees y la tía de JJ. El hombre tenía más de veinte años. Su nombre era Bubba y era el concubino de Maylees. Dimos por sentado que también era el padre del bebé.

Jenny se acercó a su hermana y la abrazó, aunque esto no era de mucha ayuda. Se inclinaron hacia un lado y tuvieron que dar un paso rápido para enderezarse. Bubba estaba lejos de la camilla, contra la pared. Sus párpados estaban medio cerrados y su cabeza se tambaleaba. Sin duda alguna, estaba borracho. Me pregunté quién había conducido la camioneta.

—Maylees, ¿me puedes decir qué le pasó a tu hijo? —le pregunté.

Ella miró a Bubba y luego dijo:

—Sí, invitamos a unos amigos esta tarde, y JJ estaba en la cocina y debe de haberse tropezado y golpeado la cabeza.

—Sí, así fue —balbuceó Jenny para demostrar que estaba de acuerdo.

Un movimiento en el rincón de la habitación me distrajo y miré a Bubba. A pesar de su nivel de alcohol en sangre, era muy rápido. Había un cigarrillo colgando del borde de su boca y, antes de que yo pudiera decir algo, ya había sacado un encendedor del bolsillo de su pantalón y comenzaba a encenderlo. Una pequeña flama apareció en la punta del encendedor, y él se inclinó hacia delante y cubrió el cigarrillo con las manos.

—Un momento, Bubba —grité—. No puedes fumar aquí. Apaga ese encendedor.

Escuchó su nombre y levantó la mirada.

—¿Eh? Ah, bueno… —dijo lentamente. Apagó el encendedor, se quitó el cigarrillo de la boca y, con cuidado, lo colocó detrás de su oreja derecha.

Ahora, ¿qué era lo que me acababa de decir Maylees? Me estaba contando cómo JJ se había lastimado la cabeza.

—¿Se tropezó y se cayó en la cocina? —pregunté para retomar mi interrogatorio.

Lori me miró con una expresión de duda. ¿Por qué tenía esa mirada? Un momento… JJ tenía siete meses y medio, todavía era un bebé. Salvo que fuera un prodigio, aún no caminaba. La respuesta no tenía sentido. Algo más estaba pasando. Asentí con la cabeza a Lori.

Antes de que pudiera hacer otra pregunta, dos auxiliares de Radiología entraron a la habitación.

—Ya tenemos todo preparado para hacerle la tomografía —informó uno de ellos.

—Si quieren, pueden esperar aquí —les dije a los tres—. Esto no debería demorar y, tan pronto como sepamos algo, les avisaremos.

Maylees y Jenny se alejaron de la camilla para dejar lugar a los auxiliares.

—Cuídenlo —les dijo Maylees.

—Sí, cuídenlo —repitió Jenny.

Cuarenta minutos después, teníamos una respuesta. Fui hacia el Departamento de Radiología y estaba mirando la tomografía de la cabeza del niño junto con el radiólogo.

—Aquí está la fractura de cráneo —indicó y señaló una marca con forma de estrella en la parte trasera del cráneo de JJ. Eso demostraba que había sido un golpe importante y directo—. Y aquí hay un cúmulo importante de sangre en la cabeza. ¿Ves cómo todo está desplazado hacia aquel lado?

Los resultados eran obvios.

—Sí, pero podremos drenar eso, ¿no?

—Seguramente, pero ese no es el verdadero problema —continuó—. Mira esto.

Señaló hacia la base del cráneo donde está el atlas, la primera vértebra cervical. El atlas estaba desplazado dos centímetros y medio hacia atrás. Su médula espinal estaba cortada.

—Este niño está muerto o está por morir —dijo él de forma realista.

Por supuesto que tenía razón. Ya no había nada que pudiéramos hacer por JJ. Me quedé allí unos minutos mirando las tomografías.

Mientras regresaba a la sala, pensaba en las opciones que tenía para tratar con los padres del niño. Tenían que conocer en detalle sus lesiones y el resultado inevitable. Aunque, en primer lugar, tenía que averiguar qué le había ocurrido realmente a JJ.

Cuando llegué a la estación del personal de enfermería, le pedí a Lori que me acompañara a Traumatología mayor. A JJ lo traerían unos minutos más tarde.

Abrí la puerta y nos encontramos con Maylees y Jenny, que estaban sentadas en la camilla con las piernas colgando. Bubba estaba sentado en el piso, en un rincón de la habitación. Tenía las piernas abiertas y la cabeza colgando sobre su pecho.

—¿Cómo está JJ? —preguntó Jenny.

—Más o menos igual —contesté—. Y ya lo van a traer. Pero hay algo en su tomografía que no tiene sentido —les dije.

Maylees y Jenny se miraron y después me miraron a mí.

—Ustedes me dijeron que se tropezó y se cayó en la cocina —continué—. Pero la lesión en su cabeza es principalmente en la parte posterior y eso no tiene sentido. Cuando los niños se tropiezan, suelen caer hacia delante.

Hice una pausa y estudié sus rostros mientras esperaba una respuesta. Se miraron de nuevo y después me miraron a mí. Bubba tenía la mirada fija en el piso.

—Entonces, díganme. ¿Es verdad que JJ camina? Pero si no es verdad, cuéntennos qué sucedió realmente.

Permanecieron en silencio por un momento y luego Jenny habló.

—No, JJ no sabe caminar. Y no se tropezó ni nada. Bubba… —dijo ella mientras señalaba con la cabeza a la figura desplomada en el rincón—. Bubba lo sacó al patio de concreto y lo arrojaba hacia arriba y lo agarraba. JJ estaba gritando y muerto de miedo. Y todos

se reían. Entonces Bubba seguía arrojándolo por el aire y luego...,
luego... se le cayó. Y su cabeza se golpeó contra el concreto. Y quedó
tirado ahí. Eso fue lo que sucedió.

Maylees asentía con la cabeza para confirmar que todo era cierto.

Lori había cerrado los ojos al escuchar esto. Mis rodillas se debilitaron por un instante cuando pensé en mis hijos. Y después me enojé.

La abertura de la puerta me llamó la atención y vi a Lori caminar
hacia la estación del personal de enfermería. Iba a llamar a la policía.

Sin duda alguna, el vino lleva a la insolencia. Y, con frecuencia,
a la muerte.

8

TIENE QUE HABER SIDO UN MILAGRO

---

*Tú eres el Dios que realiza maravillas; el que despliega su poder
entre los pueblos.*

Salmo 77:14

Sí, doctor. Hace más o menos un año tenía una mancha en los pulmones y ahora ya no la tengo más. Un milagro, ¿no lo cree?

"Un milagro". Nunca había presenciado personalmente algo que pudiera llamar una curación milagrosa y mis colegas tampoco, o quizá sí pero no me lo habían dicho. Y nunca había leído nada acerca de este tipo de acontecimientos en las publicaciones médicas.

Esto no quiere decir que no sucedan cosas asombrosas todos los días en el campo de la medicina. Creo que es maravilloso que si uno inmoviliza una muñeca quebrada, esta sane en tres o cuatro semanas. O que unas heridas en la frente sanen solas en unos pocos días si reciben la atención adecuada. Los logros de los cardiocirujanos son casi milagrosos: detienen un corazón que late, cambian las vías, restauran una irrigación sanguínea que estaba en riesgo y luego vuelven a hacer que el corazón lata.

A pesar de que no tengo un testimonio personal relativo a una curación milagrosa que haya sido comprobada, me maravillo a diario con cada encuentro que se le aproxima.

Por ejemplo, un encuentro clínico impresionante es el que se produce cuando debemos encargarnos de un diabético que se ha inyectado demasiada insulina. Su glucemia comienza a bajar y, cuando alcanza niveles peligrosamente bajos, pierde la conciencia.

La mayoría de los diabéticos reconocen los síntomas que conducen a esto y saben que deben consumir azúcar para que llegue a su sistema. Un diabético que ha sido diagnosticado recientemente o que no se cuida en forma adecuada puede llegar a la sala de urgencias inconsciente o en estado comatoso. Los antecedentes médicos suelen guiarnos al diagnóstico correcto. Una buena cantidad de glucosa por vía intravenosa resuelve este problema rápidamente. El paciente en coma se sienta y pregunta: "¿Qué está pasando?". Es como encender una luz. No es un milagro al pie de la letra, pero definitivamente es especial.

Y, entonces, aunque los milagros no son una parte necesaria o esencial de mi fe, sigo abierto a lo milagroso. De hecho, creo que hace unos años me topé con uno de estos casos.

◆◆◆◆◆

Nochebuena. Tuve la mala suerte de haber elegido el palillo más corto y, por tanto, me tocaba trabajar en el turno de la noche. Uno puede pensar que la sala de urgencias no tiene mucho trabajo durante la noche previa a la fiesta navideña. Por el contrario, la mayoría de las fiestas son algunos de nuestros momentos más atareados. Todos los consultorios de los médicos de la ciudad están cerrados, suele haber una gran cantidad de alcohol en tránsito y pareciera que las personas se sienten solas.

Eran las 9:30 p. m. y yo estaba en Urgencias hablando con nuestra secretaria de planta, Marcella James.

—¿Tienes planeado algo para mañana? —le pregunté. Era una mujer joven, de un poco más de veinte años, y yo sabía que tenía dos hijos pequeños.

—No, voy a trabajar aquí —contestó ella—. El hospital pagará una bonificación importante y no la podía dejar pasar. Aunque sí podré pasar la mañana en casa con los chicos. Eso va a ser bueno.

La enfermera de Triaje puso la ficha de una nueva paciente en el cesto de "Pacientes por ver". Me di vuelta y miré cómo guiaba a una adolescente y a su madre por el pasillo. Las llevó hacia Ginecología y, una vez que entraron, cerró la puerta.

—Mmm, ¿qué será? —cavilé.

—Esta noche, podría ser cualquier cosa —opinó Marcella.

Levanté la nueva ficha y empecé a leer.

SAMANTHA TOWERS.

MUJER DE 15 AÑOS.

MOTIVO PRINCIPAL DE CONSULTA: DOLOR ABDOMINAL Y NÁUSEAS.

Miré sus signos vitales. La presión arterial y el pulso eran normales. No tenía fiebre. Todo eso era bueno.

—Bueno, supongo que tendré que ir a averiguarlo.

Después de llamar a la puerta de la sala de exploración, la empujé para abrirla y entré.

—¿Samantha Towers? Hola, soy el doctor Lesslie —dije.

Miré a la joven que estaba sentada en la mesa de exploración. Sus piernas estaban dobladas, con sus rodillas a la altura del mentón, y se había cubierto con una sábana del hospital. Por abajo, se asomaban los dedos de los pies y noté que sus uñas estaban recién pintadas de un color rojo brillante. Cerré la puerta y me dirigí a la señora mayor que estaba sentada en un banco en el rincón.

—¿Y usted es…?

Hice una pausa para que pudiera responder.

—Soy la madre de Samantha, Sarah Stroud —afirmó ella.

Dos apellidos diferentes. Miré la ficha médica y de inmediato noté que había marcado el casillero "soltero/a" en la sección de estado civil.

La señora Stroud era muy perspicaz. Se dio cuenta de que yo había lanzado una mirada furtiva hacia el portapapeles.

—Me divorcié cuando Sam, Samantha, tenía diez años. Ella quiso conservar su apellido —se encogió de hombros—. A mí me da lo mismo.

—Bueno, bien —dije yo, tirando del otro banco que había en la habitación para sentarme. Puse la ficha sobre mi regazo y las dos manos en las rodillas. Me incliné un poco hacia delante y pregunté—: ¿Samantha? ¿Prefieres que te llame Sam o Samantha?

—Sam está bien —susurró ella.

—Más fuerte, Sam —ordenó su madre—. Tiene que poder oírte.

—Sam está bien —repitió ella, más fuerte esta vez y después, miró de reojo a su madre.

—Bueno, Sam. ¿Cuál es el problema? ¿Qué te trae a la sala de urgencias?

Ella miró a su madre.

—Vamos, díselo, Sam —dijo la señora Stroud—. Dile por qué estamos aquí.

Sam me miró a mí.

—Es mi estómago —dijo ella—. Me estuvo doliendo.

—Bueno —dije y continué mi sondeo—. ¿Y cuándo comenzó el dolor?

Esto iba a llevar un rato. Casi miro el reloj de pulsera, pero luego recordé a la señora Stroud. Seguramente se daría cuenta. Cambié de posición en el banco.

Lo que pasaba era que Sam había sufrido dolor en la zona abdominal baja durante casi tres semanas. El dolor había empeorado un poco en los últimos días, pero ahora el problema principal eran las náuseas. Cada mañana, se despertaba con náuseas intensas y, al llegar el mediodía, ya había vomitado media docena de veces. No había tenido fiebre y no había sufrido ni hemorragias ni traumatismos.

No tenía antecedentes de problemas médicos importantes.

Mmm… Una joven con calambres en el abdomen y náuseas por la mañana. Esto comenzaba a sonarme familiar.

—Sam, ¿cuándo fue tu última menstruación? —le pregunté.

Miró inmediatamente a su madre.

Sarah Stroud respondió sin demora.

—Nunca se le retrasa un periodo. Es puntual como un reloj. El último fue… ¿cuándo? ¿Hace dos semanas? —le preguntó a su hija.

—Sí, así es —contestó Sam y asintió varias veces—. Hoy hace exactamente dos semanas.

—Bien… —respondí y dibujé un signo de pregunta en el casillero "Última menstruación". Me parecía que algo no estaba bien—. Bueno, Sam. Ahora tengo que hacerte algunas preguntas personales.

Miré a su madre, quien me observaba fijamente, con los labios fruncidos, y esperaba. Miré de nuevo a Samantha.

—¿Alguna vez has tenido actividad sexual? ¿Alguna vez tuviste relaciones sexuales con alguien? —le pregunté de la manera más sutil que pude.

—¡Santo Dios, no! —su madre respondió por ella—. ¡Esta niña es virgen! Por supuesto que no. Díselo tú, Sam.

Mantuve la mirada en Sam durante este intercambio. Ella miraba a su madre y ni siquiera parpadeó. Permanecía totalmente impasible.

Entonces me miró a mí y, con tranquilidad, dijo:

—No, doctor. Nunca he tenido relaciones sexuales.

—¿Estás…? —intenté seguir con el tema.

—Listo. ¿Lo ve? Nunca tuvo relaciones sexuales —me interrumpió la madre—. Ahora, ¿nos podría decir, por favor, cuál cree que es el problema con Sam? ¿Qué hace que le duela y que vomite?

Crucé una pierna y estudié la ficha médica mientras pensaba en las opciones. Era obvio que seguir haciendo preguntas directas no sería productivo. De hecho, probablemente haría que las dos mujeres se fueran.

Me paré y dije:

—Bueno, revisemos tu pancita y veamos dónde te duele.

Me acerqué al costado de la mesa.

—Samantha, ¿podrías recostarte en la cama? Ponte cómoda.

Cuando dije esto, su madre se paró y se puso detrás de mí. Miraba por detrás de mi hombro.

Samantha hizo lo que le había pedido y se recostó sobre su espalda. Tenía las manos dobladas debajo de la cabeza y miraba hacia el techo, parecía bastante relajada.

—Bueno —dije y bajé la sábana lo suficiente como para ver su abdomen—. ¿Puedes señalar dónde te duele más?

Era una chica delgada e inmediatamente noté una protuberancia redonda debajo de su ombligo. Miré por arriba de mi hombro a la señora Stroud. Si ella había notado algo, su expresión no la traicionó. Volví a mirar a Sam y dije:

—Solo muéstrame dónde te duele.

Usó el dedo índice de su mano derecha para hacer movimientos grandes y circulares sobre todo su abdomen. No era de mucha ayuda.

—De acuerdo —dije y puse la mano izquierda sobre la parte media de su abdomen y la mano derecha arriba—. Dime si esto te duele.

Su exploración abdominal no reveló ninguna sensibilidad importante y ella no podía ubicar el lugar que más le molestaba. Yo había estudiado su rostro durante todo el procedimiento, y ella permaneció pasiva y parecía muy cómoda.

Lo que sí había encontrado era una masa firme, no blanda, ubicada debajo de su ombligo que se extendía hasta su pelvis. "Alrededor de veinte semanas", pensé.

Habiendo escuchado su corazón y sus pulmones y completado mi exploración, levanté la sábana y la cubrí. Ella agarró el borde y lo levantó hasta su mentón.

—Bueno, Sam, voy a tener que preguntártelo una vez más. ¿Estás segura de que tus periodos son regulares y de que nunca has tenido actividad sexual?

—Creí que ya habíamos hablado al respecto, doctor —respondió su madre, quien estaba notablemente nerviosa—. Si va a seguir molestándola con esto, nos iremos de inmediato. Ya escuchó lo que ella dijo. Nunca ha tenido relaciones sexuales con un hombre.

Sam siguió mirando hacia el techo.

—Está bien —retrocedí—. Veamos, revisemos algunas cosas. Haremos un hemograma completo y obtendremos una muestra de orina. Luego volveré con ustedes.

La señora Stroud se había movido hacia el costado de la mesa y estaba acariciando el brazo de su hija.

—¿Y cuánto demorará eso? —preguntó ella, demostrando impaciencia.

—No mucho —contesté—. Veinte o treinta minutos. Y después hablaremos.

Caminé por el pasillo mientras pensaba en las opciones que tenía. Íbamos a hacer una prueba de embarazo y yo sabía que iba a dar positivo. Pero ¿cómo se suponía que les diera la noticia a Samantha y a su madre? Parecían convencidas de que era virgen.

Me detuve en la estación del personal de enfermería, puse la ficha sobre el mostrador y comencé a escribir. Habiendo hecho algunas anotaciones, miré a nuestra secretaria.

—Marcella, ¿podrías hacer un hemograma completo y un análisis de orina en Ginecología? —le pregunté—. Y una prueba de embarazo también.

—Por supuesto, doctor. —Inmediatamente buscó las autorizaciones de laboratorio correspondientes.

Jeff estaba en la zona y se acercó.

—¿Qué está pasando? Pareces un poco molesto —observó él.

Le conté la historia de Sam y mi dilema.

—Bueno, uno nunca sabe. Quizá están diciendo la verdad. Quizá sí es virgen y está embarazada —dijo y sonrió—. Ya pasó una vez.

Lo miré por encima de mis lentes.

—¿No sería asombroso? —comenté, pero no me había parecido gracioso.

Demoró cuarenta minutos, pero teníamos nuestra respuesta. El hemograma completo de Samantha era totalmente normal, al igual que su análisis de sangre. Y su prueba de embarazo efectivamente dio positivo. Cuando el auxiliar del laboratorio me entregó los resultados, me dijo:

—Dio positivo casi antes de que la gota de orina tocara la tarjeta.

—Mmm... —balbuceé—. Gracias.

Tomé su ficha, agregué los resultados de los análisis clínicos y me dirigí hacia Ginecología. Esto iba a ponerse interesante.

Jeff estaba empujando una silla de ruedas por el pasillo. El paciente de dieciocho años se había torcido el tobillo mientras jugaba básquetbol y estaba regresando de Radiología. Cuando nos cruzamos, Jeff me preguntó:

—¿Conseguiste tu milagro?

Le respondí a su sonrisa de oreja a oreja con un gesto de desaprobación.

La señora Stroud no se separó del lado de Samantha cuando cerré la puerta de la sala de exploración. Me lanzó una mirada inquisidora mientras Sam miraba hacia el techo.

—Sam, señora Stroud —comencé a hablar—. Creo que tenemos la respuesta. —Sostenía su ficha en la mano izquierda. Luego puse la palma de la mano derecha sobre la ficha para reclamar mi derecho sobre el diagnóstico.

—¿Y qué es, doctor? —preguntó la señora Stroud.

—Tenemos los resultados de los análisis clínicos y estos... —empecé de esa manera, pero me detuve porque decidí usar otro abordaje—. Sam, ¿estás segura de que tus periodos son...

—Doctor Lesslie, ¡basta! —me interrumpió la señora Stroud, quien arqueó los hombros de manera sutil, pero inconfundible.

Me rendí.

—Está bien, está bien. Veamos los resultados de sus estudios clínicos.

Me acerqué a la señora Stroud y a la mesa de exploración, abrí la ficha y comencé a repasar el informe de laboratorio que estaba en la primera página.

—Bueno, este es su hemograma completo y nos dice si hay pruebas de una infección o de anemia. Y está bien. Y esto —señalé hacia otra página— es su análisis de orina. No hay ningún problema aquí: no hay sangre, no hay infecciones. Todo eso está bien.

Respiré hondo antes de señalar hacia la próxima página.

—Y esta, esta es una prueba de embarazo. Nos fijamos, solo como un control. Y, como puede ver, dio positivo.

Listo, ya lo dije.

—¿Qué? —exclamó la madre mientras me arrebataba la ficha de las manos—. ¡Eso es imposible!

—Bueno, usted misma lo puede ver —expliqué y señalé el casillero indicado en la página y el símbolo "+" grande—. El laboratorio no se equivoca con este tipo de cosas.

—¡No me importa el laboratorio! —gritó ella—. Esto debe de estar mal. Tiene que ser el informe de otra persona.

Dijo eso mientras miraba a su hija. Sam seguía apuntando con su vista hacia el techo. Quizá era la iluminación de la sala de exploración, pero parecía un poco pálida ahora.

Me paré entre la señora Stroud y Samantha, puse la mano sobre el abdomen de la joven y dije:

—Señora Stroud, quiero que sienta algo.

Bajé la sábana lo suficiente como para ver la parte baja del abdomen de Samantha y guie la mano reticente de la señora Stroud hacia el útero grávido ya diagnosticado.

—¿Puede sentir esto? —le pregunté y delineé con sus dedos el crecimiento del tamaño de una toronja—. Este es su útero, su matriz. Supongo que debe de estar embarazada de veinte semanas, más o menos.

La señora Stroud sintió la masa firme y curva y luego retiró la mano.

—Debe de ser un error —afirmó ella mientras movía la cabeza con determinación—. Sam es virgen y tiene que haber un error en alguna parte.

Samantha siguió mirando hacia el techo y, de nuevo, levantó la sábana del hospital hasta su mentón.

—Doctor, esto es imposible, y yo, nosotras... —tartamudeó la señora Stroud.

Le estaba costando y yo la interrumpí para intentar ayudarla.

—¿Por qué mejor no hablan ustedes dos por unos minutos? Yo tengo que hacer un par de cosas y luego regresaré. ¿Está bien?

No me respondieron de inmediato, pero salí de la habitación en silencio.

En la estación del personal de enfermería, Jeff estaba esperando.

—¿Cuál es el veredicto? —preguntó él con una sonrisa.

—Bueno, Jeff —contesté yo—. Creo que las probabilidades son cada vez más bajas. Pero todavía podemos llegar a tener nuestro milagro de Navidad.

—Sí, seguro. Yo diría que las probabilidades están entre bajas y cero —se burló él.

Veinte minutos después, le entregué a nuestra secretaria la ficha de un anciano que estaba en la habitación 3.

—Necesitamos un hemograma y una radiografía torácica —le dije.

Fiebre, tos, dificultad para respirar. Seguramente iba a ser una neumonía.

En ese instante, la enfermera de Triaje puso otra ficha sobre el mostrador, aumentando al menos a ocho la cantidad de pacientes nuevos a los cuales debíamos revisar.

Suficiente. Era hora de ir y hablar con la señora Stroud y su hija. Maldita sea, necesitaba averiguar si había recibido el milagro o no.

Cuando cerré la puerta de Ginecología, parecía que había entrado a otro universo. El ambiente había cambiado en forma radical y, en lugar de encontrarme con una madre beligerante y una hija indiferente, me encontré con las dos paradas codo a codo. Estaban sonriendo y se habían abrazado. Samantha se había vestido y la señora Stroud tenía su cartera colgada del hombro.

El pestillo de la puerta hizo clic y esperé a que una de ellas hablara. Fue la señora Stroud.

—Doctor Lesslie, creo que ya sabemos qué está ocurriendo. Y creemos que usted tiene razón. Sam sí está embarazada —me dijo con una sonrisa.

Me quedé parado frente a ellas, nervioso, y mi cabeza giró hacia un lado mientras esperaba.

—Y —continuó ella, casi victoriosamente— no es virgen.

Me desanimé un poco, pero me aseguré de no perder el equilibrio y caerme.

—¿Así que no lo es? —repetí yo, puse su ficha en la mesa de exploración y las manos dentro de los bolsillos de mi bata. No me sentía cómodo.

—No, y descubrimos lo que sucedió —continuó ella.

Por primera vez, Sam me miraba a mí mientras escuchaba las palabras de su madre. Y en su rostro se apreciaba el indicio de una sonrisa.

—Sí —siguió la señora Stroud con seriedad—. Durante el otoño, quizá a finales de agosto, tuvimos una reunión familiar en la propiedad de la familia. Calculo que queda a una hora de aquí, aproximadamente, en medio de la nada. Bueno, éramos ochenta, quizá noventa, personas y muchos jóvenes. Adolescentes también. Lo que hicimos fue hablar y comer, y los chicos nadaban y pescaban en el viejo estanque.

Hizo una pausa y miró a Sam.

—Parece que Sam y algunos de sus primos fueron detrás de la represa del estanque con un poco de vino que uno de ellos había sacado a escondidas. En muy poco tiempo, todos estaban bastante borrachines. ¿No, Sam?

Samantha simplemente asintió y continuó mirándome.

—Bueno, Sam dice que en ese momento el tío Freddy se acercó y… bueno, la separó de los demás y se acostó con ella.

Yo estaba estupefacto. No tanto por lo que estaba diciendo… Había oído cosas mucho peores. Pero estaba pasmado por la manera en la que lo contaba. Hacía muy poco tiempo, esta mujer me confrontaba con enojo porque le había hecho preguntas acerca de la castidad de su hija y ahora relataba la historia de un incesto de manera tranquila y relajada.

—Ese Freddy —continuó ella— no es bueno. Forma parte de la familia de Tennessee. ¡Pero no de mi familia! Es del lado de mi marido. O mi ex marido, mejor dicho. De todas formas, no es bueno y no me sorprende para nada. Voy a hablar con él, no lo dude.

Dijo esas últimas palabras mientras le daba unas palmadas en el hombro a Samantha. Levanté el portapapeles únicamente para hacer algo, lo que fuera. No sabía qué decir.

La señora Stroud me rescató. Dejó de abrazar a su hija, se enderezó y preguntó:

—Entonces, doctor, ¿qué hacemos ahora? ¿Cree que Sam está embarazada de cuatro o cinco meses?

Hablamos por unos minutos y les dije que les daríamos el nombre y el número de teléfono de un obstetra de la ciudad.

—Pueden pedir una consulta de revisión para la próxima semana.

Las dos me agradecieron y salieron de la sala de urgencias. Me quedé parado por un momento en el pasillo mientras las miraba irse. Pobre Sam y pobre tío Freddy.

¿Y mi milagro? Supongo que tendría que esperar.

Esa espera iba a ser breve, tan solo alrededor de seis meses.

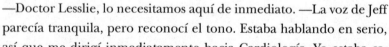

—Doctor Lesslie, lo necesitamos aquí de inmediato. —La voz de Jeff parecía tranquila, pero reconocí el tono. Estaba hablando en serio, así que me dirigí inmediatamente hacia Cardiología. Yo estaba caminando por el pasillo y hablando con uno de nuestros cirujanos acerca de un joven con apendicitis que estaba en la habitación 5.

—¿Cuál es el problema? —le pregunté al entrar. Miré rápidamente al anciano que estaba sobre la camilla. Todavía no me había enterado de la llegada de este paciente y no sabía nada sobre él.

Estaba pálido y, claramente, tenía miedo. Miraba de un lado a otro, mientras apretaba la mano de una mujer que, supuse, era su esposa.

—Setenta y ocho años, antecedentes de cardiopatía —me dijo Jeff mientras iniciaba una vía intravenosa—. Vino de uno de los consultorios de la ciudad, en un vehículo particular. Su presión arterial es 60 sobre 0.

Me acerqué a la camilla, extendí los brazos y puse la mano sobre su hombro descubierto. Su piel estaba fría y húmeda. Miré el monitor cardíaco y pude ver los cambios que sugerían un infarto agudo de miocardio. Su ritmo era normal, cerca de setenta por minuto, y después…

—¡Jeff, trae el desfibrilador! —me dirigí a la mujer que estaba parada al lado de la camilla—. Señora, ¿podría alejarse de la camilla por un minuto?

De inmediato, soltó la mano de su esposo y se tapó la boca mientras retrocedía contra los carros del equipo que estaban junto a una de las paredes.

Jeff reaccionaba con rapidez. Había visto lo mismo que yo. El ritmo normal en el monitor se había transformado en el patrón puntiagudo y pronunciado de una taquicardia ventricular, un patrón eléctrico inestable y potencialmente mortal. Como si fuera una confirmación de este cambio, la piel de nuestro paciente se había vuelto negruzca y él miraba hacia el techo, sus músculos faciales estaban laxos. Su presión arterial baja debía de haber disminuido aún más. En ese momento, vimos cómo, con la misma rapidez, la taquicardia ventricular se deterioraba aún más. Las líneas en la pantalla del monitor indicaban que estaba en fibrilación ventricular. Su corazón había perdido la organización eléctrica y simplemente temblaba dentro de su tórax. Era una "bolsa de gusanos" deteriorada y no tenía ningún propósito. Se estaba muriendo.

Tenía la fortuna de que eso le sucediera en la sala de urgencias, frente a nosotros y cerca de los equipos necesarios para reanimarlo. Si le hubiera ocurrido en la casa o en el auto, habría sido su fin.

Sin demora, coloqué las paletas del desfibrilador sobre su tórax y le di una descarga. Nada. El monitor seguía mostrando el patrón caótico y ondulante de la fibrilación ventricular. Le di una segunda descarga y luego una tercera. Entonces…, entonces se escuchó un débil bip-bip-bip que provenía del monitor.

—Parece que volvió al ritmo sinusal —informó Jeff. Y, mientras presionaba con dos dedos la arteria carótida izquierda del hombre, dijo—: Y puedo sentir un pulso débil aquí. Sesenta por minuto, ahora setenta. Normal.

Nuestro paciente estaba respondiendo. Vimos cómo respiró hondo y comenzó a mirar hacia todos lados, aunque se notaba que todavía estaba confundido. Pero su coloración había mejorado y ahora tenía un pulso normal y fuerte.

Una de nuestras enfermeras había entrado a la habitación y estaba guiando a la esposa del hombre hacia el pasillo, donde su hija y su yerno esperaban.

—Saldré en un instante —le dije a su esposa—, y le explicaremos qué está pasando. Por el momento, parece estar bien.

Miré el reloj de la pared: 5:35 p. m. La próxima hora iba a ser fundamental.

Determinamos que nuestro paciente, Wylie Stanfield, había sufrido un infarto, su tercer infarto. Mientras hacíamos lo necesario para estabilizarlo, la secretaria de la unidad estaba organizando todo para que uno de nuestros cardiólogos lo ingresara a la Unidad Coronaria.

Me enteré de que Wylie había comenzado a sentir dolor en el tórax a media mañana. Su esposa, Margaret, se había preocupado con prudencia. Condujeron hacia el consultorio de su médico de cabecera y, habiendo aguardado una hora y media en la sala de espera, los llevaron a una sala de exploración. Su médico también estaba preocupado y les recomendó que acudieran a la sala de urgencias para que le hiciéramos algunas pruebas. Nuestra enfermera de Triaje notó su baja presión y su piel fría y húmeda. Llevaron a Wylie de inmediato a Cardiología, donde Jeff lo encontró. Y así llegamos hasta aquí.

—Jeff, ¿está todo bien aquí? —le pregunté—. Debo salir y hablar con la familia.

—Por supuesto —respondió él—. Se ve bastante bien ahora.

En el pasillo, Margaret Stanfield estaba esperando con inquietud junto a su hija y su yerno.

—Señora Stanfield, soy el doctor Lesslie.

Me presenté porque no había tenido la oportunidad de hacerlo dentro de la caótica sala de Cardiología. Luego les informé nuestro diagnóstico, nuestro plan actual y la gravedad de su estado. La hija, Theresa Streeter, y su esposo, Mac, estaban parados uno a cada lado de Margaret y la sostenían con los brazos.

Hablamos por unos minutos hasta que me aseguré de que comprendían lo que estaba sucediendo.

—¿Podemos entrar con mamá para estar con él? —preguntó Theresa.

Pensé que Jeff había tenido el tiempo suficiente como para ordenar todo, entonces dije:

—Por supuesto, pero debe permanecer tranquilo —dije esto mientras miraba a la señora Stanfield. Parecía preparada y asintió con la cabeza. Lo último que necesitábamos era que algo emotivo desencadenara otro episodio de taquicardia ventricular... o algo peor.

Las dos mujeres entraron a la habitación y yo me quedé parado en el pasillo con Mac Streeter.

—¿Qué piensa, doctor? —preguntó él—. ¿Cree que va a sobrevivir?

—Hay un cincuenta por ciento de probabilidades de que sobreviva —le dije con honestidad—. Después de todo, tiene setenta y ocho años y un corazón dañado. Veremos. Por el momento, está bien.

Parecía que esto lo había satisfecho y yo me di vuelta y me dirigí hacia la estación del personal de enfermería.

—Doctor Lesslie, ¿tiene un minuto? —me preguntó indeciso. Era evidente que estaba preocupado por algo.

Me detuve y dije:

—Por supuesto. ¿Cuál es el problema?

—¿Hay algún lugar en donde podamos hablar en privado? —dijo él mientras miraba la puerta cerrada de la sala de Cardiología.

Con curiosidad, miré al pasillo y pensé por un momento. Del otro lado del pasillo, la sala de Otorrinolaringología estaba vacía y con las luces apagadas.

—Vayamos hacia allá —dije y lo guie fuera de la sala de Cardiología.

Prendí las luces de la sala de Otorrinolaringología y cerré la puerta una vez que estuvimos dentro.

Señalé un banco que estaba en el rincón de la habitación.

—Siéntese, Mac. ¿Acerca de qué quiere que hablemos?

Sin reticencia, Mac Streeter comenzó a contarme acerca de la familia Stanfield.

—Mi preocupación principal es por Wylie —me dijo él—. La primera y principal —repitió y me miró fijo a los ojos—. Y no quiero que nada lo amargue ni le traiga problemas. Sé que no está muy estable.

Y después me contó acerca del hijo de los Stanfield, Phil. Era dos años mayor que Theresa y vivía con su esposa y sus tres hijos en una pequeña ciudad a una hora de distancia. Theresa había llamado a Phil y le había informado sobre el estado de su padre. Estaba en camino, y su esposa se había quedado en la casa con los niños. Debía estar al llegar al hospital.

—El problema, doctor Lesslie, es la relación entre Phil y su madre. No se llevan bien.

No tardé mucho en darme cuenta de que se había quedado corto.

Mac explicó que, hacía unos cinco años, había ocurrido algo en una reunión familiar. Se dijeron cosas que luego se malinterpretaron y se armó una tormenta en un vaso de agua. Phil y su madre no estaban de acuerdo y no se hablaban. Era algo insignificante, pero con el tiempo se había convertido en una herida abierta e infectada. Hubo intentos de sanar la herida, pero no dieron resultados.

—Debe saber, doctor, que aunque Margaret es una buena mujer, es terca. Hay un lado de ella que, bueno... Está resentida por esto. No habla con Phil, no le atiende el teléfono ni contesta sus cartas. Y ha puesto a Wylie en medio.

—¿Qué quieres decir con "en medio"? —le pregunté.

—No deja que Phil hable con su padre ni que lo vea. Y si él lo hace, deja de hablarle a Wylie y hace que su vida sea un calvario. Es un desastre —explicó él.

Mac y Theresa habían intentado intervenir, pero había sido en vano. Margaret era intransigente. La situación había empeorado con el transcurso de los años y les había pasado factura. Wylie no había podido ver a su hijo ni a sus tres nietos, a pesar de que vivían a tan solo una hora de distancia.

—Me temo que cuando Phil llegue aquí, vamos a tener problemas —continuó él, moviendo la cabeza—. Phil no ha visto a su padre en cinco años. Ni a su madre. Es un buen hombre y no creo que permita que las cosas se echen a perder. Pero Margaret, por otro lado…, simplemente no lo sé. Tendremos que mantenerlos separados, de alguna manera.

Qué desastre. Wylie estaba luchando por su vida y la dinámica de esta familia disfuncional estaba por hacer que las cosas fueran más difíciles para todos. Mac hizo bien en compartir los esqueletos de la familia conmigo. Y todos los tenemos. Algunos son peores y más grandes que los de los demás, pero están allí, por lo general escondidos. Si una familia piensa que es inmune a esto, quiere decir que no está buscando bien.

Hablamos acerca del lado espiritual de la situación. Abrí esa puerta con una pregunta sencilla.

—¿Hablaron tú y Theresa con un ministro acerca de esto?

Mac me miró, parecía aliviado por el hecho de que yo estuviera dispuesto a hablar al respecto. Luego me contó que él y su esposa oraban todos los días por eso. Oraban por la reconciliación y para que se ablandara el corazón de Margaret.

—También hablamos con Margaret al respecto, y ella dice que ora todo el tiempo por eso y que está esperando a que Phil le pida perdón. Lo frustrante es que cuando Phil intenta pedirle perdón y arreglar las cosas, ella no quiere saber nada. Dice que él no es sincero.

Hizo una pausa y miró hacia el piso.

—Doctor Lesslie, yo creo en el poder de la oración. En serio creo, y he visto oraciones contestadas. Y sé que no hay nada imposible para el Señor. Pero cuando Theresa y yo oramos por esto y lo dejamos en las manos del Señor, por algún motivo…, por alguna razón…, sé que Él puede arreglar esta situación, pero no veo que suceda. Es tan complicado y desagradable. Lo hemos intentado todo. Theresa y yo. Y Phil también. Es… un verdadero desastre. Y ahora esto, lo de Wylie. Tengo miedo de que pase algo malo.

Le aseguré que haríamos todo lo posible para mantener a Margaret y Phil separados y para proteger a Wylie de los potenciales incidentes.

Pero no iba a ser así. Cuando caminábamos hacia el pasillo, oí que Mac gritó:

—Oh, santo Dios, ¡es demasiado tarde!

Miré hacia la puerta de la sala de Cardiología y vi la espalda de un hombre adulto que estaba entrando. Mac no tuvo que decirlo. Yo ya lo sabía.

—Es Phil —dijo él—. Rápido, tengo que entrar.

Phil estaba cerrando la puerta, pero la detuve con la palma de la mano. La empujé y entré a la sala detrás de él junto con Mac.

Phil nunca se dio vuelta. Se detuvo al pie de la camilla y miró a su padre. Wylie estaba recostado, descansaba en silencio con los ojos cerrados. Jeff estaba parado a la cabecera de la cama y ajustaba la velocidad de las soluciones intravenosas. Sin sospechar nada extraño, miró al nuevo visitante. Margaret y Theresa estaban paradas una a cada lado de la cama y acariciaban los antebrazos de Wylie. Habían levantado la mirada cuando Phil entró a la sala. Theresa estaba helada, abrió los ojos y la boca, pero no emitió sonido alguno.

Margaret estaba totalmente quieta mientras miraba a su hijo, con quien se había distanciado. Después le dio otra palmada a Wylie en su brazo y fue hacia la puerta. Mac y yo estábamos parados detrás de Phil. Yo bloqueaba la salida de Margaret, entonces caminé hacia el lado de Mac para salir de su camino. Había llegado al pie de la camilla, donde se detuvo frente a Phil. Sus miradas se cruzaron y los dos se miraron a los ojos por unos segundos. Luego ella extendió los brazos y abrazó a su hijo. Y él la abrazó con sus grandes brazos y la apretó con fuerza.

—Lo lamento mucho —lloraba ella.

Él estaba jadeando y, con dificultad, susurró:

—Yo también lo siento.

Y después se hizo el silencio, con excepción del bip-bip-bip del monitor del corazón de Wylie. Y luego, el llanto de la mayoría de los familiares. Mac y Theresa habían observado todo, asombrados, y ahora se habían juntado alrededor de Margaret y Phil. Todos se abrazaban y lloraban.

Jeff me miró, estaba confundido por lo que acababa de ocurrir. No tenía la menor idea de la importancia de ese momento. Más tarde, le conté todo.

Allí estaba: un milagro. Wylie estaba recostado sobre la camilla en silencio, no se movía. Pero ahora sus ojos estaban abiertos y él estaba sonriendo.

Salí al pasillo mientras me secaba los ojos y pensaba sobre algo que Mac había dicho. Había puesto este asunto en las manos de Dios. Pero seguía atemorizado por la magnitud del problema y porque parecía imposible de resolverse. "No hay nada imposible para el Señor, aunque… esto… no lo sé".

Ahora él comprendía, al igual que yo, que nada está fuera del poder de Dios. No hay una pared tan alta que Él no pueda derribar, no hay una situación tan complicada que Él no pueda arreglar. Él está listo para ayudarnos y quiere hacerlo, puede ablandar los corazones más duros y resolver los problemas más controvertidos.

Entonces, este fue mi milagro. ¿Qué maravilla puede ser más asombrosa que la transformación del corazón del hombre?

9

DEJEN QUE LOS NIÑOS VENGAN A MÍ

Y después de abrazarlos, los bendecía poniendo
las manos sobre ellos.

MARCOS 10:16, REFIRIÉNDOSE A JESÚS

Comencé a estudiar medicina en el otoño de 1972. Durante los últimos treinta y pico de años, hubo muchos cambios en el campo de la medicina, tanto en las cosas que sabemos como en las cosas que podemos hacer. Por ejemplo, algunos de los medicamentos más comunes en ese entonces ya no están disponibles, y algunos de los medicamentos que hoy en día damos por sentados eran apenas una quimera en aquel entonces.

En esa época, algunos temas apenas se tocaban en la Facultad de Medicina, quizá se mencionaban, pero no se tenían en cuenta en serio. Se veían como algo que debíamos saber, pero en lo que no teníamos que perder el tiempo. Esto no significaba que no fuesen temas importantes, sino que no se sabía demasiado acerca de ellos. Uno de estos temas era el abuso. Primero vino el abuso de menores, luego el abuso del cónyuge y, más recientemente, el abuso de ancianos.

A mediados de la década de 1970, apenas comenzábamos a comprender el abuso de menores. De hecho, no sabíamos cuán generalizado era el problema realmente ni la cantidad de cosas que ocurrían en nuestras comunidades sin que nadie las viera o escuchara. Al principio, había un poco de confusión respecto de la naturaleza del problema, por lo menos en las mentes de algunas personas. ¿Era el abuso de menores una enfermedad o era un síntoma de un trastorno más grande? ¿O era un crimen en contra de un ser humano pequeño e indefenso? Los que estábamos en la sala de urgencias solíamos ver las cosas en blanco y negro. Un bebé de seis meses con dos fémures quebrados porque lo arrojan contra una pared. Un infante de un año con quemaduras de cigarrillo sobre sus nalgas porque "no usaba la bacinica". Un niño de tres años abusado por su tío. Estos hechos eran blancos o negros.

A medida que la magnitud del problema se hacía más clara y las consecuencias devastadoras del abuso de menores se volvían más evidentes, la mayoría comenzó a pensar como mismo lo hacíamos en Urgencias. Hubo esfuerzos más organizados y fuertes para detectar el abuso, proteger a los niños y perseguir a los abusadores. Aunque las respuestas y los actos del ser humano son complejos y polifacéticos, nuestra responsabilidad principal es proteger a nuestros niños. Los que estamos en la sala de urgencias nos consideramos como una línea de defensa, quizá la última y la mejor esperanza para estos pequeños. A pesar de que, a veces, las situaciones con las que nos enfrentamos pueden ser grises, lo más frecuente es que sean blancas o negras.

<hr />

Eran las 10:30 p. m. de un viernes. Era verano y ese día había hecho mucho calor. Durante las últimas horas, habíamos visto las típicas consultas de esta época del año: algunas quemaduras de sol importantes, un accidente en cuatriciclo con una fractura de tobillo y algunas lesiones menores ocasionadas en un bote. Yo acababa de terminar de suturar los dedos de una adolescente de diecisiete años que se había cortado mientras picaba cebollas en una barbacoa junto al lago.

Estaba en la estación del personal de enfermería, donde firmé la ficha de la adolescente y se la entregué a Jeff. Era el enfermero de guardia esa noche y trabajaría conmigo hasta las 7:00 de la mañana.

—Jeff, ¿puedes colocar un vendaje en la mano de esta chica y recordarle que regrese dentro de diez días para que le quitemos los puntos? Ya le dije a qué le debe prestar atención en caso de que se infecte, pero quizá necesites repetírselo también. Gracias.

Él miró la ficha y estaba a punto de decir algo cuando, de repente, las puertas de entrada de la zona de ambulancias se abrieron con fuerza. Una mujer joven entró corriendo a la sala con un bebé flácido y pálido en sus brazos. Probablemente de seis meses. Las extremidades del niño se sacudían al voleo cuando ella corría.

—¡Que alguien me ayude! —gritó la madre joven y se detuvo a unos pasos de donde yo me encontraba—. ¡Algo le pasa a mi bebé! Por favor, ¡hagan algo!

No debe de haber tenido más de dieciséis años. Se paró frente a nosotros, descalza y con una blusa blanca y sucia de cuello alto y sin mangas y pantalones cortos de color rojo. Jeff era el que estaba más cerca de ella y le dio su bebé a él.

—Aquí está, por favor, ¡hagan algo!

Jeff dejó la ficha, tomó al bebé en brazos y se dirigió de inmediato a Traumatología mayor. Yo iba detrás de él.

Colocó al niño en la cama de Traumatología y puso la mano sobre el tórax para comprobar si había actividad cardíaca. El bebé estaba negruzco y no respiraba, y yo agarré la bolsa pediátrica portátil para realizar ventilación manual. Cuando miré hacia el carrito de reanimación, noté que la joven madre nos había seguido. Estaba parada junto a la puerta con los brazos cruzados y apretados contra su pecho y se mordía el labio. Caían lágrimas por sus mejillas. Detrás de ella había un hombre alto, joven y delgado, quizá tenía veinte años, pero no mucho más, que no había entrado a la habitación. Vestía sandalias, jeans azules y una camiseta que decía "El Hombre". Estaba impasible, y se apoyaba en el marco de la puerta mientras mordía lentamente una pajilla.

Me volví a concentrar en mi tarea, acomodé la cabeza del bebé para tener un mejor acceso a sus vías respiratorias y comencé a usar la bolsa portátil para ventilar sus pulmones. Rápidamente, quise comprobar que su tórax se moviera de arriba hacia abajo, lo que indicaría un buen intercambio de aire.

Cuando toqué la cara y la cabeza del niño, miré a Jeff. Su gran mano rodeaba la mitad del tórax del bebé, y realizaba compresiones sobre el corazón con sus dedos y el pulgar. Nuestras miradas se cruzaron y él levantó las cejas. Yo asentí. El pequeño cuerpo estaba frío: el bebé ya llevaba un rato muerto, no íbamos a poder salvarlo.

Una de nuestras auxiliares había entrado a la habitación y le pedí que pusiera derivaciones sobre el bebé para el monitor cardíaco y que le tomara la temperatura rectal. Esto era en vano, pero quería que la madre supiera que estábamos haciendo todo lo que podíamos. Y, aunque suene cruel, quería que viera el trazado plano en el monitor cardíaco y comprendiera que su hijo había fallecido.

La auxiliar colocó las derivaciones y le quitó el pañal para tomar la temperatura. Miré rápidamente sus nalgas y noté varios hematomas en cada una de ellas. Las marcas tenían diferentes tamaños y diferente antigüedad.

—94 grados —informó la auxiliar mientras apoyaba las piernitas en la cama.

Cuando encendió el monitor cardíaco, la pantalla parpadeó y luego se prendió. Apareció una línea verde horizontal. Plano. No había actividad eléctrica. Me aseguré de que las derivaciones estuvieran conectadas al tórax del bebé y miré de nuevo el monitor. Nada.

—11:14 p. m. —dijo Jeff en voz baja.

Yo asentí y puse la bolsa portátil en la cama junto al bebé. Jeff quitó su mano del tórax del niño y, con cuidado, lo recostó en la cama. Miré hacia la puerta.

—Señora —me dirigí a la mujer. Ni siquiera sabía su nombre—. Me temo que su bebé está muerto. No podemos hacer nada. Lo lamento.

Ella se puso pálida y se desplomó en el piso. El hombre se quedó parado en la entrada y ahora mordía la pajilla con más agresividad.

En ese momento, sus ojos lo traicionaron. Fue un instante, pero había mirado por el pasillo como para buscar la mejor manera de escapar.

La madre comenzó a llorar y se cubrió el rostro. Nuestra auxiliar la ayudó a pararse. Me miró y dijo:

—Los llevaré a la sala para los familiares, doctor Lesslie. ¿Le parece?

—Sí, por favor —respondí—. Iré allí dentro de unos minutos.

Los guio por el pasillo y, mientras daban la vuelta para irse, la madre se tapó la boca con una mano. Estiró la otra mano hacia la camilla con las pocas fuerzas que le quedaban. Comenzó a volver hacia la habitación, pero el hombre agarró su brazo y la jaló hacia el pasillo. Y luego se fueron.

Cerré la puerta de Traumatología y regresé a la cama. Jeff estaba limpiando y guardando los equipos que habíamos usado.

—No parece una muerte súbita del lactante, ¿verdad? —dijo él.

—No.

Mientras Jeff trabajaba, yo empecé a hacer una exploración física al niño. Me fijé si en los huesos largos de los brazos y las piernas había indicios evidentes de una fractura vieja o nueva. No encontré ninguno. Tendríamos que hacer una radiografía para estar seguros. Y examiné los hematomas que habíamos encontrado en sus nalgas. Era difícil calcular su antigüedad, probablemente entre una y tres semanas. Pero había una relativamente nueva en su nalga derecha y se podía distinguir el contorno de los dedos de una mano adulta.

Jeff estaba parado detrás de mí cuando hice ese comentario.

—Ese hijo de p… —dijo él.

—¿Quién? —le pregunté, me di vuelta y lo miré.

—Ese joven que estaba parado en la entrada. Debe de ser el padre del niño. Apuesto a que él es el que hizo esto. ¿Lo observaste? Solo estaba parado. Ni siquiera pestañeó en todo ese tiempo.

Sabía que era probable que Jeff estuviera en lo cierto. Pero eso lo tenía que determinar otra persona.

—Llama al forense y dile que venga —le dije—. Y llama al Departamento de Servicios Sociales. Deben intervenir de inmediato.

Miré el cuerpo sin vida del bebé y pensé algo más:

—Y necesitamos averiguar si hay más niños en la casa.

—Le diré a Amy —dijo él.

Mientras hablábamos, tomé el oftalmoscopio de la pared y enfoqué el rayo de luz en la pupila del ojo derecho del bebé. Ajusté la distancia hacia arriba y hacia abajo hasta que pude ver con claridad la retina.

Jeff estaba en la puerta.

—Ven un minuto —le dije—. Mira esto.

Él regresó a la cama y se inclinó hacia delante para mirar por el oftalmoscopio.

—¿Ves la retina, el fondo blanco nacarado?

Él movió la cabeza hasta que pudo ver bien la retina.

—Sí, la veo y hay algunos vasos sanguíneos que la atraviesan.

—Sí, tienen que estar allí, eso está bien. Pero mira a las tres en punto —le dije—. Dime qué ves.

Movió un poco más la cabeza hacia un lado. Se detuvo.

—Mmm. No sé muy bien qué es, pero veo manchas a un lado de la retina. Parecen coágulos de sangre o algo por el estilo.

—Eso son. Hay sangre en la retina. Hemorragias vítreas.

Jeff se enderezó y me miró.

—¿Qué significa eso? —preguntó él.

Examiné el otro ojo del niño a fin de confirmar que las hemorragias estuvieran en los dos lados. Así era.

—Lo más probable es que alguien haya sacudido a este bebé. Que lo haya sacudido tanto como para que los vasos sanguíneos de sus ojos sangraran. Y cuando eso sucede, casi siempre hay daño cerebral. Es imposible que este niño haya sufrido una muerte súbita del lactante. Parece que lo asesinaron.

Amy llamó al forense. Él y un representante del Departamento de Servicios Sociales estaban en camino. También había informado a la policía. Fui por el pasillo a la sala para los familiares. Debía intentar ayudar a la madre, responder sus preguntas y ayudarla a ponerse en contactacto con quien fuera necesario. Y quería hablar unos minutos con los dos.

Extendí la mano hacia la puerta cerrada de la sala para los familiares y me detuve. Miré la ficha del niño y busqué el nombre de la madre. "Ángel". Y el nombre del bebé era "Zack". Llamé a la puerta, la abrí y entré a la sala. Ángel estaba sentada en un extremo del sillón con los codos sobre las rodillas y la cabeza sobre las manos. Su cabello caía sin cuidado sobre su rostro y lo escondía, y sus hombros se sacudían por el llanto. El joven estaba sentado en la otra punta del sillón con las piernas cruzadas a la altura de los tobillos. Estaba nervioso y movía las rodillas hacia arriba y hacia abajo. Estaba echado sobre los almohadones y tenía un brazo sobre la parte trasera del sillón. Con la otra mano, hacía girar la pajilla que todavía colgaba de su boca. Levantó la mirada y me miró cuando entré.

Cerré la puerta y me senté en la silla más cercana. Miré a Ángel.

—Ángel —comencé a hablar—. Soy el doctor Lesslie. Creo que no te pude decir eso antes.

Cuando dije esto, ella se enderezó y se apartó el pelo de la cara. Sus ojos estaban rojos, y su cara, hinchada. No dijo nada.

Miré a su pareja.

—¿Y tú eres…?

Él siguió mirándome y, con la pajilla todavía en la boca, masculló:

—Timmy.

Movía las piernas un poco más rápido y masticaba con más fuerza.

—Bueno —dije y miré a la madre—. Ángel, ¿puedes decirme qué le pasó a tu bebé esta noche? Cuéntame acerca de su salud en general o si había tenido algún problema. ¿Cuándo te diste cuenta de que le pasaba algo?

Ángel se limpió la nariz con la parte trasera de la mano y dijo:

—Estuvo bien durante casi todo el día. Y era un buen bebé, en serio. Nunca causó ningún problema. Pero esta tarde se puso un poco inquieto.

Se detuvo y miró a Timmy. Él ya no me miraba a mí, sino que estaba distraído y observaba el techo de la sala. Ahora estaba sentado completamente quieto.

—Creo que estaba pescando algún virus o algo así —siguió diciendo ella—. Parecía que tenía un poco de fiebre y después diarrea. No tenía paracetamol en casa, entonces cuando Timmy vino, yo fui a la tienda.

—¿Ustedes están casados? —pregunté yo.

—No. Pero nos casaremos dentro de poco. Yo vivo en casa con mi mamá y Timmy me ayuda con Zack cuando puede.

—¿Timmy es el padre de Zack? —pregunté mientras lo miraba a él.

—Sí —dijo ella con sencillez. Él comenzó a mover las piernas de nuevo.

—¿Tu madre estaba en la casa esta tarde? —le pregunté a Ángel.

—No, ella trabaja en el tercer turno. La llamé hace unos minutos y está en camino.

Comenzó a llorar de nuevo y yo le di la caja de pañuelos que estaba sobre la mesa pequeña.

Timmy se paró, se puso las manos en los bolsillos y comenzó a caminar por el poco espacio disponible que había al final de la sala.

—¿Y luego que sucedió? —le pregunté.

—Bueno, yo salí por un rato, quizá treinta minutos. La tienda está al final de la calle. Zack estaba llorando cuando me fui, pero parecía que estaba bien. Y después, cuando llegué a casa…, él…, él… —Se cubrió el rostro con las manos y comenzó a llorar de nuevo.

—¿Fue en ese momento que notaste que no actuaba de manera normal? ¿Que parecía que no respiraba bien? —le pregunté.

Asintió con la cabeza, pero no dijo nada.

Me senté y estuve en silencio por un momento. Timmy estaba quieto ahora mientras estudiaba el plan de evacuación ante incendios que estaba en la pared.

Entendí lo que le sucedió a Zack. Timmy se había quedado con un bebé que lloraba y estaba caprichoso, y colapsó. Quizá no había sido intencional, pero el resultado era el mismo. Levantó al bebé y lo sacudió para que dejara de llorar. No funcionó, entonces lo sacudió de nuevo. Y lo sacudió hasta que, finalmente, se calló. Y ahora tendría que encargarse la policía.

Pero quería hacerles una pregunta más. Quería ver cómo respondían.

—Ángel —me dirigí a ella, pero miraba a Timmy—. Hay algunos hematomas en las nalgas de Zack. Parece que le pegaron y con bastante fuerza. Y más de una vez. ¿Habías notado eso?

Ella se enderezó y miró a Timmy.

—No. Yo, eh, yo vi… Él se cae mucho, y, eh, supongo que él, eh, se hace moretones, y…

Timmy estaba totalmente quieto.

—Ángel, el niño tenía seis meses —le recordé—. ¿Me estás diciendo que camina?

Me estaba enojando y sabía que me tenía que ir de allí. Ella bajó la cabeza y se mantuvo en silencio. Yo no necesitaba oír nada más.

Me paré y abrí la puerta. Me di la vuelta y dije:

—Quédense aquí. Dentro de unos minutos, vendrá alguien a hablar con ustedes.

Cerré la puerta y me quedé quieto en el pasillo por un momento. Estaba enojado y quería regresar a la sala y agarrar a Timmy del cuello y… Pero sabía que no podía hacer eso. Mi trabajo era ser un doctor de la sala de urgencias. Hacer justicia por este bebé inocente y muerto era el trabajo de otra persona.

Me llamó la atención el sonido de pasos que se aproximaba. Levanté la mirada y vi a dos oficiales de policía que se acercaban a mí.

◆◆◆◆

Jamás olvidaré su mirada. Ya han pasado más de veinticinco años, pero jamás olvidaré su mirada.

Era un jueves de mediados de diciembre. Afuera hacía frío y, como eran las 6:00 p. m., ya estaba oscuro. Mi turno terminaba en una hora y estaba intentando dejar la sala en orden para mi reemplazo. Hasta ese momento, lo estaba logrando.

—¿Tienes planes para Navidad? —me preguntó Virginia Granger.

Estábamos parados al lado del mostrador de la estación del personal de enfermería, justo fuera de su oficina. Ella estaba trabajando con los turnos del personal de enfermería para las fiestas y yo estaba completando la ficha de un paciente que estaba en la unidad de observación y que había estado practicando para su borrachera festiva.

—No —respondí yo—. Mi único plan es estar en mi casa junto a mi familia. Parece que tienes mejor suerte con tu cronograma que yo con los doctores —dije mientras señalaba con la cabeza hacia el portapapeles que ella tenía en la mano. Su cronograma estaba completo, con la excepción de dos horarios—. Parece que tendré que pasar una de las fiestas aquí —agregué.

—Bueno, espero que no. ¿No trabajaste la Navidad del año pasado? —preguntó.

Pensé por un momento, pero no lograba recordarlo. Para un doctor de la sala de urgencias, las fiestas vienen en conjunto. Estaba a punto de responder cuando un movimiento cerca de la puerta de Triaje me llamó la atención. Como Virginia vio que yo miraba en esa dirección, también giró la cabeza.

Lori estaba entrando a la sala y guiaba a una mujer joven que llevaba una canasta para picnic. Sostenía la canasta con las dos manos y se inclinaba un poco para poder enderezarse con la carga. Lori se dio vuelta y extendió una mano para ayudarla, pero la mujer rechazó la oferta diciendo que no con la cabeza. Lori y yo cruzamos miradas, y ella asintió ligeramente para indicar que me necesitaba. La observé mientras guiaba a su paciente por el otro lado de la estación del personal de enfermería hacia la habitación 3 y cerraba la puerta.

Virginia había visto toda la escena, por tanto dijo:

—Doctor Lesslie, creo que debería ir a ver qué necesita Lori. Podemos seguir hablando más tarde.

Se dio vuelta y entró a su oficina.

Dejé la ficha del paciente sobre el mostrador y me dirigí a la habitación 3. Algo no andaba bien, pero si hubiera sido una urgencia importante, Lori habría insistido más para solicitar ayuda. Sin embargo, sentía mucha curiosidad por descubrir el contenido de aquella canasta para picnic.

Empujé la puerta de la habitación 3 para abrirla y vi a Lori, que estaba parada en el rincón más lejano junto a la cama B. La canasta estaba sobre la camilla y ella estaba inclinada sobre esta y sacaba, con cuidado, a un bebé pequeño envuelto en un retazo de una cobija militar sucia.

—¿Y cuándo fue la última vez que les diste de comer, Hope? —le preguntó Lori a la madre mientras yo cerraba la puerta.

"¿Les?" Me acerqué a la camilla y miré hacia abajo. En el fondo de la canasta había otro bulto envuelto con lo que parecía otro retazo de la misma cobija sucia.

—Hace una hora, quizá dos, supongo… —respondió Hope. Su voz sonaba débil y su tono casi arrepentido.

Por primera vez, miré de verdad a esta joven madre. Era alta, medía alrededor de 1.75 metros y era delgada. Mejor dicho, estaba escuálida. Su cabello largo y castaño estaba enredado y sucio, y colgaba sin cuidado sobre su rostro. Estaba encorvada y miraba a sus bebés. Tenía los brazos cruzados sobre el pecho y cada una de las manos sujetaba el hombro contrario. Se mecía de un lado al otro. Sus jeans azules estaban gastados y rotos a la altura de las rodillas. El suéter manchado que llevaba puesto no la protegía mucho del aire frío de diciembre. No tenía abrigo.

Miré hacia abajo y noté que calzaba sandalias, pero no tenía calcetines, y los dedos de sus pies estaban pálidos e incoloros debido al frío. Lori interrumpió mis observaciones.

—Doctor Lesslie —señaló con la cabeza hacia la puerta. Tenía en sus brazos al infante envuelto en la cobija.

»Hope, quédate aquí, junto a tu bebé, por un minuto, ¿sí? —indicó a la madre mientras señalaba hacia la canasta.

—Está bien —respondió ella débilmente. Hope se acercó a la camilla y continuó con los brazos cruzados sobre su pecho.

Lori y yo fuimos hacia la puerta y luego nos dimos vuelta hasta quedar de espaldas a la cama.

Ella se acercó y susurró:

—Cuando llamé a Hope a Triaje en la sala de espera, otra paciente se levantó y se acercó. Me llevó a un lado y me preguntó si sabía algo acerca de Hope. Le dije que no, entonces ella me puso al tanto. Parece que la conoce o que, por lo menos, sabe cosas sobre ella. Hope ha estado en la calle por un tiempo. Tenía las mejores notas en la escuela. Luego conoció a un chico, quedó embarazada y sus padres la echaron de la casa. No quieren saber nada más de ella. Vivió con amigos, pero no funcionó. Y entra y sale de refugios todo el tiempo, pero por lo general solo deambula por la calle. Es raro, pero creo que nunca antes la habíamos visto aquí.

—¿Cuál es el problema hoy? —le pregunté a Lori.

—Es difícil saberlo —respondió ella mientras miraba el paquete que tenía en los brazos—. No está siendo muy clara. Creo que lo que más le preocupa es que los bebés no están comiendo. Acabo de traerlos aquí, por lo que todavía no sé bien qué les sucede. Ni siquiera les pude echar un vistazo.

—Bueno, vamos a ver qué está sucediendo —le dije y regresé al costado de la camilla—. ¿Cuántos años dijo que tenían los mellizos? Son mellizos, ¿no?

—Sí, mellizas. Niñas. Y dijo que tenían ocho meses —contestó Lori.

¿Ocho meses? Eso no podía ser cierto. La bebé que Lori tenía en brazos era muy pequeña.

Acomodó a la primera bebé sobre la camilla y, con mucho cuidado, comenzó a levantar a la otra de la canasta. Yo desenvolví a la niña que estaba sobre la camilla y quedé atónito. Tenía la altura adecuada de un bebé de ocho meses, pero no pesaría más de 10 libras. Más tarde, habiendo pesado a las dos, supimos que esta bebé pesaba 8 libras y 2 onzas, es decir, 5 libras menos que su melliza. Estaba raquítica y, sin energía, volvió los ojos hacia mí. Su pañal era un retazo sucio de una sábana vieja que tenía los bordes pegados con cinta de embalar.

Lori miró por encima de mi hombro y suspiró. Luego colocó el bulto sobre la camilla y, rápidamente, desenvolvió a la segunda niñita. Estaba desnuda, sucia y apenas respiraba. De inmediato, Lori pulsó el botón de urgencias de la pared y pidió ayuda. Su voz temblaba.

Cambiamos de estrategia. La segunda bebé estaba luchando por su vida. Entraron otras dos enfermeras a la habitación y la reanimamos rápidamente. En pocos minutos, le colocamos una cánula para las vías respiratorias, le pusimos una vía intravenosa y la tapamos con una cobija caliente. Se encontraba estable, al menos por el momento.

Uno de los pediatras estaba en el hospital y vino a Urgencias para ayudar. Iba a ingresar a la niña a la Unidad de Cuidados Intensivos Pediátrica y había llamado a uno de sus colegas para que ayudara con la primera bebé. A pesar de que su estado no era potencialmente mortal, tenía muchos problemas. Habiendo dejado todo bajo control, pude salir de la habitación 3 y regresar a la estación del personal de enfermería.

Lori estaba junto al mostrador y escribía en la ficha de la primera melliza. Cuando pasé por allí, levantó la mirada. Era evidente que estaba alterada y molesta.

—¿Qué crees? —me preguntó—. ¿Va a sobrevivir? ¿La segunda? Nunca vi a un bebé tan raquítico, tan deteriorado. Es horrible.

Lori tenía tres hijos, un niño y dos niñas. Unos minutos antes se había concentrado en la tarea que le correspondía como una enfermera de la sala de urgencias eficaz y experta. Ahora era una madre.

—Tan pequeñita —susurró para sí misma.

Yo me senté, estaba exhausto. Una hora de descarga de adrenalina resulta agotadora.

—No estoy seguro —respondí—. No tiene reservas, no tiene grasa corporal. ¿Y cuál era su temperatura? ¿96 °F? Creo que eso fue lo que dijiste.

—Sí —contestó ella—. Era 96.2 °F. Estaba fría.

—Sí, estaba fría. Eso puede significar que se congeló o que tiene una infección en algún sitio. Ninguna de esas opciones traerá aparejados buenos resultados. ¿Dónde está la madre? ¿Y la otra bebé? —pregunté yo.

—Hope está en la sala para los familiares con la policía y llevaron a la otra niña a la Unidad de Cuidados Intensivos Pediátrica. Comenzó a espabilarse un poco cuando la calentamos y le dimos un poquito de leche. —Lori hizo una pausa y después continuó—. Y creo que alguien del Departamento de Servicios Sociales está en camino para tener una conversación con Hope una vez que la policía termine de hablar con ella.

—Mmm. Dudo que vuelva a ver a esas niñas, si es que sobreviven —comenté.

—Tienes razón —coincidió Lori—. Pero Hope da lástima. Creo que esto la destrozó, pero ella no lo comprende. Su mirada es perturbadora. Pareciera que no está aquí.

—Entiendo lo que dices. ¿Vendrá alguien de Salud Mental para hablar con ella?

—Sí —respondió ella—. Dentro de una hora, aproximadamente.

Nos sentamos en silencio por un momento y los dos reflexionamos acerca de los hechos que habían acontecido durante aquella noche. Luego Lori rompió el silencio.

—¿Sabes? Tuve un minuto para hablar con Hope cuando la acompañé hacia la sala para los familiares, justo antes de que llegara la policía. Le pregunté cuánto tiempo hacía que no comían sus niñas y ella me miró fijamente. Después me dijo que hacía dos o tres meses que ella ya no tenía leche, entonces tuvo que comenzar a darles leche entera. Comentó que parecía que les gustaba, pero que no estaban creciendo tanto como ella pensaba que debían crecer. Y luego me miró y admitió: "No sabía qué hacer".

Nos quedamos callados nuevamente.

La primera melliza estuvo tres meses en el hospital y luego la llevaron a un hogar de acogida. Todavía no sabemos si su desarrollo será normal. La segunda melliza murió después de haber pasado dos días en la Unidad de Cuidados Intensivos.

No sé qué sucedió con Hope.

Luego tomó a un niño y lo puso en medio de ellos. Abrazándolo, les dijo:
—El que recibe en mi nombre a uno de estos niños me recibe a mí;
y el que me recibe a mí no me recibe a mí,
sino al que me envió.

Marcos 9:36-37

10

UN SUAVE MURMULLO

Tras el terremoto vino un fuego, pero el Señor tampoco estaba en el fuego. Y después del fuego vino un suave murmullo.

1 REYES 19:12

Comenzó a pasearse de un lado a otro. Eran cerca de las nueve de la mañana y hasta ese momento había estado acostada tranquilamente. Caminaba de un lado a otro de la habitación, su vientre hinchado demostraba que estaba en fecha, tal vez con algunos días de atraso.

La observé de cerca, pero manteniendo una distancia razonable para no incomodarla. A ratos me miraba con sus ojos oscuros, temerosos y confiados a la vez.

Algo andaba mal. Yo era un doctor de urgencias, había asistido decenas de partos y, aunque no era obstetra, sabía que algo andaba mal.

Volvió a pasar delante de mí y cuando giró, pude ver que se asomaba una pequeña extremidad. Se me acercó y se recostó de lado, ahora jadeando. Detrás de ella se asomaban las caras de mis cuatro hijos pequeños contra el vidrio de las puertas francesas que conducían al porche. Allí fue que *Scooter*, nuestra dachshund miniatura [o perra salchicha], había decidido dar a luz a sus primeras crías.

Los niños se veían entusiasmados y observaban expectantes. Bárbara se paró detrás ellos y se inclinó con las manos en las rodillas. Ella también estaba feliz y algo ansiosa. Estaba preocupada por *Scooter*, pero necesitaba proteger a sus propios cachorros. Esa fue la audiencia más difícil que tuve, pero también la más importante.

Esa mañana, temprano, había llamado a la veterinaria, estaba preocupado por el lento progreso que veía en *Scooter*.

—No se preocupe —me aseguraba la veterinaria—, los dachshunds suelen tener partos difíciles, seguramente es por su espalda larga y baja. No se sorprenda si uno o dos cachorros nacen sin vida. De hecho, tal vez la mitad no lo logre.

—¿Qué? —pregunté incrédulo—. ¿Y qué se supone que debo hacer?

—Nada —respondió ella—, no haga nada. Deje que la naturaleza siga su curso.

Me quedé en silencio pensando en lo que acababa de decirme. Simplemente pararme y observar iba en contra de mi personalidad.

—Llámeme si hay algún problema —agregó—, pero todo debe salir bien.

Colgó y yo volví al porche con *Scooter* paseándose y mis hijos observando.

La perra se recostó de espalda a los niños, a unos centímetros de las puertas. Intentábamos que estuviera lo más cómoda posible sobre unas toallas dobladas. Yo acariciaba su cabeza y su cuello e intentaba darle ánimo, lamentando no hablar su mismo idioma.

De repente, la patita desapareció, pero se asomaron dos; de todos modos algo no andaba bien. No se movían. Quizá era algo normal, pero…. Enseguida apareció el cachorro. Era muy pequeño, estaba húmedo y cubierto de una mucosa brillante que *Scooter* comenzó a morder y masticar. Observé muy asombrado cómo ella empujaba y alentaba a su recién nacido, lo estimulaba e intentaba limpiar la mucosa. ¿Cómo sabía hacerlo? Supe que era instintivo, pero aun así, era algo maravilloso.

Miré a los niños y sus ojos eran enormes. Señalaban y se reían saltando sin parar. Luego miré a *Scooter* que se había recostado, parecía estar exhausta y seguía jadeando. Otra patita comenzó a asomarse por el canal de parto.

Luego miré al primer cachorro que estaba en la toalla, estaba inmóvil, no respiraba. Lo masajeé, intenté estimularlo, intenté que volviera a respirar, pero no lo logré, ya estaba muerto. Miré a Bárbara, vi su rostro de preocupación y luego miré a los niños, ellos solo observaban, ya no se reían ni saltaban, sabían que algo estaba mal.

Levanté al cachorro y lo llevé adonde no lo vieran.

Mientras tanto, *Scooter* daba a luz a su segundo cachorro. Nuevamente mordió la membrana e intentó estimular a esta pequeña. Pero nada, sucedió lo mismo.

Al diablo con esto.

—De acuerdo, *Scooter* —le dije con tranquilidad—, déjame ver qué puedo hacer.

No sabía cómo iba a responder, pero me miró con esos ojos grandes y oscuros e inclinó su cabeza. Cuando me acerqué para tomar a la cachorra, no se quejó ni intentó protegerla. Solo se quedó allí recostada, mirándome.

La cachorrita era algo diminuto y sin vida en mis manos, apenas me cubría la palma. Miré de reojo los rostros en el vidrio, sus ojos estaban grandes y confundidos. Mientras los miraba, los labios de mi hija mayor comenzaron a temblar. Eso ya era demasiado.

Con mis pulgares quité la membrana húmeda de la cabeza de la cachorra y luego (sigo sin creer que hice esto) puse mi boca sobre su hocico y aspiré toda la mucosa que pude de sus vías respiratorias. La masajeé entre mis manos para intentar reanimarla, pero no sucedía nada. Luego volví a poner mi boca en su hocico e inflé sus pequeños pulmones. Lo repetí cuatro o cinco veces, y con mi pulgar derecho le hice compresiones torácicas. No sabía con qué velocidad debía hacerlas, solo hice lo que creí correcto. A los treinta segundos me detuve y observé. Todo seguía igual. Pero entonces… movió la cabecita levemente, abrió la boca y respiró. La masajeé un poco más y movió la cabeza otra vez. Esta vez, luego de otro respiro, se oyó un ladrido suave y muy débil. *Scooter* también lo oyó, me miró y luego miró a su cría, pero volvió a recostarse en la toalla; aún tenía trabajo por hacer.

La pequeña se retorcía entre mis manos, iba a estar bien. La dejé en la toalla al lado de Scooter y la observé mientras intentaba pararse.

Del otro lado de la puerta se oyeron aplausos y gritos, levanté la vista y vi que los niños estaban saltando y gritando, mi esposa lloraba. Solo con la mirada, me agradecía y me decía que estaba orgullosa de lo que acababa de hacer.

Scooter tuvo cinco cachorros más, de los cuales solo dos respondieron a su asistencia materna, los otros tres necesitaron los mismos esfuerzos resucitadores, pero sobrevivieron. Esa mañana solo perdimos un cachorro, el primero. Y la última perrita, Ivey, que era la más pequeña de las crías, fue miembro de nuestra familia por casi trece años.

Ese fue un momento increíble para mí, un momento que nunca olvidaré, pero la experiencia no terminaría ahí, iba a ser algo mucho más importante.

2:00 a. m. Dos semanas después.

Sheila Rice regresaba de Radiología. Había llevado a dos víctimas de accidentes automovilísticos para realizarles imágenes. Nada grave, solo algunos chichones y moretones. En ese momento eran nuestros únicos pacientes.

Ella entró a la sala de enfermería y se sentó a mi lado.

—Doctor, voy a necesitar un café en unos minutos. ¿Quiere?

—No, por ahora estoy bien Sheila —le respondí sin quitar la vista del diario del día anterior que estaba hojeando—. Tal vez más tarde.

Sheila era una de las enfermeras regulares de la noche. Por alguna razón, trabajar en el turno de la noche se acomodaba a su vida cotidiana. Pero lo importante es que ella podía dormir durante el día. Había trabajado así por mucho tiempo, unos diez o doce años.

Siempre me alegraba tenerla trabajando conmigo, tenía mucha experiencia en el área de emergencias, y se mostraba fresca y tranquila. Tal vez lo más importante es que era una gran compañera del juego Pasapalabra. Cuando teníamos algún descanso, a las tres o cuatro de la mañana, algunos técnicos del laboratorio venían y nos desafiaban a un juego. El resultado siempre era igual y ellos volvían a su área desanimados.

—Bueno, voy a la sala de estar, así que si cambias de…

No pudo ni terminar la oración. La puerta de Triaje se abrió de golpe y una de las secretarias de la oficina de administración entró a toda velocidad llevando a una mujer asiática en silla de ruedas.

—¡Será mejor que atiendan esto! —nos gritó—. ¡Creo que está en trabajo de parto!

Sheila se puso de pie enseguida.

—Madeline, llévala por allí a la habitación 1 —dijo señalándole la dirección que debía tomar.

Madeline la tomó enseguida y aceleró la silla de ruedas. No quería tener nada que ver con esto y quería dejarla en su destino lo más rápido posible.

Fue entonces que noté a un joven asiático siguiéndolas. Le hablaba a la joven rápido, pero en un tono calmado, en un idioma que no pude entender. Ella no dijo nada, solo asintió con la cabeza.

Madeline y Sheila pasaron a nuestra paciente de la silla de ruedas a la camilla y luego Madeline acompañó al joven fuera de allí.

—Venga conmigo —le dijo—, necesitaremos que complete algunos papeles.

Me había quedado sentado durante todo ese tiempo. Sheila me llamaría cuando me necesitaran, si es que lo hacían. Muchas veces, cuando las embarazadas llegan así a Urgencias la enfermera las evalúa rápidamente y determina que o no están en trabajo de parto o están aún en la primera instancia. En ambas circunstancias, enviamos de inmediato a la paciente al piso de Obstetricia para que la evalúen. En muy pocos casos, tal vez una o dos veces al año, asistimos un parto en la sala de urgencias o en el estacionamiento. Por mí está bien, es divertido hacerlo de vez en cuando, pero en realidad no estamos preparados para asistir partos y puede ser una situación muy estresante.

—¡Doctor Lesslie, venga rápido!

Era Sheila y me puse de pie de inmediato.

Me asomé apenas por la cortina, pero Sheila la abrió del todo, me tomó del brazo y me tironeó hacia la habitación.

—Aquí, haga lo suyo —me dijo—, el bebé se está asomando. Iré a traer el botiquín obstétrico.

—¿Estás segura? —le pregunté, creyendo que podríamos enviarla al otro piso.

—¡Bueno, dígame usted! —me respondió. Se hizo a un lado de la camilla y con cuidado separó las rodillas de la mujer. La cabeza del bebé, cubierta de vello negro, ya estaba a la vista. Podía ver un área casi del tamaño de una moneda de cincuenta centavos.

¡Vaya! ¡Ahora ya era del tamaño de una pelota de tenis!

—Trae el botiquín, Sheila, ¡de prisa!

Tomé unos guantes de una caja en la encimera y me los coloqué. Subí la vista hacia la paciente y me di cuenta de que ella no había emitido ni un sonido, ni un grito, nada. Entonces me di cuenta de que no sabía su nombre.

—Señora, todo va a estar bien, ¿de acuerdo?

"¿Señora?" ¿Por qué la había llamado así? Ella me miró, sin evidencia de miedo en su rostro, no dijo absolutamente nada. Obviamente, no entendía lo que yo le estaba diciendo, así que solo la miré y asentí con la cabeza. Ella sonrió y asintió también.

Sheila apareció detrás de mí, tirando del papel azul del botiquín. Con un pie, jaló una mesa de instrumental que estaba en la esquina de la habitación hacia la camilla. Luego, arrojando el papel al suelo, abrió el botiquín y lo vació sobre la mesa.

El contenido del botiquín era sencillo y limitado. Había pinzas para el cordón umbilical, tijeras, gasas, un par de toallas azules, fórceps y una pera de succión para la nariz y la boca del bebé. Si necesitábamos algo más, podríamos encontrarlo rápidamente en el armario de suministros.

Luego, la joven emitió por primera vez un sonido. Solo era un gruñido débil, pero Sheila y yo reaccionamos. Yo me coloqué a un lado de la camilla y Sheila se acercó a la cabeza. Una vez más, separó las rodillas de la joven con cuidado, alentándola de manera suave.

—Ahí, ahí querida, todo va a estar bien —le aseguraba—. Todavía no empieces a pujar.

Muy tarde. Ahora ya podía ver una oreja. Era hora de traer a ese bebé al mundo.

Estiré un brazo, encontré un hombro y lo extraje con facilidad. Enseguida salió el otro hombro y luego, en un instante y de un resbalón, el bebé: una pequeña niña estaba allí en la camilla, entre las piernas de su mamá.

Sentí un gran alivio. Mientras buscaba la pera de succión para limpiar las vías respiratorias de la bebé, eché un vistazo al rostro de esta nueva mamá. Su frente estaba brillante por el sudor y una sonrisa iluminaba su rostro. Sus ojos se encontraron con los míos y asintió, seguía en silencio, tranquila.

—¿Qué es todo esto?

La preocupación de Sheila atrajo mi atención de inmediato hacia la bebé.

—¿Qué estás di...? —me detuve en medio de la oración y observé a la bebé. En medio del parto precipitado no lo había notado.

—¿Qué es esto? —volvió a preguntar Sheila, señalando algo que envolvía por completo a la bebé.

Mi pulso se aceleró y se me contrajo el pecho. El alivio que había sentido hacía segundos se había ido.

De repente, lo que mis ojos veían me hizo recordar algo. *Scooter*.

La recién nacida estaba cubierta por un saco transparente y brillante. Aún estaba húmedo y resbaladizo, y le impedía respirar. El término médico era "membranas intactas", había leído y escuchado sobre eso, pero con las nuevas técnicas de parto era algo muy poco frecuente, más aún para un médico de urgencias.

Dejé la pera verde en la camilla y le dije a Sheila:

—Tráeme una hoja de bisturí número 15 —me sorprendió la tranquilidad de mi voz, pero estaba tranquilo. Sabía lo que había que hacer y sabía cómo hacerlo.

Casi sin mirar, Sheila alcanzó el estante en la pared detrás de ella y enseguida encontró el bisturí que necesitaba. Quitó el envoltorio estéril y dejó fuera el mango.

Con el bisturí en mano, rápidamente hice una incisión cuidadosa a lo largo de la membrana y quité la cápsula brillante de la cabecita de la niña, tomé la pera de goma y succioné su nariz y su boca. Luego, afortunadamente, los tres escuchamos su primer llanto, fuerte y ruidoso. Era tan fuerte y resistente como su madre.

Sheila tomó a la bebé y utilizó una de las toallas para limpiar los restos de membrana y secarla. Con el cordón cortado y con la pinza, Sheila puso a la niña en los brazos de su madre.

Me dejé caer en el taburete de al lado de la camilla, disfrutando de este momento mientras los restos de la oleada de adrenalina pasaban por mi cuerpo.

—¿Había visto algo así? —me preguntó Sheila mirando a nuestra nueva mamá y su niña.

—No, estoy seguro de que no —le respondí. Y luego pensé otra vez en *Scooter* y el porche trasero de casa—. Bueno, como....

—Pero ¿cómo supo qué hacer? —insistió—. Nunca había visto algo así.

Pensaba por dónde empezar, pero la voz de la secretaria de la unidad nos interrumpió.

—Sheila, tenemos a alguien aquí —dijo desde la sala de enfermería.

—Mmm —suspiró—. Déjame ver qué es. Llamaré a Obstetricia para que suban a esta muchacha. Creo que también deberíamos llamar al pediatra.

Salió de la habitación y cerró la cortina detrás de ella.

Más tarde, cuando todo estuvo nuevamente en calma, le conté la historia y ella entendió todo. Esto no era simple casualidad. Creo que Einstein se equivocó cuando dijo que "la coincidencia es la forma de Dios para permanecer anónimo". Nuestro Creador no quiere ser un desconocido ni estar de fondo en nuestras vidas. Él quiere que lo conozcamos, que caminemos con Él, que hablemos con Él y, si lo oímos, Él quiere hablarnos.

Por eso, esa noche, yo estaba muy agradecido.

◆◆◆

La cabeza de Willis Stephens temblaba. No demasiado, pero como estaba sentado detrás de él en el banco de la iglesia, podía notarlo. Era sutil, pero perceptible.

Había estado más de un minuto observando su cabeza y me cruzó un pensamiento extraño: "¿Y si Willis estaba por colapsar? ¿Y si en ese momento se desplomaba en el banco?".

Estábamos en un momento de la adoración en el que esos pensamientos no eran demasiado molestos o, al menos, no me desconcentraban del todo. El organista estaba tocando una música tranquila y mis reflexiones no me distraían de la oración o del sermón.

No sé bien por qué estaba considerando esa posibilidad. Cuando mi esposa y yo nos ubicamos en ese banco, él se había volteado y me había dado un fuerte apretón de manos. Tenía casi noventa años, pero era muy fuerte. Durante todos los años que fuimos miembros de esta iglesia, Willis Stephens siempre había estado allí, una fortaleza de la congregación. Todos lo conocían por su buen humor y generosidad, y por el amor que tenía por los niños pequeños.

Pero esa mañana en particular, algo me hizo observar detrás de su cabeza, ese pequeño temblor, y pensé qué haría si él colapsara ahí de repente.

¿Qué haría?

Observé al amigo que estaba a mi lado, Francis Wood. Él tenía casi mi edad y era bastante fuerte y ágil, pero ¿cómo podríamos ayudar a Willis?

El vestíbulo que estaba frente a nosotros, a la derecha del lugar del coro, podría ser un lugar lógico para llevarlo. Allí había suficiente espacio, había un teléfono para poder llamar al 911 y podríamos cerrar la puerta para escudarlo de la vista de la congregación. Pero

¿cómo lo llevaríamos hasta allí? Yo había lidiado con esto del "peso muerto" antes. Si alguien pierde por completo la conciencia y el tono muscular, se vuelve muy difícil levantarlo y cargarlo.

Una vez, antes de aprender que podía llamar a un enfermero o a cualquier técnico de urgencias médicas que estuviera disponible, corrí al estacionamiento de urgencias para ayudar a un paciente a salir de un auto. Aparentemente, había tenido un infarto cardíaco y se había desmayado allí al ingresar. Una enfermera joven y yo llegamos al vehículo con otra enfermera que traía una camilla. Lo que ocurrió fue algo que nunca quisiera repetir. Intentamos levantar a un hombre de mediana edad, que pesaba posiblemente 200 libras, para sacarlo del auto y subirlo a la camilla. Los brazos y las piernas estaban desparramados. Yo creía estar en buen estado físico, pero fue muy difícil colocar al hombre en la camilla. De alguna forma lo logramos y lo llevamos a la sala de urgencias. Todos terminamos agotados.

Ahora, aquí estaba Willis. Seguro pesaba más de 225 libras. ¿Qué haríamos Francis y yo?

Entonces, se me prendió la lamparita: la "carga de bombero". Esa era la solución. Veamos si puedo recordar... Tendría que tomar uno de mis codos con una mano y el codo de Francis con la otra. Él debía hacer lo mismo, y así crearíamos una especie de asiento con nuestros antebrazos. Debíamos hacer esto debajo del cuerpo desplomado de Willis y así podríamos levantarlo con más facilidad. Una vez de pie, podríamos llevarlo al vestíbulo y colocarlo con cuidado sobre el suelo.

Una vez resuelto esto, me relajé justo cuando el ministro estaba acercándose al púlpito. Ya no veía que su cabeza estuviera temblando.

El sermón llevaba apenas unos minutos cuando algo sucedió.

Comencé a oír un murmullo en la parte de atrás, no muy fuerte, pero suficiente para distraer mi atención, y luego sentí que me tocaron el hombro.

Giré a la izquierda y vi a uno de los jóvenes de la congregación apoyado en el banco. Me susurró:

—Robert, te necesitamos en el fondo. Algo le sucedió a John Stanford.

Me puse de pie de inmediato y miré hacia atrás del santuario. En una de las últimas filas, varias personas estaban amontonadas alrededor del cuerpo desplomado de John Stanford. Se comenzó a escuchar el murmullo por todo el templo y en algún lugar de mi subconsciente, me percaté de que el ministro había dejado de predicar.

Saliendo del banco, le dije a Francis:

—Vamos, necesitaré ayuda. —John Stanford estaba en sus setenta y tantos y, al igual que Willis Stephens, debía de pesar más de 200 libras.

Mis pensamientos se aceleraban mientras cruzaba el salón. ¿Qué le había sucedido? ¿Estaba respirando? ¿Llamaron al 911? Mientras nos acercábamos al fondo, vi a tres o cuatro hombres que intentaban sacarlo del banco. Entonces me acordé otra vez: la "carga de bombero".

Llegamos a su banco y señalándole a Francis le dije:

—Entra por esta fila y ponte detrás de él. —Yo entré por la fila que estaba detrás de John y pisé a unos cuantos en el camino.

Aunque John parecía completamente inconsciente, pude notar con rapidez que tenía pulso y estaba respirando. A los hombres que estaban alrededor de él les pedí que nos dejaran espacio y comencé a explicarle a Francis cómo debíamos cargarlo. Tardamos un momento en encontrar el codo del otro, pero luego nos acomodamos. No fue fácil, pero pudimos cargarlo y salir del banco hacia el vestíbulo.

Con cuidado, lo colocamos sobre la alfombra y volví a verificar su pulso, que ahora era débil. Estaba pálido y su piel estaba húmeda. Mientras le quitaba la corbata y la camisa, le pedí a Francis que le levantara las piernas para llevar más sangre a su circulación central.

—¿Alguien llamó al 911? —le pregunté al grupo que estaba allí.

—Están en camino —me respondieron—. Deben llegar en unos cinco minutos.

John estaba empezando a moverse. Abrió los ojos, miró alrededor y luego me miró a mí. Estaba confundido y asustado.

—Todo estará bien, John —le dije—. Relájate, respira hondo y lento.

Su color mejoró y su pulso ya era más fuerte. Cuando llegaron los paramédicos, John ya podía hablar y preguntaba qué había sucedido.

En cuestión de minutos, el equipo de urgencias le colocó un monitor cardíaco, una vía intravenosa en su brazo derecho y una cánula nasal para el oxígeno. Él estaba estable y enseguida lo llevaron al hospital. Luego me dijo que a los que lo visitaban en el hospital, les decía:

—Lo peor de todo fue despertar en el piso y ver a Robert Lesslie quitándome la ropa.

Mientras se alejaba la sirena de la ambulancia, miré a Francis y le toqué el hombro.

—Gracias por tu ayuda. Gran hazaña, ¿verdad?

Él estaba sudando y ahí noté que mi camisa estaba empapada.

—Robert, no tenía idea de cómo íbamos a poder sacarlo del banco. Me alegra que hayas pensado en… eso que acabamos de hacer.

En ese momento, supe que los pensamientos que tuve sobre Willis habían venido de otro lado. Nunca había realizado la carga de bombero. Nunca lo había necesitado y, hasta el día de hoy, nunca la he vuelto a hacer. Ese día en especial, sin embargo, John Stanford necesitaba ayuda y yo fui un instrumento. Esa fue una gran lección.

◆◆◆

2:30 p. m. Miércoles.

El cuadro de mi próximo paciente decía:

Brad Jenkins
Masculino, 42 años
Dolor de garganta, tos y congestión

"Esto debe ser sencillo", pensé. No había fiebre, la presión arterial estaba bien.

Con el portapapeles en mano, comencé a caminar por el pasillo.

—Tal vez quieras revisar estos —me sugirió Amy Conners. Me entregó unos documentos médicos. Eran registros recientes de la sala de urgencias, copias de visitas, cosas que guardamos en el área. El cajón donde guardamos los archivos tiene una carpeta de cada uno de los últimos 31 días, para encontrar rápido los registros de los pacientes que hemos atendido durante el último mes. Tenemos algunos "viajeros frecuentes", así que este sistema nos permite encontrar mejor a estos pacientes y todas sus visitas.

—Parece que estuvo aquí seis veces en las últimas dos semanas —agregó, deslizando la pila de registros por el mostrador.

Eso era un poco inusual, así que antes de ir al consultorio de Otorrinolaringología tenía que revisar esos registros.

La cantidad de visitas representaba una posible señal de alarma. Una de las reglas principales del área de urgencias se relacionaba con las visitas reiteradas, con las actitudes y las conjeturas. Una tendencia peligrosa entre los miembros del equipo de urgencias con menos experiencia es suponer que el regreso de un paciente sin una cita es una molestia o es algo falso. Esta suposición te hace realizar un examen superficial en la segunda visita, que muchas veces puede terminar en un desastre. El paciente que regresa puede tener algo serio que no haya sido observado en la primera visita. Muchas veces, se necesita disciplina para ser objetivo e imparcial, pero estos pacientes necesitan que se los trate con un radar clínico más preciso.

Amy tenía razón. Con la visita de hoy, el señor Jenkins ya había estado aquí seis veces en las últimas dos semanas.

Mmm. En la primera visita lo había examinado yo. Él se había quejado de una congestión nasal, mucosidad y tos leve. Mi diagnóstico había sido "infección de la vía respiratoria superior" y lo tratamos con un descongestionante y medicamento para la tos. Miré con atención esta nota para asegurarme de que sus signos vitales eran normales ese día y que no había pasado por alto ninguna información. Todo parecía de rutina.

En la siguiente visita, dos días después, a medianoche, lo había visto uno de mis compañeros. Sus síntomas eran tos persistente y dificultad para dormir. Sus signos vitales otra vez eran normales y no apareció nada sospechoso en su historial clínico. En esa visita, le hicieron un estudio más extenso, que incluía una radiografía de tórax y un análisis sanguíneo. Todo estaba normal. Mi colega le diagnosticó bronquitis y le dio un antibiótico para protegerlo de cualquier infección que pudiera estar escondida. Una vez más, todo parecía bien y le volvieron a recomendar que si no mejoraba, visitara a su médico de cabecera.

Tres días después, el señor Jenkins volvió diciendo que no se sentía mejor, que tenía "tos, congestión y fatiga". La visita siguiente fue por "náuseas" y la planilla de la visita de ayer simplemente decía "sin mejoría". En todas las visitas, sus exámenes resultaban normales y le recomendaban que visitara a su médico.

Tal vez no tenía un médico de cabecera, o tal vez no tenía seguro médico o las posibilidades económicas de atenderse en otro lugar. Eché un vistazo a la información demográfica de los registros de ese día y vi que era empleado de una de las compañías más grandes de la ciudad. Su trabajo era el de "gerente regional".

Eso era poco común. Le agradecí a Amy y adjunté estos datos a la hoja de los registros del día.

Cerré la puerta del consultorio de Otorrinolaringología y me detuve en el extremo de la mesa de examen. Brad Jenkins estaba sentado en la camilla, inclinado hacia delante, con los brazos extendidos y las manos agarrando el borde del colchón delgado que no era muy cómodo. Sus piernas se balancearon juntas debajo de él y levantó la mirada hacia mí cuando entré.

Parecía bastante cómodo y no demostraba estar muy dolorido. Vestía pantalones color caqui, una camisa celeste con cuello abotonado y una corbata roja. No había nada extraño.

—Señor Jenkins, soy el doctor Lesslie —me presenté con indiferencia—. ¿Qué podemos hacer hoy por usted?

Dejó de balancear las piernas, pero mantuvo su postura, recostándose y agarrándose de la camilla.

—Ya debe saber que he venido varias veces en los últimos días —comenzó, al notar la carpeta en mi mano—. No me siento mejor. Me siento pésimo, estoy congestionado y tengo algo de tos —aclaró su garganta—. Tengo entendido que usted es el jefe de médicos aquí y quería decirle que cada vez que he estado aquí, los doctores y las enfermeras han sido muy profesionales. No tengo ninguna queja acerca del tratamiento, solo que no me he sentido mejor.

Seis visitas en dos semanas, y aun así estaba sentado frente a mí completamente tranquilo y hasta halagándonos. Volví a mirar su registro para asegurarme de que no tuviera la temperatura corporal baja o el ritmo cardíaco elevado, lo que fuera, algo que me pudiera dar la pista del problema que no estábamos viendo.

—Bueno, gracias —respondí—. Pero nuestro objetivo es asegurarnos de que usted esté bien e intentar descubrir qué es lo que le causa los síntomas. ¿Ha perdido peso o suda por las noches? ¿Algún cambio inusual en su apetito o en su rutina diaria? ¿Algún sangrado?

Las respuestas a estas preguntas fueron todas negativas. Seguí intentando obtener alguna pista para su problema, alguna información que me llevara al diagnóstico correcto. Estaría satisfecho con, al menos, un detalle que me guiara en alguna dirección.

Nada. Todo parecía absolutamente normal, excepto por la tos leve y la garganta inflamada, pero hasta esos síntomas, al observarlos, eran confusos y poco específicos.

Los resultados de los exámenes también eran normales. Los oídos, la nariz, la garganta, el corazón, el pecho, todo normal. El tono muscular y el examen neurológico también eran normales.

Me frotaba el mentón mientras miraba las anotaciones de las visitas previas. Le habían hecho un hemograma completo y todo salió normal. No había evidencias de infección o anemia, ni de algún problema en las plaquetas.

—Bueno, señor Jenkins —comencé cuando se me agotaron los pensamientos e ideas—. No encuentro nada mal hoy. Lo siento, pero no puedo darle un diagnóstico específico sobre lo que está causándole problemas. A veces toma un poco más de tiempo que todo vuelva a la normalidad. Creo que lo mejor es que lo vea un otorrinolaringólogo. Tal vez la semana que viene o la siguiente. Podemos ayudarlo a conseguir una cita.

Hice una pausa, esperando una respuesta, pero él no dijo nada, solo me miraba.

—¿Le parece bien? —le pregunté.

Él bajó la cabeza y miró hacia el suelo, asintiendo.

—Mmm, supongo que sí —dijo. En su voz había resignación, pero no frustración y, definitivamente, no estaba enojado.

—De acuerdo —respondí—, déjeme reunir unos papeles y enseguida regreso. Lo ayudaremos a ponerse en contacto con uno de nuestros especialistas.

No hubo una respuesta, así que salí de la sala.

Mientras caminaba por el corredor, me di cuenta de que la situación estaba inconclusa. Nos habíamos liberado un poco. Había tomado su historia completa y le había realizado exámenes médicos completos. Había hecho mi trabajo, pero aun así no había una conclusión. A veces eso suele suceder en la sala de urgencias y debes pasar al próximo paciente. Pero sentía que esto era diferente. Aquí sucedía algo más, algo que ni siquiera podía deducir.

En la sala de enfermeras, me paré en el mostrador y escribí en el registro de Brad Jenkins. Amy estaba buscando en el archivo de referencia para recuperar la hoja con los nombres, las direcciones y los teléfonos de nuestros otorrinolaringólogos.

—¿Qué es lo que le sucede? —preguntó—. Parece un hombre serio, ¿no cree? Pero con todas estas visitas…

—Sí, parece un hombre serio —coincidí con ella—. Pero no sé exactamente por qué sigue viniendo. Parece que todo estuviera bien.

Dejé mi bolígrafo porque no tenía en claro qué escribir en la casilla "Diagnóstico". ¿Cuál era mi diagnóstico?

Algo me estaba molestando y eso no me agradaba. Volví a tomar el bolígrafo intentando deshacerme de ese sentimiento y, por un momento, lo sostuve en el aire sobre la hoja del señor Jenkins. En ese instante tuve una idea, no sé muy bien de dónde salió, pero a medida que se aclaraba en mi mente supe lo que necesitaba saber.

Guardé el bolígrafo en el bolsillo de mi bata y volví a la sala de Otorrinolaringología. Brad Jenkins seguía en la camilla de exámenes, pero ahora estaba de espaldas a la pared, con sus manos en el regazo. Cerré la puerta y fui hacia el taburete en la esquina de la sala. Me senté, lo miré y él me miró.

—Señor Jenkins —comencé, sin saber muy bien adónde llegaría, pero determinado a seguir este camino—, necesito hacerle algunas preguntas más.

—Claro, doctor. ¿Qué necesita saber? —respondió sin mucho entusiasmo.

—En una de sus visitas anteriores, mencionó que tenía problemas para dormir. Dijo que era por la tos y la congestión. Pero ¿hace cuánto que le sucede esto? —le pregunté.

—Oh, hace un par de meses, creo —respondió—. ¿Por qué?

—Hábleme de su rutina diaria. ¿Qué hace para divertirse? —indagué.

Quedó perplejo, y se notaba que tenía problemas para responder esa pregunta.

—Yo... Yo... Bueno, la verdad no lo sé —respondió finalmente.

Luego de hacerle algunas preguntas más, fui directo al punto.

—Brad, ¿ha tenido algún problema de depresión? ¿Alguna vez se ha sentido deprimido o desconectado?

Me miró por un momento y luego apartó la vista, dejando caer la cabeza.

Como no dijo nada, le pregunté:

—¿Alguna vez pensó en hacerse daño?

Al oír esta pregunta, su pecho se levantó y susurró:

—Sí.

Esto era algo doloroso para él, pero necesitaba saber más.

—¿Alguna vez pensó cómo podría hacerlo? —le pregunté.

Él respiró hondo y me miró fijo.

—Sí. Hay un calibre .38 en mi coche, planeaba dejarlo allí y manejar hasta el lago. Ya no puedo seguir así.

Brad Jenkins me contó acerca del fracaso de su matrimonio, la distancia con su hijo adolescente y el estrés en aumento que le causaba su trabajo de alto nivel. Su vida se estaba desmoronando y no sabía hacia dónde ir.

—Vamos a conseguirle ayuda, Brad.

Él ingresó al hospital bajo el cuidado de uno de los psiquiatras. Mientras Amy se encargaba de eso, tomé las llaves del coche del señor Jenkins y, con un guardia de seguridad, fui al estacionamiento. Identificamos su coche y abrimos la puerta del conductor, busqué debajo del asiento y pude sentir el frío del metal del arma.

Dios nos habla una y otra vez, aunque no lo percibamos.

JOB 33:14

11

POSEÍDA

Había en la sinagoga un hombre que estaba poseído
por un espíritu maligno...

LUCAS 4:33

Eran las dos de la mañana, a mediados de abril. Para nuestra sorpresa, la sala de urgencias estaba completamente vacía. Habíamos despachado a nuestro último paciente, un universitario alcoholizado que había conocido la acera muy de cerca. Tenía una herida en la ceja, el labio muy hinchado y tres dientes partidos. Mañana sería un día duro para él.

Yo estaba sentado en la enfermería, con los pies en el escritorio, cuando sonó el teléfono.

—Doctor Lesslie, es para usted —dijo Lynne, la secretaria del turno nocturno, y me entregó el aparato—. Es uno de los médicos de urgencias de York.

York es un pueblo pequeño a quince kilómetros de aquí y tienen una sala de urgencias pequeña pero bastante activa. Una llamada desde ahí, especialmente a mitad de la noche, nunca podría ser algo bueno, y esta no sería la excepción.

—Habla el doctor Lesslie —dije.

—Doctor Lesslie, habla el doctor Frost, de York. Estoy de turno aquí esta noche y necesito un poco de ayuda —su voz se oía joven y algo desconcertada.

—De acuerdo, ¿qué sucede? —respondí bajando los pies y sentándome derecho.

—Tenemos aquí a una mujer de 35 o 36 años que necesita atención. Necesita…, necesita más de lo que le podemos brindar aquí —explicó.

—¿Qué tipo de atención? —le pregunté con curiosidad y sin inquietarme—. ¿Qué le sucede?

Hubo un silencio momentáneo.

—Por un lado, está loca. De eso estoy seguro. Pero ese no es su problema principal —dijo ahora con seguridad. Pero aún había un trasfondo de preocupación en su voz. Ahora tenía la sensación de que estaba ocultando algo. Cuando dijo "loca" mi mente comenzó un proceso que concluyó rápido, con una disposición aceptable y conocida. El sistema de salud mental de su condado era muy bueno y ellos podían brindarle a las personas la ayuda psicológica que necesitaban en el momento en que la necesitaban. Pero él ya debía de saberlo: la sala de urgencias de York había tenido su cuota de emergencias psiquiátricas.

—También… También tiene un problema médico que necesita atención —continuó.

Esperó mi respuesta.

—¿Y cuál es el problema? —pregunté, impacientándome.

—Se tragó la lengua —dijo—. No, espere. Primero se la arrancó y luego se la tragó.

Me senté, esperando que me dijera más, pero no dijo nada.

—Que ella, ¿qué? —pregunté con necesidad de aclararlo. "Tragarse la lengua" evoca la imagen de una convulsión y la pérdida del control de la musculatura, con un alto riesgo de que la lengua muerta caiga en las vías respiratorias y provoque un gran problema. Pero, por supuesto, nadie "se traga" la lengua, y tampoco nadie se la "arranca". Sería muy doloroso y muy sangriento. Este doctor Frost también debía de estar loco.

»¿Qué tan mala es la herida y cómo están sus vías respiratorias? —Le di el beneficio de la duda.

—Oh, sus vías respiratorias están bien —me dijo el doctor Frost, que parecía sentirse más cómodo con este diálogo clínico—. Y su lengua está destrozada, lo poco que le queda. Pero no sangra mucho. No me... No me deja observarla bien, pero respira con normalidad.

Me detuve un momento a pensar.

—Bueno, por lo que me dice creo que necesita un otorrinolaringólogo, o tal vez un cirujano maxilofacial. ¿Ha llamado a alguien?

La comunidad médica de York era un tanto limitada, la mayoría de los médicos eran principalmente generales. No había especialistas, y a los pacientes que necesitaban ser atendidos por uno de ellos se les derivaba a Rock Hill.

—Intenté con algunos médicos antes de llamarlo a usted, con el doctor Woods y el doctor Smith, pero no mostraron interés —me dijo—. No aceptaron que la transfiera allí, no tuve suerte. Ambos dijeron que primero debía verla un psiquiatra, antes de tomar cualquier tipo de decisión.

Este caso, debía manejarlo él, pero presentía que intentaba hacerme cargo de su problema y yo no iba a dejar que eso pasara. Esta era mi oportunidad. Le recomendaría que siguiera esa última opción, referirlo a Psiquiatría y dejar que ellos resolvieran su problema.

Antes de que yo pudiera hablar, continuó.

—Llamé a Psiquiatría, pero dijeron que el problema médico debía estabilizarse antes de que ellos se involucraran. ¿Se da cuenta de que estoy en un dilema? —Él intentaba entregarme a mí su problema, pero yo no quería tomarlo.

—Bueno, parece una situación difícil. ¿Ha intentado llamar a Columbia o Charlotte? Tal vez alguien allí pueda ayudarlo. ¿Qué hay de sus médicos allí? Tal vez la paciente tiene un médico de cabecera al que puedan llamar.

—No, ya lo intenté —dijo, y luego agregó—. Esperaba que…

Enseguida lo interrumpí.

—Le recomiendo que vuelva a intentarlo. Tal vez puede tratar de estabilizarla hasta que amanezca y entonces ver cuál es su situación. Normalmente, es más fácil tomar estas decisiones difíciles a la luz del día —le recomendé. Y para anticiparme a su argumento, continué—. Pero no creo que aquí podamos ayudarla. Supongo que han hecho todo lo que nosotros hubiésemos hecho. Yo volvería a intentarlo y, bueno…, les deseo suerte.

No tenía remordimiento por mi respuesta a su problema. Él era un médico de urgencias y debía hacerse cargo de la situación. Además, había una ley implícita entre la hermandad de los médicos de urgencias: "No volcarás tu responsabilidad en otros", y esta era claramente su responsabilidad.

Hubo un silencio de su lado del teléfono y luego se resignó.

—De acuerdo, seguiré intentando y veré qué se me ocurre. Gracias. —Cuando me colgó, estaba claramente decepcionado.

Lynne me miró y preguntó:

—¿Qué sucedió?

—El pobre muchacho de la sala de urgencias de York tiene un gran problema en sus manos. Tiene un caso de psiquiatría y no sabe cómo manejarlo. Creo que buscaba que lo sacáramos del apuro, pero es algo que deberá resolver él mismo. Eso espero.

—Mmm —respondió Lynne mientras volvía a resolver su crucigrama.

Fui a la oficina por una taza de café para seguir trabajando en la agenda del próximo mes. Prometía ser una noche tranquila, una que había que aprovechar, ya que nos daba la oportunidad de ponernos al día con el papeleo.

Treinta minutos después, salí al corredor a controlar la sala de enfermería. Cuando entré, Kathy Neal, una enfermera recién graduada, estaba reabasteciendo la sala de Traumatología menor.

—Sigue tranquilo —dijo aliviada y esperanzada. Hacía solo tres semanas que trabajaba allí y aún estaba aprendiendo. Tal vez era un poco sensible, pero todos creíamos que sería una gran enfermera de urgencias. Solo necesitaba un poco de experiencia, pero la sala de urgencias de Rock Hill se la daría pronto.

—Así es —respondí—. Ha sido una buena noche. —Miré mi reloj: 2:40 a. m.

En la enfermería, Lynne había dejado el crucigrama y estaba organizando su área de trabajo para asegurarse de que en el próximo turno estuvieran los distintos formularios y reportes necesarios para llevar a cabo el trabajo de la secretaria.

De repente, se abrieron las puertas de la zona de ambulancias, que se activan con el peso en la alfombra del exterior. Instintivamente miré hacia allí.

—¿Esperábamos algo? —le pregunté a Lynne.

—No que yo sepa —respondió mirando hacia la entrada—. No recibí ningún llamado.

Una camilla atravesó la puerta guiada por dos paramédicos, uno de cada extremo. De inmediato, reconocí a los dos hombres y sus uniformes. Eran del Escuadrón de Rescate de York.

Una joven estaba montada en la camilla, con una pierna hacia cada lado. Se veía enojada y su labio inferior sobresalía mientras miraba fijo al frente. Parecía ajena a su entorno. Sus manos estaban cruzadas en su regazo y en la cabeza, casi tapando sus ojos, tenía un trapo azul sucio y andrajoso que parecía ser una especie de toalla pequeña.

—¿Qué tienen? —le pregunté a Danny, uno de los paramédicos. Ya sabía la respuesta a esta pregunta obvia. "El doctor Frost".

Lori oyó las puertas de la ambulancia y regresó al área para derivarla, llevó al otro paramédico con la paciente a la habitación 5.

Danny se detuvo en la enfermería, dejando la camilla a su compañero. Tenía un expediente bajo el brazo y lo puso sobre el mostrador. Abrió el broche de metal y comenzó a tomar nota.

—Bien, doctor —comenzó—. Recibimos un llamado de la sala de urgencias de York para traer a esta mujer. El doctor Frost dijo que habló con usted y estarían esperándola.

Mi cara se enrojeció, pero no dije nada de inmediato. Pensé: "no mates al mensajero" y todo eso. Danny no era el responsable, él solo hacía su trabajo. Mi primera intención fue llamar a este jovencito, el doctor Frost, y aniquilarlo. Pero ¿qué ganaría con eso? Nada, al menos ahora ya no. No podía enviar a esta mujer de vuelta a York.

Ahora era mi paciente, pero sí tendría una charla con el doctor Frost en un futuro no muy lejano.

Danny me contó la historia, repitió casi toda la información que ya me habían dado, pero agregó algo que le dijeron los ayudantes del alguacil de York que estaban en la sala de urgencias con esta mujer.

—Parece que tiene un historial mental complicado. Ella y sus dos hermanas han causado disturbios en el pueblo en los últimos días. Se le acercaban a la gente en la calle y la amenazaban con cosas de vudú y todo eso. Entraban a los negocios y comenzaban a entonar cánticos. La paciente que está aquí, Ethel, era la peor. Al final, los oficiales las encerraron. Esto sucedió ayer, creo, y ahí es cuando ocurrió esto tan raro.

Él hizo una pausa y miró hacia la habitación 5. Lori y el otro paramédico ya habían pasado a Ethel de la camilla a la cama. Ella parecía estar bastante tranquila ahora, estaba sentada, con los brazos aún cruzados y la toalla azul en su lugar. Kathe Neal entró a la habitación y la miraba desde una distancia segura.

Antes de que Danny siguiera hablando, le dije a Lynn:

—Ve y llama a Seguridad. Necesitamos que alguien se quede con ella hasta que sepamos qué hacer.

Volteé hacia Danny y él continuó su relato:

—Uno de mis amigos en la prisión me dijo que cuando puso a las tres hermanas en la misma celda, se acurrucaron en un rincón y comenzaron a mecerse hacia adelante y hacia atrás murmurando cosas. Luego la cosa se tranquilizó y él volvió para echar un vistazo y asegurarse que todo estuviera en orden. Hombre, ahí debió ser cuando empezó todo esto. Ethel tenía los dedos en la boca, como intentando sacar algo. Y de verdad estaba haciendo eso, estaba arrancándose la lengua a pedazos con sus dedos. Finalmente se la arrancó, cada pedacito.

Él se detuvo, meneando la cabeza.

—Que hizo ¿qué? —le pregunté. Esto ya era algo inverosímil. Había visto muchas lenguas heridas en mis años de urgencias. Niños que se habían caído sobre el mentón y se habían cortado la punta o los lados de la lengua. Incluso tuve un muchacho de dieciocho años que llegó diciendo que su novia se había enojado mucho con él, pero luego de perdonarlo lo besó y, durante el beso, lo mordió y se tragó la punta de su lengua. Pero solo había sido la punta, del tamaño de una moneda pequeña, con un par de puntos se solucionó. Sin embargo, ¿arrancarse la propia lengua con los dedos? Era algo imposible.

—Sí —continuó Danny—. Cada pedacito, no quedó nada. Y lo curioso es que ni siquiera sangró demasiado. Pensé que algo así sangraría como cerdo en el matadero, pero no. Supongo que se coaguló o algo así.

—¿Por qué demonios haría algo así? —le pregunté, observando de lejos a Ethel. Ella había comenzado a balancearse lentamente de adelante hacia atrás.

—Su hermana le dijo a los agentes que estaba cansada de que los espíritus diabólicos hablaran a través de ella y los iba a detener. Por eso es que tiene esa toalla sucia en la cabeza, para no permitir que entren los espíritus. Intenta quitársela y te arrancará la mano más rápido que la luz.

—Mmm —reflexioné. Esto se volvía interesante, aunque dudaba de la seriedad de la herida. Nadie podía ser capaz de arrancarse su propia lengua por completo. Sin embargo, el hecho era que debía resolver esto y descubrir qué hacer con Ethel.

—Bueno, gracias Danny. Si vuelves a ir a la sala de urgencias de York esta noche, dale mis agradecimientos al doctor Frost.

—Lo haré, doctor —me respondió. Su rostro mostró desconcierto con este último comentario.

Un guardia de seguridad estaba en el corredor cuando me acerqué a la habitación 5. En este caso, el término era un poco contradictorio. Este hombre de más de setenta años podía ser un guardia, pero no parecía muy seguro ni inspiraba seguridad. Nuestro hospital era como cualquier otro. Para abaratar costos, contrataban a la compañía de seguridad más económica, por eso teníamos personas jubiladas, desarmadas o sin entrenamiento, pero con elegantes uniformes. Ed era uno de los guardias habituales del turno noctur-no, era muy tranquilo y agradable. Pero cuando enfrentábamos un problema real en el área, tenía la costumbre de desaparecer. Por suerte, vigilar a Ethel no sería un trabajo muy difícil para él.

—Ed, toma una silla y vigílala —le dije mientras lo llevaba a la habitación 5 y le señalaba la esquina.

Cuando me acerqué a la cama, Lori le estaba tomando la presión sanguínea.

—Señorita... —me detuve mirando la ficha que estaba a su lado— Jones, soy el doctor Lesslie. Estamos aquí para ayudarla y ver qué podemos hacer por usted.

Ella no respondió. Seguía meciéndose y mirando fijo hacia el frente. Miré a Lori, ella me miró y sacudió la cabeza.

Necesitaba intentarlo.

—Ethel, permíteme darle un vistazo a tu boca.

Para mi sorpresa, dejó de mecerse, giró la cabeza hacia mí y abrió la boca, la abrió de verdad. Para no perder esa oportunidad, tomé la linterna que estaba en la pared y la observé.

¡Me quedé impactado! No suelo sorprenderme fácil, pero de verdad esto me tomó por sorpresa.

—¡Santo...! —comencé, pero me contuve a mí mismo. Tenía que comportarme como un médico y necesitaba, al menos, simu-lar que estaba tranquilo y tenía todo bajo control.

Pero "¡Santo cielo!", dije para mis adentros, "¡la lengua no esta-ba!". Se la había arrancado por completo. Me incliné para mirarla más de cerca. Se había arrancado hasta la raíz, no quedaba nada, solo una protuberancia en la parte posterior de la boca. Para mi asombro, no sangraba, solo había unos coágulos cubriendo los restos.

Lori estaba mirando por encima de mi hombro y sentí un jadeo leve. Nos miramos, pero ninguno se atrevió a decir nada.

Me puse de pie y volví a colocar la linterna en su lugar. Ethel cerró la boca y volvió a su postura, otra vez miró fijo al frente, pero ahora se mecía en otra dirección, de lado a lado.

Salí de la habitación con Lori. Ed estaba sentado en el rincón, con las piernas cruzadas y los brazos levemente entrelazados en su pecho. Era una imagen algo cómica. Su gorra roja de béisbol estaba torcida, la visera apuntaba a su hombro izquierdo y su corbata angosta color azul estaba volteada y ubicada en el lado derecho de su pecho. No obstante, se había tomado muy en serio su tarea, que era no quitarle los ojos de encima cuando comenzó su vigilancia.

—¡Guau! —exclamó Lori—. Nunca había visto algo así.

—Creo que yo tampoco —coincidí. Me acariciaba la barba y comencé a preguntarme qué iba a hacer con esta mujer.

Durante la siguiente hora, la posibilidad de encontrar una solución razonable a este problema cada vez era menor.

Llamé a algunos médicos locales, para ver si algún otorrino podía verla. El doctor al que llamé ya había hablado con el doctor Frost y me dijo lo mismo que le había dicho a él.

—Robert, creo que esta mujer necesita ver a un psiquiatra. Deberías empezar por ahí.

Pero pueden imaginarse lo que sugirió el psiquiatra.

—Robert, este es principalmente un problema médico. Organícense primero con eso y luego podremos observarla. Buena suerte.

Sí. Buena suerte.

Le comuniqué todo esto a Lori y le pedí que pensara en qué deberíamos hacer. Por un momento, me sentí atorado. Pero por lo menos Ethel estaba tranquila y estable. Su boca no sangraba en absoluto.

Ed le había dado a Ethel una libreta y un bolígrafo.

—Como no puede hablar, si necesita algo puede escribirlo en ese papel —dijo señalando la libreta que estaba al pie de la camilla, pero la cual la señorita Jones no parecía haber visto.

En ese momento, Ethel comenzó. Yo estaba parado en la sala de enfermería y miraba ausente hacia donde estaba ella. Levantó el brazo derecho lentamente y giró el torso hacia Ed. Su dedo índice se extendía y se curvaba haciendo círculos en el aire. De pronto señaló directo a Ed y su cabeza comenzó a temblar violentamente. Sus ojos estaban bien abiertos y parecía balbucear algo, pero no tenía ningún tipo de coherencia. Pensé que nuestro guardia de seguridad se iba a caer al suelo, su cara estaba paralizada por el miedo. Había colocado su silla contra la pared tan lejos como pudo, pero no era suficiente. Se paró de a poco y comenzó a salir de la habitación, sin apartar los ojos de Ethel, quien también lo miraba fijo. Lo siguió con el dedo hasta que dejó la habitación, su cabeza temblaba y sus labios silenciosos trabajaban frenéticamente.

—Me está haciendo algo vudú, doctor. No está bien, no tengo por qué soportar esto. No, señor —me dijo Ed cuando salió al corredor. Se ajustó los pantalones y dijo—: Me voy a quedar aquí si usted está de acuerdo. —Rápidamente, dio vuelta a la esquina, lejos de la mirada de Ethel y se apoyó contra la pared.

Lori entró a la habitación 5 para intentar calmar a nuestra paciente. Le dio una palmada en el hombro y, en un instante, todo estuvo nuevamente bajo control. Ed se quedó en el corredor, lejos de la vista de Ethel.

Al rato, Ethel tomó la libreta y comenzó a escribir. Estuve a punto de pedirle a Ed que mirara lo que había escrito, pero luego lo pensé mejor. Me acerqué y leí, en la libreta decía: "baño".

Llamé a Lori, porque esto era algo en lo que yo no podía ayudarla.

Unos momentos después, Lori la llevó por el corredor y la escena era admirable. Lori la tomaba del codo, o yo supuse que era el codo. Ethel se movía debajo de un montón de sábanas que la cubrían con poco decoro. Estaba descalza y arrastraba los pies, mientras miraba de un lado a otro, y sobre su cabeza estaba la toalla azul.

Cuando se aproximaron a Ed, él se pegó a la pared y hundió la barbilla en su pecho. Me reí de eso, pero enseguida me sorprendió un grito y el ruido de las bandejas de metal golpeando el suelo. Los cuencos y los recipientes de acero inoxidable que estaban en la sala de Otorrinolaringología cayeron en cascada.

Parece que Kathy, nuestra enfermera novata, estaba trabajando en esa sala, reabasteciéndola y arreglándola. Estaba cargando un montón de bandejas y cuando llegó a la puerta, levantó la mirada y vio a Ethel parada frente a ella. Fue tal el susto que todo lo que traía se le cayó y se desparramó por el suelo. Más tarde, confesó que había mojado sus pantalones…

A las 5:45 a. m., Lori tuvo una idea que nos salvaría.

—¿Por qué no se fija qué otorrino está de turno en algún hospital de Columbia y si la pueden ingresar allí? Tal vez el doctor de York en realidad no llamó a nadie de ahí.

—Mmm, buena idea —respondí.

Me alegraba con cualquier ayuda que me dieran. El doctor Frost dijo que había llamado a algunos médicos de Columbia, pero a juzgar por sus acciones irresponsables tal vez no lo había hecho. Yo deseaba que no lo hubiese hecho.

—Lynne, llama al Hospital General de Columbia, pide hablar con la secretaria de urgencias y averigua quién está esta noche en el área de Otorrinolaringología. Intenta que te comuniquen con él.

Quince minutos más tarde, sonó el teléfono y Lynne respondió.

—Doctor Lesslie, es para usted. Un tal doctor Bissel, de Columbia.

Nunca había oído hablar de él, pero eso no importaba.

Tomé el teléfono. El doctor Bissel llamaba en nombre de su grupo de otorrinos y le expliqué la situación de Ethel. Le dije que ella efectivamente tenía problemas psiquiátricos, pero la preocupación más importante ahora era la herida de la lengua. Creo que no estaba muy despierto, porque accedió a tratarla. Me dijo que la enviara a la sala de urgencias del Hospital General de Columbia y que él se encargaría de todo allí.

—Muchas gracias, doctor Bissel —le dije—. Ya la enviamos para allá.

Colgué el teléfono y miré a Lynn y a Lori.

—Pase lo que pase, no contesten el teléfono. Si el doctor Bissel se despierta y cambia de opinión, no quiero saberlo. Que salga lo antes posible.

—Ya llamé al servicio de urgencias —dijo Lori.

Veinte minutos más tarde, uno de nuestros equipos de paramédicos ya estaba colocando a Ethel en la camilla y sacándola del edificio. Vinieron a la sala de enfermería, donde yo estaba con Lori y se detuvieron mientras ella terminaba de completar los papeles necesarios para el traslado.

Miré la imagen triste de quien estaba en la camilla. ¿Qué le había sucedido a Ethel para estar así? ¿Era solo una mala conexión neuronal o era cierto lo de los espíritus demoníacos en ella y sus hermanas? Cualquiera que fuese la causa, el efecto era una vida destruida. Había oscuridad en ella y sentía que era más poderosa que cualquier medicación que pudiéramos darle.

Lori juntó todos los documentos y los puso en un sobre grande que le entregó al paramédico que estaba allí junto a la camilla y dijo:

—Buenas noches, señorita Jones. Espero que todo salga bien.

Ethel no respondió. Solo miraba fijo hacia adelante envuelta en una sábana del hospital, la toalla azul seguía en su cabeza. Luego, me miró y extendió su mano. Abrió sus dedos y allí había un trozo de papel arrugado y húmedo de sudor. Lo miré, primero no me moví, pero ella asintió con la cabeza y arrimó la mano hacia mí. No había nada que hacer, así que tomé el trozo de papel.

Mientras la camilla se acercaba a la entrada de ambulancias, Ethel giró el torso y me miró con ojos grandes y sin parpadear.

Abrí el papel y leí: "Se pondrá verde y se caerá".

Evidentemente, no estaba hablando de mi nariz.

Cuando alcé la mirada, vi que las puertas se cerraban detrás de Ethel y su séquito, y se fueron.

Todos en el área volvieron a sus tareas habituales. No le dije nada a nadie, solo arrojé el papel en el cesto más cercano.

¿Vudú? ¿Magia negra? ¿Posesión demoníaca? ¿Enfermedad mental? ¿Sinsentido?

Deberás decidirlo tú mismo con base en lo que te conté.

Pero yo sé qué es lo que pienso.

12

SI NO HUBIESE MAÑANA

¡Y eso que ni siquiera saben qué sucederá mañana! ¿Qué es su vida?
Ustedes son como la niebla, que aparece por un momento
y luego se desvanece.

SANTIAGO 4:14

En su canción "Si no hubiese mañana", Garth Brooks continúa esa frase diciendo: "¿sabrías cuánto te amo?". Esa es una pregunta interesante. Si no hubiese mañana, ¿hemos dicho y hecho todo lo que necesitábamos?

Seguramente no. Casi todos nos enfocamos en el mañana y no tanto en el hoy, y dejamos cosas por hacer o por decir. En la sala de urgencias, la realidad toca a la puerta todos los días.

◆◆◆◆◆

El semáforo se puso en verde y Jill Evans salió a la intersección, girando a la izquierda. Manejaba con prudencia, pero estaba un poco distraída. Seguía molesta por la discusión que había tenido con su esposo la noche anterior, intentaba recordar cómo había iniciado. Dan volvió tarde del trabajo y recogió el correo. Allí estaban la cuenta telefónica, la de electricidad y el estado de cuenta de la tarjeta de crédito. Ese fue el problema, explotó cuando abrió el sobre.

Una camioneta cruzó con la luz roja y no la vio, el conductor estaba mirando hacia abajo buscando un cigarro que se le había caído. Él nunca pisó los frenos y su camioneta chocó a toda velocidad contra el pequeño sedán de Jill por el lado del conductor y volteó el auto. Cuando llegó la policía, el conductor de la camioneta estaba parado junto al toldo abollado de su vehículo, frotando su hombro izquierdo golpeado y raspado. Jill ya estaba en camino a la sala de urgencias.

Los paramédicos ingresaron por la entrada de las ambulancias y Jeff ya estaba esperándolos.

—Tráiganla aquí —les dijo desde la entrada de Traumatología mayor. Ya le habíamos avisado a nuestro equipo de esa área y estaban en camino. Yo seguí la camilla de Jill hacia la habitación.

Hubo una oleada de actividad mientras la pasábamos a la cama. Tenía colocada una intravenosa y la otra estaba en proceso, le extraían sangre y dos radiólogos le tomaban imágenes del cuello y del tórax a la vez.

Denton Roberts y su compañero paramédico nos habían contado acerca de lo sucedido y de la condición inicial de Jill. Ella no respondía, tenía una herida evidente en la cabeza y la pared torácica izquierda aplastada. Habían logrado asegurar sus vías respiratorias con un tubo endotraqueal y mantener la presión sanguínea al administrarle rápidamente fluidos intravenosos. Su condición había empeorado al llegar a la sala de urgencias. Su presión arterial estaba fallando y mostraba signos de una lesión cerebral muy aguda.

—¿Tiene familia? —pregunté. Miré hacia abajo y vi que los dedos de su mano izquierda estaban aplastados, obviamente quebrados, y que tenía un anillo de bodas.

—Su esposo está en camino —respondió Denton—. Estaba trabajando, debe llegar en cualquier momento.

Continuamos trabajando con Jill, insertamos una sonda pleural para inflar nuevamente su pulmón izquierdo y estabilizar su tórax, y llamamos a Radiología para concertar de manera urgente una tomografía computarizada de su cabeza. El neurocirujano y el cirujano general que habíamos llamado ya estaban en camino.

Virginia Granger empujó la puerta de Traumatología y se acercó a la camilla.

—Llegó el esposo —me dijo—. Está en la sala para familiares y solo sabe que su esposa tuvo un accidente. No sabe qué tan grave está.

Sam Wright, nuestro cirujano general, entró detrás de Virginia y, mientras comenzaba a examinarla, lo puse al tanto de lo que había sucedido hasta ese momento.

Me volteé hacia Virginia.

—De acuerdo, iré a hablar con el esposo. ¿Sabemos el nombre? —le pregunté.

—Dan Evans —respondió—. Está solo.

Otra caminata más por el corredor hacia la sala de familiares. Jill no estaba muerta, pero su pronóstico era muy grave. Sam Wright estaba de acuerdo conmigo.

—No creo que despierte, ¿no? —observó. Su traumatismo craneoencefálico era grande, en eso estábamos de acuerdo.

Dan Evans estaba sentado en el sofá de la sala de familiares, con la cabeza agachada y las manos juntas. Con una expresión ansiosa, levantó la mirada cuando entré. Tenía casi treinta años, vestía un traje oscuro y corbata roja.

—¿Vino a hablarme de Jill? —preguntó.

Me acerqué a la silla que estaba a su lado y me senté.

—Sí, soy el doctor Lesslie. ¿Usted es el esposo de Jill?

—Sí, sí. Soy Dan Evans —respondió—. ¿Cómo está ella? ¿Cuándo podré verla?

Tenía su información en mis manos y pensaba en cómo comenzar, cuando me dijo:

—Anoche…, anoche tuvimos una gran discusión. Fue por algo estúpido. Creo que por un estado de cuenta de la tarjeta de crédito.

Puso las manos sobre sus rodillas y miró hacia el piso sacudiendo la cabeza.

—Fue muy estúpido, algo tan insignificante. Pero yo exageré y comenzamos a gritarnos. Esta mañana ni siquiera nos hablamos, ni la vi antes de ir a trabajar, y ahora esto.

Él hizo una pausa y le dije:

—Señor Evans... —pero él volvió a interrumpirme, como si yo no estuviera allí.

—Ni siquiera me despedí, no le dije que lo sentía, nada. Solo me levanté, me vestí y me fui —me miró y dejó de sacudir la cabeza—. ¿Sabe?, Jill y yo tenemos una regla. Cuando acabábamos de casarnos, hicimos la promesa de que nunca dejaríamos que el enojo durara hasta la puesta de sol, creo que es algo de la Biblia o algo así. La mayoría de las veces pudimos hacerlo, uno de los dos recordaba la regla y se la mencionaba al otro, nos tomábamos un momento y solucionábamos las cosas. Una vez... —por un momento pareció perder el hilo, mirando hacia el informe que yo tenía en la mano. Luego volvió a levantar la mirada y me preguntó—: ¿No cree que es una buena regla? De todos modos, anoche no la recordé y ella tampoco. Solo nos gritamos y fui a darme un baño. Cuando salí, ella estaba encerrada en el cuarto de huéspedes. Me fui a la cama y eso fue todo.

Cuando él se detuvo esta vez, supe que había terminado, pero igual esperé un momento, solo para estar seguro. Se sentó delante de mí, en silencio, buscando mi rostro con sus ojos.

—Dan, déjame hablarte de Jill...

El doctor Simmons estaba en medio de la exploración cuando miró a su enfermera y en silencio, con una leve inclinación de cabeza, le pidió que se pusiera detrás de él. Él se movió para que ella pudiera ver a través del espéculo pélvico. Sus ojos se agrandaron al ver el cuello uterino de la joven envuelto por una masa ulcerosa del tamaño de una pelota de golf. La enfermera miró al doctor Simmons incrédula y sorprendida.

—Dígame otra vez, Christy —dijo a la joven de veintiocho años que estaba recostada en la camilla—, ¿cuándo comenzó este problema?

Christy McKenna volvió a contar su historia. Había notado un sangrado hacía algunas semanas, fuera de su periodo. Al principio no era mucho, pero en los últimos días parecía haber empeorado. No sentía ningún dolor y no tenía otros síntomas.

—¿Y cuándo se hizo el último Papanicolaou? —preguntó.

Ella se quedó en silencio y la enfermera del doctor Simmons la miró. Christy se puso colorada y esquivó su mirada.

Christy había crecido en Rock Hill y había dejado la ciudad para ir a la universidad. Le habían ofrecido un trabajo cuando terminó la universidad y se quedó en ese lugar. No había acudido a ningún médico allí. Ahora había regresado a casa para pasar unos días con sus amigos y para visitar al doctor Simmons, quien había sido su ginecólogo desde que tenía diecisiete años.

—He estado muy ocupada últimamente, doctor Simmons —le dijo—. ¿Sabe?, me quedé en Columbia cuando terminé la universidad y con mi nuevo trabajo… no he tenido tiempo. Sé que no es una buena excusa, pero estuve haciendo muchas cosas.

—Está bien —murmuró—. Entonces, ¿cuándo crees que fue la última vez? —insistió.

—Creo que fue… el verano después de mi segundo año. Creo que esa fue la última vez que vine —respondió.

—Mmm, eso fue hace seis o siete años —calculó.

—No me di cuenta de que había pasado tanto tiempo, pero sí, supongo que tiene razón —respondió avergonzada.

—Bueno, Christy, aquí hay un problema —comenzó diciendo—. Tienes un crecimiento en el cuello uterino y se ve muy mal. Probablemente sea cáncer.

Hizo una pausa para que la bomba hiciera efecto. Christy se quedó en silencio.

—No lo sabremos con seguridad hasta que enviemos las muestras al laboratorio y uno de los analistas las observe. Eso puede tardar unos días, así que debes venir otra vez a finales de esta semana. ¿Tal vez el viernes? —preguntó.

Christy seguía en silencio, impactada por esta noticia devastadora. "Debo llamar a mamá", pensó.

—Christy, ¿el viernes está bien? —volvió a decir, esperando una respuesta.

—¿El viernes? —repitió, tratando de enfocarse en lo que el doctor Simmons le acababa de decir—. Sí, el viernes estaría bien, vendré con mi madre, si se puede.

Eso había sido hacía seis meses.

—Christy, señora McKenna, creo que todo está en orden —dijo la enfermera de cuidados paliativos—. Aquí están los analgésicos y, si necesitan algo, solo llámenme.

Polly McKenna, la madre de Christy, acompañó a la joven enfermera hacia la puerta. Ya estaba oscuro afuera. Solo eran las seis en punto, pero a mitad de enero los días eran muy cortos.

—Gracias Jenny —le dijo a la enfermera—. Gracias por todo, eres muy buena con ella.

—Hoy ha tenido un mal día, ¿verdad? —dijo Jenny.

—Así es —suspiró Polly—. Y parece que van a empeorar, ¿no?

Jenny desapareció en la noche y Polly regresó a la habitación de su hija.

—Mami, necesitas descansar —dijo Christy casi suspirando.

—No te preocupes por mí —dijo Polly y acomodó la medicación para que estuviese en orden y accesible.

—No has dormido mucho —agregó Christy—, y no quiero que te desgastes.

Polly miró a su hija, estaba orgullosa de la forma en que había encarado las últimas semanas. Su cuerpo la había traicionado, pero su espíritu parecía más fuerte cada día. Sin embargo, dentro de Polly crecía un miedo amargo e inexplicable.

Tenía que apartar la mirada de su hija y mantenerse ocupada.

—¿Has sabido algo de Jane? —preguntó Polly.

Christy desvió la cabeza y esa fue una respuesta suficiente.

Jane era la hermana mayor de Christy, que vivía en California con su esposo, Jeremy, y su hijo de seis meses, Azure. Hacía más de cinco años que no se veían y, durante ese tiempo, solo habían hablado una vez, y había sido por accidente. Jane había llamado a la casa de su madre en vísperas de Navidad y Christy respondió el teléfono.

—Pásame con mamá —dijo Jane.

Las chicas crecieron siendo muy unidas. Compartían ropa, amistades y, a veces, novios. Luego Jane se fue a Los Ángeles, a la universidad, y se enamoró de un compañero, Jeremy. Él se definía como un "espíritu libre", pero cuando vino a Rock Hill para conocer oficialmente a los padres y declarar sus intenciones, la tensión fue inmediata. Polly y Mat McKenna habían hecho todo lo que pudieron para que se sintiera bienvenido y parte de la familia, pero había roces constantemente.

Todo explotó cuando, una noche, Mat se sentó con Jeremy y le expresó sus pensamientos acerca del matrimonio.

—Jeremy, supongo que sabes que esto es muy importante para nosotros —le había dicho—. No sé sobre tus convicciones religiosas, pero creo que sabes en lo que cree Jane. Ella creció en la Iglesia bautista y supongo que querrá casarse aquí, en Rock Hill.

Jeremy se había sentado tranquilo durante esta conversación, observando el dorso de sus manos.

—Nuestro ministro recomienda que tomen algunas charlas prematrimoniales —le dijo Mat—, pueden reunirse con él este sábado si les queda bien. Es un hombre de bajo perfil y creo que les agradará.

Jeremy levantó la vista y dijo:

—Señor McKenna, no se ofenda, pero no estoy interesado. Creo que me considero agnóstico, o tal vez universalista. Jane y yo hemos acordado no estar de acuerdo con esto. De todos modos, ya hemos decidido casarnos en California, en la casa de un amigo, con vista al mar. Será una ceremonia civil, así que no creo que necesitemos conocer a su pastor.

Eso comenzó a agrandar la grieta. Mat y Polly habían hablado con su hija y pronto se dieron cuenta de que no tenían un objetivo común ni había posibilidades de llegar a un arreglo. Se decepcionaron y se preocuparon, pero no querían provocar un distanciamiento con su hija, quien se iría a vivir al otro lado del continente.

Christy no había sido tan complaciente. Ella y Jane discutieron muy fuerte una noche, se dijeron cosas hirientes y se acusaron de forma cruel. Al final, Jane sintió que debía elegir entre Jeremy y su familia. Eligió a Jeremy y culpó a Christy de ser hiriente como una "punta de lanza".

La pareja se casó en un acantilado, con vista al océano Pacífico, sin la familia de Jane.

—¿No ha llamado? —insistió Polly.

—No, no llamó —contestó por lo bajo Christy.

—Bueno, quizá debería… —comenzó a decir, pero Christy la interrumpió.

—No, déjalo así mamá. Llamará cuando esté lista.

Polly no estaba muy segura de eso. Jane estaba en una especie de negación desde que le habían diagnosticado un cáncer inoperable en el cuello uterino a Christy. Sus padres la habían llamado y habían intentado explicarle lo que sucedía.

—Jane, tu hermana está muy enferma —le habían dicho—. El doctor Simmons le hizo unos estudios de rutina y le encontró un tumor en el cuello uterino. Resultó ser cáncer y la tomografía muestra que se propagó por el abdomen y hasta el hígado. No se puede operar, así que le darán quimioterapia y otras cosas. El doctor dijo que si se hubiese hecho un Pap…

Jane había estado en silencio hasta ese momento y luego la interrumpió.

—Hace algunos años, un Papanicolaou me salió mal, tenía una inflamación o algo así. Solo tuve que tomar unos medicamentos y se me fue. Ahora está todo bien —y se quedó callada. Eso fue todo lo que dijo. No preguntó, no le mandó un mensaje a Christy, nada, y no había llamado a su hermana en todos esos meses.

Este era un dolor difícil de soportar para Polly y Mat. Habían llamado a Jane algunas veces más, pero su respuesta siempre era la misma. Parecía que no los escuchaba.

Polly besó a su hija en la frente, le dio las buenas noches y salió de la habitación en silencio, dejando la luz de noche encendida y la puerta entreabierta.

Esa noche se asustaron mucho. La gente de cuidados paliativos era maravillosa y les había explicado a Polly y a Mat el proceso de muerte con detalles y claridad. El equipo tenía una habilidad extraordinaria para explicar esas últimas semanas y días, y les habían dicho que el final se acercaba rápido.

Los McKenna pensaban que estarían preparados para eso, pero entraron en pánico a medianoche, cuando Christy comenzó a balbucear y no respondía, así que llamaron al 911. Luego Mat llamó a Jane y le avisó que Christy se estaba muriendo.

Yo estaba en Urgencias cuando ellos llegaron. Los paramédicos llevaron a Christy a Cardiología y Jeff y yo los seguimos.

Nunca había visto a Christy, pero evidentemente tenía una enfermedad terminal. Su aspecto desmejorado me hizo mirar a Denton, el jefe de los paramédicos, y comenzar a hacerle preguntas.

Me miró y asintió, indicándome que mirara hacia atrás. Mat y Polly estaban en la habitación parados al pie de la camilla, abrazados. Polly miraba a su hija y lloraba. Mat me miraba a mí con sus ojos rojos y un gesto desamparado.

Ellos me contaron la historia de Christy y entendí lo que sucedía. Ella estaba cerca de la muerte, su respiración era agónica y su pulso era lento y débil. No faltaba mucho. Cuando nos aseguramos de que Mat y Polly entendían lo que sucedía y estarían bien, Jeff y yo salimos de la habitación. El monitor de telemetría, en la sala de enfermería, me avisaría cuando todo terminara.

Jane tomó el primer vuelo que pudo conseguir desde Los Ángeles, pero hubo varias demoras. Llegó a Rock Hill a tiempo para el velatorio y el funeral.

Stewart Donaldson estaba por ingresar otra vez. Denton Roberts acababa de llamar a la radio del servicio de urgencias y nos había dado un reporte: dolor torácico, dificultad para respirar, hipotensión arterial. Ya había sucedido antes.

Stewart tenía 61 años y era un farmacéutico retirado. Él y su esposa, Maggie, vivían en una casa pequeña en las afueras de la ciudad donde habían criado a sus tres hijos y ella tenía uno de los jardines de rosas más bellos de todo el condado. Hacía cinco o seis años, Stewart había sufrido un severo infarto de miocardio. Apenas había conseguido llegar a la sala de urgencias. Yo estaba de guardia esa noche y no había sido fácil estabilizarlo para llevarlo al laboratorio de cateterismo. El cardiólogo le dijo que tenía microangiopatía y no podría realizarle la revascularización quirúrgica. Le pusieron algunos implantes intravasculares en las arterias coronarias que le funcionaron durante un año. Entonces tuvo otro infarto, no tan grave como el anterior, pero debilitó un poco más su corazón.

Stewart había intentado todo: medicamentos, dieta, ejercicio. Nada parecía funcionar. Continuó teniendo dolores torácicos y varios infartos pequeños más. Con cada uno de ellos, perdía un poco más de su corazón. La última vez que había estado en la sala de urgencias tuvo una insuficiencia cardíaca congestiva, su corazón enfermo no podía expulsar la sangre que regresaba a él. Los pulmones estaban llenos de líquido y casi se muere. Había sobrevivido a ese episodio, pero ahora estaba haciendo equilibrio sobre una viga frágil, con cualquier nuevo esfuerzo o desarrollo podría volver a fallar.

Stewart y Maggie habían pensado en un trasplante de corazón, pero luego decidieron no hacerlo, ya que tenía muy pocas posibilidades de sobrevivir a la cirugía y las consecuencias los asustaban demasiado, ni siquiera sabían si llegaría a estar en una lista de espera. Ellos habían decidido lidiar con esa condición cardíaca lo mejor que podían y aceptar lo que traía cada día. Últimamente, los días no habían sido muy buenos.

Eran poco más de las tres de la tarde cuando Denton trajo a Stewart, él me miró y me sonrió cuando pasó por la sala de enfermería. El color de su piel no se veía bien y tenía dificultad para respirar. Maggie los seguía unos metros detrás.

Lori los estaba esperando en Cardiología y ayudó a Denton a pasarlo a nuestra camilla.

—El último resultado que tengo es 60 sobre 40 —le dijo a ella. Ese era un número peligroso y limitaba algunas intervenciones que podríamos hacerle.

Lori conectó los electrodos a nuestro monitor cardíaco y esperó a que la pantalla cobrara vida. Un sonido irregular indicaba que el ritmo cardíaco no era normal y su pulso estaba acelerado, alrededor de 120. Nada de esto era bueno.

Me acerqué al lado de su camilla y dije:

—Stewart, pensé que ibas a mantenerte lejos de este lugar.

Me miró y sonrió.

—Bueno, doctor Lesslie, lo intenté, pero creo que quería venir de visita.

Tenía dificultad para hablar y se cansó solo con esa pequeña oración. Le di una palmada en el hombro y vi que su piel estaba fría y sudada.

—Está bien —le dije—. Siempre nos alegra verlos a ti y a Maggie.

—Ella había entrado a la habitación con él y estaba parada detrás de mí, para no molestarnos.

—¿Tienes algún dolor? —le pregunté.

Él sacudió la cabeza para conservar energía.

—¿Solo la dificultad para respirar? —continué.

Esta vez asintió y mientras lo hacía, la cánula nasal que le daba oxígeno se le salió de la nariz. Lori la levantó y se la volvió a colocar amablemente, ajustando las tiras que van detrás de las orejas.

Luego de examinarlo dije:

—Necesitaremos una radiografía de tórax y un electrocardiograma, además de revisar los análisis para ver dónde estamos parados. No tardaremos mucho.

Miré a su esposa y le dije:

—Maggie, puedes quedarte aquí con él si quieres. Intentaremos algo para ayudarlo a respirar, pero trata de no bloquear el paso.

—Por supuesto —dijo ella—. Me quedaré justo aquí. —Palmeó la encimera que tenía detrás y se acercó a ella—. Ah, doctor Lesslie —agregó—, le traje algo.

Tenía una rosa en su mano, estaba envuelta en papel aluminio. Era una flor hermosa color rojo intenso.

—Esperaba que estuviera de guardia hoy —dijo sonriendo—. Recordé que le gustan estas rosas y mi rosal está floreciendo. Tome, esta es para usted —dijo y me entregó la flor.

Casi no recordaba haber hablado con ella sobre sus rosas, pero debo haberle dicho mis preferencias. Me impresionó su memoria.

—Maggie, no debiste hacerlo —dije tomando la rosa—. Eres muy amable.

—Asegúrate de ponerla en agua —me indicó, secándose las manos.

Agarré la rosa y salí de la habitación en el mismo instante en que entraban los radiólogos con su máquina portátil.

Treinta minutos después, teníamos suficiente información para saber que Stewart había tenido otro infarto y la insuficiencia cardíaca estaba empeorando. Había respondido un poco al oxígeno y a los pocos medicamentos que pudimos darle para reducir el líquido en sus pulmones. A esta altura, ya no tenía muchas opciones.

Había llamado a su cardiólogo y él nos dijo que hiciéramos lo mismo que ya habíamos hecho.

—Bueno, Robert —me dijo—, no hay mucho más que podamos hacer por el señor Donaldson. Si quieres que lo internemos en el hospital, lo haré, pero parece que esta vez es la definitiva.

Fue directo, pero sus palabras eran verdad. Esta realidad me rondaba en la cabeza, pero no había sido capaz de aceptarla. Ahora debía hacerlo.

—Gracias. Te llamaré si hay algún cambio.

Mientras colgaba el teléfono, Lori me preguntó:

—¿Te dijo algo? ¿Alguna idea?

—No, nada —dije—. Solo lo que ya sabemos. Stewart no anda bien, y no sé si pasará de esta noche. Necesito ir a hablar con ellos.

Cuando entré a la habitación, una radióloga estaba ajustando el monitor de Stewart.

—Sandy —le dije—, necesito hablar con los Donaldson, ¿podrías dejarnos a solas?

Ella terminó de acomodar los cables y verificó el índice de los líquidos intravenosos.

—Seguro —dijo—. Estaré afuera.

Cerró la puerta cuando salió y me quedé a solas con la pareja.

Maggie estaba de pie, en la cabecera de la camilla, acariciando el cabello de Stewart suavemente. Él aún tenía dificultades para respirar, pero ya no tanto como antes. Ahora podía hablar, pero no por mucho rato.

—Bueno, doctor, ¿cómo lo ve? —preguntó.

Arrimé un taburete y me senté a su lado, con el informe sobre mis piernas.

—Como pensábamos, Stewart —le dije—. Probablemente lo que pensaban ustedes dos, también. Parece que ha tenido otro infarto y le ha causado una insuficiencia congestiva.

—Mmm —reflexionó—, ya hemos pasado por esto. —Hizo una pausa y recuperó el aliento—. Pero por algún motivo esta vez parece peor.

Maggie dejó de acariciar la cabeza de su esposo y dijo:

—Doctor Lesslie, ¿qué tan mal está? ¿Qué piensa usted?

Miré hacia su monitor y noté que su ritmo cardíaco se había alentado un poco, pero seguía entre 110 y 120 por minuto. Aún no estaba bien.

Volví a mirar a Maggie y después a Stewart y les dije:

—¿Saben?, no importa lo malo que sea. Los análisis de sangre demuestran que el músculo cardíaco se ha deteriorado más y sabemos que ya estaba muy lesionado. Cualquier otra pérdida de tejido cardíaco sería…, podría…

—¿Voy a morir? —preguntó directamente Stewart. Él parecía tranquilo mientras lo decía y Maggie no se inmutó. Sabía que debía ser honesto con ellos y decirles lo que creía y sentía.

Pero aun así, era difícil. Aclaré la voz antes de comenzar.

—Stewart, no creo que tu corazón resista mucho más. Ya hemos agotado todas las opciones para ayudarte y… creo que es cuestión de tiempo. Tal vez no mucho.

Él no dijo nada, solo levantó la mano izquierda en el aire y Maggie la tomó. Ella asentía con la cabeza y sus ojos se pusieron brillantes, pero no hubo lágrimas.

—De acuerdo —dijo con una firmeza sorprendente—, ¿qué hacemos ahora? No queremos permanecer en el hospital.

Mientras él recobraba el aliento Maggie dijo:

—¿Cuánto tiempo cree que tenemos? ¿Un día? ¿Dos?

Sacudí la cabeza y dije:

—No, un día no. Tal vez, algunas horas, o menos. —Era difícil decirlo así, pero era la verdad y ellos debían saberlo.

Cuando ella oyó esto, tomó la mano de su esposo con sus dos manos y se miraron. Él asentía lentamente, como diciéndole sin palabras que yo tenía razón.

Los tres permanecimos en silencio por un momento. Luego me puse de pie y me acerqué al borde de la cama.

—Hagamos esto —comencé—. Stewart, voy a mantenerte aquí todo el tiempo que pueda. No, vas a quedarte aquí, punto. Maggie, quédate aquí con él, voy a traerte una silla más cómoda y, si necesitan algo, estaremos aquí afuera. Nadie los molestará.

Volvieron a mirarse y luego me miraron a mí.

Maggie respondió:

—Gracias, doctor Lesslie. Le agradecemos… —su voz se quebró y supe que era momento de dejar la habitación. Me di vuelta y salí de allí.

—Gracias, doctor Lesslie —dijo nuevamente.

Stewart y Maggie estuvieron una hora y veinte minutos juntos, hablando y tomados de la mano. Dijeron lo que necesitaban decirse y, a medida que la respiración de Stewart se hacía más trabajosa, se quedaron en silencio.

Poco después de eso, su monitor se silenció y Stewart falleció.

Luego, cuando Maggie se fue a su casa y el área había vuelto a su actividad nocturna normal, me encontré caminando por el corredor con tres carpetas bajo el brazo. En Traumatología menor había nuevas víctimas de un accidente automovilístico, nada grave, solo unos golpes y moretones. Cuando me acerqué a enfermería, un destello de color llamó mi atención y me detuve.

En el mostrador estaba la rosa de Maggie.

13

ME PONEN LOS NERVIOS DE PUNTA

El buen juicio hace al hombre paciente; su gloria
es pasar por alto la ofensa.
PROVERBIOS 19:11

En la sala de urgencias, si no tienes el don de la paciencia, corres el riesgo de cometer errores innecesarios que angustien y decepcionen a aquellos que te ven como un líder, y termines el turno sintiéndote terrible.

Te sientes terrible porque alguna persona o situación te superó. En la sala de urgencias siempre estamos a prueba en esto y la prueba viene en forma de un adicto a urgencias. Necesitamos diferenciar entre un paciente regular de la sala y un adicto a urgencias. Ya has conocido a algunos de nuestros pacientes habituales, como Slim Brantley. Slim no quiere molestar, solo viene a Urgencias por algo de comida, calor y compañía.

Un adicto, por otro lado, viene con propósitos siniestros. Estos propósitos muchas veces son obtener una inyección de algún calmante fuerte o, mejor aún, conseguir una receta para ese tipo de calmantes. Esos objetivos los logran mintiendo, engañando y a veces ejerciendo violencia.

Para lidiar con ellos, debes tener mucha paciencia y una visión moderada de la importancia del "yo". Esto no es un concurso entre el doctor y el que busca drogas. No hay un campo moral o correcto donde plantar nuestra bandera. No hay ganadores, solo la posibilidad de que todos salgamos perdiendo.

Esta fue una lección que me costó aprender. En mis años de residencia, me sorprendía la tenacidad de estos individuos y su audacia. Se me ponían los pelos de punta cuando un "buscador" se presentaba en la sala y yo creía que mi deber sagrado era descubrir y frustrar sus astutos esfuerzos. No me iban a superar.

———————◆◈◆———————

11:55 p. m. Estaba en la enfermería contemplando la pila de fichas médicas de pacientes que esperaban a ser atendidos. El otro doctor de turno se había ido a las once y me había dejado cinco o seis pacientes para ver. Gracias a Dios todos tenían problemas relativamente comunes.

—¿Por qué no limpias un poco este lugar? —me dijo Trish, nuestra secretaria. Sonrió, se recostó en su silla y puso sus manos detrás de la cabeza—. Una de las enfermeras del 3 Norte va a ir por pizza y dijo que puede traernos algo si queremos.

Estaba terminando la historia clínica de un niño con amigdalitis y miré otra vez hacia la pila de fichas médicas por atender.

—No tardaré mucho —respondí, sin molestarme por su pequeño reto—. ¿Por qué no te adelantas y organizas algo? Ve lo que necesitan todos.

Luego de guardar la historia médica del niño, tomé el historial del próximo paciente. Habitación 3A: "Tos, no puede dormir".

Cuando llegué a la puerta de la habitación 3, enseguida me llamó la atención la entrada de Triaje. Jeff estaba ingresando a un joven. Hizo una anotación en la ficha del paciente y cuando levantó la cabeza, cruzamos miradas. Bajó apenas la cabeza y levantó las cejas. Esta señal, que el paciente detrás de él no vio, significaba que algo sucedía.

El hombre de veintitantos años vestía unos jeans y una camiseta que decía "Myrtle Beach". Sus chancletas golpeaban el suelo mientras se dirigía hacia la habitación 4. Bajo el brazo traía una carpeta de radiografías manchada y desgastada.

Me volví hacia mi paciente con tos y falta de sueño. Sentí curiosidad por la nueva visita de la habitación 4, pero debía esperar su turno.

Era casi la 1:30 de la mañana y en la pila de historiales solo quedaba uno, el paciente de la habitación 4. No había podido hablar con Jeff sobre este muchacho, pero ahora Jeff ya estaba otra vez en el área de Triaje.

Tomé la hoja de ingreso y miré el motivo de la consulta. "Dolor en la pierna derecha. Antecedentes de cáncer de hueso".

Mmm. Eso era un poco raro.

Sus signos vitales eran normales. No tenía fiebre ni frecuencia cardíaca elevada. Un latido acelerado podía ser un buen indicador de dolores fuertes y estrés. No había nada más específico en la ficha médica, solo que vivía en una ciudad de Florida. Luego vi que la oficina de urgencias había anotado al final de la hoja de información personal "No tiene identificación con foto". Esto empezaba a tornarse interesante y me puse a la defensiva instintivamente.

Corrí la cortina y entré a la habitación. John Glover estaba sentado en la camilla, con las piernas colgando por un lado de esta. Cuando entré, me miró e inmediatamente comenzó a frotarse el muslo derecho.

—Hola, Doc. Espero que pueda ayudarme —imploró.

Crucé la habitación y me senté en la silla frente a la camilla.

—Soy el doctor Lesslie —me presenté—. ¿En qué puedo ayudarlo esta noche?

Él seguia frotándose el muslo y mirando su extremidad supuestamente adolorida.

—Es esta pierna, Doc. Hace aproximadamente ocho meses que comencé a tener dolores por aquí —comenzó, señalando la mitad de su muslo—. Al principio no dolía mucho, pero el dolor siguió creciendo. Luego de algunas semanas, ya no podía estar de pie y fui a ver a un doctor.

En ese momento, dejó de frotarse para tomar la carpeta de radiografías que estaba al lado sobre la camilla.

—Tomaron algunas radiografías y me dieron muy malas noticias. Tengo cáncer de hueso y dijeron que es bastante complicado.

Él puso las manos sobre su cabeza y la sacudió de lado a lado. Estaba impresionado.

—Estoy de camino hacia Virgina, para visitar a mi hermana, y se me terminaron los calmantes. Necesito medicamentos para dos semanas. Y si pasa ese tiempo, ya estaré de vuelta en Florida y podré visitar a mi doctor.

Estaba a punto de hacerle una pregunta, pero volvió a hablar.

—Ah, y cuando el dolor es tan fuerte como ahora, siempre me dan una inyección de demerol y de oxicodona o paracetamol. Eso normalmente me ayuda.

Me miró expectante y agregó:

—A veces la oxicodona funciona mejor.

Muchas veces me pregunto qué estarán pensando las personas y si creen que somos tontos. ¿Creen que no notamos ese recurso tan obvio? ¿Creen que inmediatamente vamos a ir a buscar esos fármacos y darles lo que ellos quieren? Este muchacho obviamente necesitaba ayuda, pero psicológica, no física. Sin embargo, sabía que no le interesaría otra cosa más que obtener esos narcóticos. Además, en la sala de urgencias era casi imposible brindarle el tipo de ayuda que estaba necesitando. Mi trabajo era olfatear que era un adicto, frustrar sus esfuerzos por engañarnos y sacarlo de allí.

Yo estaba preparado para mi trabajo, y lo sabía.

—Bueno, veremos qué podemos hacer para ayudarlo —le aseguré, pensando cómo proceder mejor en esta situación—. ¿Puedo echarles un vistazo a las radiografías? —pregunté.

—Claro, Doc, sírvase —respondió y me entregó la carpeta—. Pero ¿podría darse prisa, por favor? Mi pierna está matándome.

—Regresaré enseguida —respondí y salí de la habitación.

Jeff estaba empujando una silla de ruedas desde Triaje, con un hombre de mediana edad. Este último paciente respiraba con dificultad y obviamente tenía complicaciones.

—Dificultad para respirar y antecedentes de enfisema —me comunicó Jeff—. Lo llevaré a la habitación 6.

Sabía que a Jeff le tomaría unos minutos colocarlo en la camilla y comenzar el tratamiento, así que tenía tiempo suficiente para observar las radiografías del señor Glover.

—Estaré aquí —le dije—. Pega un grito si me necesitas.

Me acerqué al negatoscopio, tomé las dos radiografías que había en la carpeta y las encajé en los soportes de la máquina. Di un paso atrás y las observé. Lo primero que noté fue que la esquina superior derecha, donde normalmente está la identificación del paciente, estaba cortada. En ambas radiografías faltaba ese rectángulo. No había forma de identificar a la persona que se había tomado estas imágenes. Luego noté que en la esquina inferior izquierda, contrario a cualquier costumbre que conociera, alguien había escrito a mano con un marcador negro "John Glover". Sin fecha. Sin identificación del hospital. Mmm.

Las radiografías sí exhibían un fémur y esa persona, quienquiera que fuese, sin duda era desafortunada. Las imágenes mostraban un gran cáncer de hueso ubicado en medio de su muslo. Pero imposible saber cuándo se habían tomado estas imágenes, o dónde. Lo que podíamos saber era que esta persona había perdido la pierna o la vida. El tumor se veía muy mal.

¿Dónde había conseguido esas radiografías John Glover? ¿Eran de alguien que conocía, tal vez un familiar? ¿Tenía acceso a algún área de Radiología en algún lugar? Mi curiosidad se convirtió en enojo mientras pensaba en lo bajo que había caído este joven para satisfacer su necesidad de drogas. Ya fuera que las usara para él o para vender, no había diferencia. Luego recordé al paciente de la habitación 6, y sabía que me iban a necesitar pronto. Dejé las radiografías en el negatoscopio y fui al otro lado de la sala.

Nos tomó cerca de cuarenta y cinco minutos estabilizar al paciente con dificultades respiratorias. Tenía neumonía, sumada a la mala función pulmonar por haber trabajado treinta y cinco años en una fábrica de algodón. Ahora estaba más tranquilo, pero seguía enfermo y debíamos trasladarlo al hospital.

Al salir de la habitación 6, fui a la enfermería y recordé las radiografías de John Glover. Miré hacia el negatoscopio y no estaban. La cortina de la habitación 4 seguía cerrada, así que supuse que el señor Glover seguía allí.

—Trish, ¿sabes qué sucedió con las radiografías que estaba mirando hace un momento? —pregunté, señalando el negatoscopio.

—Sí —respondió, sin levantar la vista de lo que estaba haciendo—. El muchacho de la habitación 4 vino y las tomó. Las volvió a colocar en la carpeta y regresó a su habitación. Quería saber cuánto más debía esperar.

Parado en la enfermería, podía oír la voz profunda de Jeff que venía desde atrás de la cortina de la habitación 6.

—Va a estar bien, señor Jones —decía—. Ya respira con más facilidad y vamos a poder tratar su neumonía. Va a estar bien.

No pude escuchar la respuesta del señor Jones, pero de repente pensé: "Aquí hay un hombre luchando por su vida". Él había venido buscando ayuda y le estábamos dando eso. Estábamos haciendo aquello para lo que fuimos entrenados, y lo estábamos haciendo bien. Para eso estamos en la sala de urgencias a la una de la mañana.

Miré hacia la cortina de la habitación 4 y mi cara se ruborizó un poco. Este joven John Glover, o quien fuese, no tenía motivos para estar en este lugar. Él estaba ocupando nuestro espacio y nuestro tiempo. Tomé su ficha y fui hasta su habitación.

Por un momento pensé en ahuyentarlo. Le diría que había revisado las radiografías y que tenía un caso de cáncer muy grave. Le diría que de seguro era muy doloroso, pero solo para asegurarnos, lo enviaría al área de Radiología para tomar imágenes nuevas. Así conoceríamos mejor el estado del cáncer y podríamos tratarlo mejor. Luego, lo vería avergonzarse.

Pero eso fue solo un pensamiento del momento, una tentación. Por más satisfacción que me diera eso, sabía lo que debía hacer.

Corrí la cortina y en ese preciso momento comenzó a frotarse la pierna nuevamente.

—Aún no me han traído nada para el dolor, Doc. ¿Tiene alguna idea de lo que van a hacer? —preguntó—. Esta pierna me está matando y necesito seguir mi viaje.

Apreté el portapapeles contra mi pecho y bajé la cabeza, fijando mis ojos en los suyos.

—Señor Glover, creo que ambos sabemos lo que sucede aquí —comencé—. Esas radiografías no son suyas y usted no tiene cáncer.

Inmediatamente dejó de frotarse el muslo e inclinó la cabeza suavemente hacia un lado, mirándome.

—Aquí no le vamos a dar medicamentos ni recetas. Ya nos hizo perder bastante tiempo, le sugiero que abandone la sala.

Me detuve y esperé una respuesta. Se quedó en silencio por un momento, mirándome. Luego, muy tranquilo, tomó la carpeta y se puso de pie.

—Béseme el trasero, Doc.

Su hombro rozó el mío al salir de la habitación. Mi cara se ruborizó otra vez y lo seguí hacia la salida. Quería decirle algo, algo que lo hiriera en lo más hondo, pero luego lo pensé mejor. Intenté controlarme a mí mismo y a la situación.

De pronto recordé las radiografías. Las puertas de la salida se acababan de cerrar y me apuré para llegar a ellas. ¿En qué estaba pensando? Necesitaba recuperar esas imágenes y destruirlas. John Glover, seguro con otro nombre, iría a otra sala de urgencias, frotándose la misma pierna, pidiendo los mismos fármacos y mostrando las mismas radiografías. Tal vez lo haría esa misma noche.

Iba a quitarle esas radiografías. Era lo mínimo que podía hacer.

Cuando estaba parado en la zona de ambulancias, pude ver su sombra alejándose por el estacionamiento. No había nadie más a la vista.

—John —lo llamé—. Espera un minuto.

Aceleré mis pasos, decidido a no dejarlo ir hasta obtener lo que quería.

Se detuvo sobre una pequeña subida, un poste de luz al final del estacionamiento remarcaba su silueta. Se giró y me miró, estábamos a unos diez o quince metros de distancia.

—Espera —grité. Él hizo algo que me detuvo. Tenía la carpeta en la mano derecha y la pasó a la otra mano lentamente. Luego, despreocupadamente, pero a propósito, metió su mano derecha en el bolsillo del pantalón y sacó algo. No era tan grande como para ser un arma, pero pude ver el reflejo fugaz de un metal. ¿Qué estaba haciendo?

Él no se me acercó, solo se quedó parado allí, esperando. En silencio.

Me detuve por un momento, no sabía si ir hacia él y confrontarlo o simplemente alejarme. Miré su mano derecha intentando descubrir lo que escondía. No era muy grande, no podía ser tan peligroso. Solo quería tomar esas radiografías, nada más. No me interesaba enfrentarme físicamente y podía apostar que a él tampoco.

¡Espera! ¿En qué estaba pensando? Aquí no había ningún problema.

Me alejé y regresé a la sala de urgencias.

Cuando llegué a la enfermería me dirigí a Trish.

—Tal vez deberías advertir del señor Glover a las salas de urgencias cercanas. Diles su edad y que tiene unas radiografías de alguien con cáncer de hueso. Busca drogas y tal vez es peligroso. Que me llamen si tienen alguna pregunta.

Tuve unos minutos para reflexionar sobre este encuentro. Comencé a darme cuenta de que mi comportamiento había sido ridículo y mis emociones habían nublado mi juicio. Esta podría haber sido una situación muy peligrosa y yo me había expuesto. ¿Para qué? ¿Para demostrarle a este hombre que me di cuenta de que buscaba drogas? ¿Que este era mi lugar y no podía venir y exigirnos nada? ¿Que no éramos unos ingenuos fáciles de engañar y manipular?

Era una cuestión de orgullo. Tenía que superarlo y aprender a ser paciente en estas circunstancias. Necesitaba aprender a ser más objetivo y pragmático. Necesitaba aprender a controlar los impulsos que me habían llevado a querer tener la voz cantante en esa situación.

Estaba aprendiendo, pero aún me costaba. Me esperaba otra lección y ese sería uno de esos pocos momentos en los que podría sacar una gran enseñanza de un error ajeno.

———————◆◆◆———————

6:30 p. m. Esa tarde de sábado estaba concurrida. Estaba trabajando con uno de nuestros compañeros jóvenes, Andy James. Él había terminado su residencia hacía pocos meses, era brillante, entusiasta y obsesivo casi al punto de ser irritante. Tenía algunos aspectos difíciles, pero todos opinábamos que pronto limaríamos asperezas. La sala de urgencias del hospital de Rock Hill tenía experiencia en eso.

Él estaba mostrándome la radiografía de tórax del paciente de la habitación 5 y pedía mi opinión.

—Doctor Lesslie, ¿esto le parece una neumonía o una insuficiencia cardíaca? —preguntó, observando de cerca las imágenes de este hombre de sesenta años.

—Primero, Andy —respondí—, dime Robert, no doctor Lesslie, ¿sí?

Se lo había pedido más de una docena de veces desde su llegada y cada vez intentaba hacerlo menos formal. A veces, volvía a usar ese apelativo, ya que hacía poco había terminado su residencia.

—De acuerdo, doctor… digo, Robert. ¿Qué opinas?

Estábamos hablando de lo difícil que era a veces distinguir esos dos problemas, pero nos distrajo el sonido de la radio del servicio de urgencias.

—Hospital, aquí ambulancia 3 —se anunció la voz familiar de uno de nuestros paramédicos.

Lori se acercó al radio y apretó el botón de manos libres, que le permitía hablar y a nosotros escuchar lo que sucedía. De inmediato, Andy se acercó al mostrador de enfermería y se inclinó hacia el teléfono.

—Lo escucho, ambulancia 3. Aquí sala de urgencias —respondió Lori tomando el bolígrafo para tomar nota. Miró el reloj en la pared y escribió la hora.

El paramédico nos dijo que estaba en camino con tres pacientes de un accidente automovilístico, y que la ambulancia 4 traía a otros tres del mismo accidente.

Andy abrió grande los ojos y me miró.

—Nada grave —dijo el paramédico—. Dolor de cuello y espalda. Tenemos algunos en protocolo de columna vertebral.

—Recibido —respondió Lori—. Vengan a Traumatología menor.

—Recibido —dijo el paramédico—. Cambio y fuera.

Andy también había tomado nota.

—Parece que puede ser algo malo —me dijo—. Muchas lesiones corporales en un accidente.

—Ya veremos —respondí, sin impresionarme. Tres pacientes en una ambulancia era una señal de que los paramédicos no estaban muy preocupados por posibles lesiones graves. Además, la voz del paramédico sonaba muy relajada.

»Ya veremos —repetí.

Veinte minutos después, seis jóvenes del accidente entraron a la sala de Traumatología menor. Tres estaban con tablero espinal, con las cabezas atadas en una posición rígida. Decían que les dolía el cuello y los paramédicos no se arriesgaron. Las otras tres víctimas estaban sentadas en sillas, masajeándose algunas partes del cuerpo.

Cuando Andy y yo entramos, uno de los paramédicos me apartó.

—Doctor, esto es muy sospechoso —me dijo—. Este fue un accidente en medio de la ciudad. No podrían haber ido a más de 40 km/h y el auto no tiene ningún daño evidente —se rascó la cabeza y observó la habitación llena—. Buena suerte con estos muchachos.

—Gracias —le dije, y vi a Andy del otro lado de la habitación, interrogando y examinando a uno de los pacientes que había llegado sobre uno de los tableros.

—¿Dónde le duele exactamente? —escuché que le preguntó.

Lori se me acercó por detrás y me tocó el hombro.

—Doctor Lesslie, tengo un hombre de setenta y cinco años en Cardiología con dolor torácico y 60 de presión arterial.

Volví a mirar la confusión en Traumatología menor. Nadie parecía estar grave y Andy debía poder controlarlo. De todos modos, me necesitaban en otra parte.

—Voy contigo —le dije a Lori mientras salíamos al corredor.

Dos horas y algunas radiografías después, Andy se había ocupado de los seis pacientes del accidente.

Todos estaban bien. Ninguno tenía lesiones visibles y las radiografías se veían normales. Él estaba a mi lado en la enfermería, escribiendo el historial de estos pacientes.

—Creo que van a estar bien —me dijo—. No encontré ningún daño neurológico importante.

—Eso es algo bueno —respondí, escondiendo una sonrisa. Todos sabíamos eso desde el principio, todos menos Andy. Sin embargo, había algo extraño, algo que no encajaba. Había estado muy ocupado para tratar de ver qué era, pero ese momento de claridad llegó enseguida.

Aún estábamos en el mostrador de enfermería cuando entró un oficial de la policía junto con un hombre de cuarenta años, diminuto y con gafas. Se acercó junto con el oficial arrastrando los pies y mirando al suelo.

—Doctor —dijo el oficial—, necesito hablarle acerca del accidente que hubo en el centro y los jóvenes involucrados. Aquí el señor Grant le tiene una información interesante.

Andy dejó lo que estaba haciendo, levantó la vista hacia el oficial y se acercó adonde estábamos.

—¿Qué sucede señor Grant? —le pregunté—. ¿Tiene algo que decirnos?

El señor Grant se inquietó y colocó sus manos en los bolsillos. De mala gana, levantó la vista y me miró.

—No quiero tener ningún problema —comenzó— ni quiero meter en problemas a nadie —continuó mirando nervioso el corredor—. Pero hay algo que debe saber.

El oficial de policía asintió en silencio.

—Ese accidente, el de esas personas, no sucedió exactamente como ellos dijeron.

Miré a Andy y tenía una expresión de preocupación.

—¿A qué se refiere? —le pregunté.

—Bueno, sé que le dijeron que chocaron contra un poste de teléfono y que se golpearon dentro del auto, y todo eso. También le dijeron que dos de ellos estaban cruzando la calle cuando el auto los chocó. Así dijeron que se lastimaron.

—Así es, señor Grant. Eso nos dijeron —Andy interrumpió ansioso—. Todos nos contaron la misma historia.

El señor Grant lo miró y luego me miró a mí.

—Bueno —volvió a comenzar—, yo estaba ahí y vi lo que sucedió.

—¿Estaba en el accidente? —le pregunté—. ¿En el auto?

—No, no. Estaba caminando por la acera cuando sucedió. Vi todo.

El oficial volvió a asentir, con una sonrisa.

—Sí, vi todo —continuó nuestro testigo voluntario—. Fue como en cámara lenta. Vi un auto que iba directo hacia la orilla de la calle. El conductor no estaba atento, golpeó suavemente un par de autos que estaban estacionados y se detuvo. Apenas los tocó —agregó, sacudiendo la cabeza—. Pero lo más importante es que solo había dos chicos en el auto. El conductor y un acompañante. Solo ellos.

—Espere —dijo Andy, agitándose un poco—. Hubo seis personas en el accidente. Puede ir y contarlos.

—Sé que le dijeron eso —respondió el señor Grant—, pero en el auto solo había dos personas. Los otros cuatro estaban parados en la acera cuando sucedió. Seguro conocían al conductor, porque ni bien sucedió, dos de ellos corrieron y se amontonaron en el auto, y los otros dos solo miraron y se cayeron al piso, justo delante del auto. Luego todos comenzaron a masajearse el cuello y a rodar de un lado a otro.

—Tiene que estar bromeando —le dije, sorprendido por la astucia de los jóvenes.

—¿Que hicieron qué? —preguntó Andy enojado—. ¿Me está diciendo que estos hombres ni siquiera estaban en el accidente? ¿Fue todo un fraude?

—Así es —dijo el señor Grant—. Nadie resultó herido en ese choquecito, fue todo un engaño. Por eso vine hasta aquí, hablé con este oficial y le conté la historia —ahora estaba un poco más erguido y más alto, luego de contarnos la verdad y ayudar al triunfo inevitable de la justicia.

Hubo un momento de silencio mientras entendíamos esta revelación, luego me dirigí al oficial:

—¿Qué planea hacer aquí? —le pregunté.

—¿Su gente ya los revisó? —respondió—. ¿Ya se pueden ir?

—Sí —dijo Andy—. Ya están listos para irse. Los va a arrestar, ¿no? —preguntó—. Es decir, esto es una especie de crimen, ¿no es cierto?

—Seguro, aquí hay una declaración falsa y todo eso. Probablemente algunos aspectos de un fraude, supongo —dijo el oficial—. Me atrevo a decir que a la gente del seguro le interesará esto y puedo asegurarle que los tendremos rezando en la estación de policía.

—¿Dice que esto solo fue para cobrar el dinero del seguro? —preguntó Andy, incrédulo—. Nos hicieron perder el tiempo y la llamada al servicio de urgencias… Tal vez alguien necesitaba una ambulancia de verdad y no había ninguna disponible porque estaban atendiendo este accidente falso.

Iba a intentar calmar a Andy, pero cuando giré hacia él, ya estaba de camino a la sala de Traumatología menor.

—Oh, oh —dije y lo seguí. El oficial venía detrás de mí.

Andy se detuvo en la puerta de la concurrida habitación con las manos en la cintura y comenzó a sermonear a los maleantes. Una vez libres de las tablas de inmovilización, estaban todos juntos en la esquina izquierda de la habitación, algunos sentados y otros parados.

—¿Qué estaban pensando? —comenzó. Luego mencionó sus múltiples crímenes contra la humanidad y el gran riesgo que habían causado a la gente de esta comunidad. Remarcó la posibilidad de que pacientes verdaderos no hubieran podido recibir la asistencia del servicio de urgencias porque estaban ocupados sin razón.

Sorpresivamente, los seis caballeros no se movieron y tomaron el ataque verbal con calma. Sin duda, algunos tenían expresión hostil y uno o dos miraban el techo. Luego miré hacia atrás y entendí el motivo de su aceptación. El oficial estaba allí. Le llevaba una cabeza y media a Andy y su mirada claramente demandaba su silencio.

Andy finalizó, con la cara roja de indignación. Luego giró y pasó junto a nosotros sin percatarse del guiño que me hizo el oficial.

Entendí la rabia que Andy sintió en ese momento, el abuso descarado es difícil de manejar, bajo cualquier circunstancia. Pero en esta situación, pude ser un espectador y analizar lo que había sucedido en las últimas horas. Andy tenía razón al indignarse, pero ¿qué lograba con enfrentarlos? Tal vez él se sintió aliviado, después de haber soltado un poco de humo y haber echado a estos hombres, pero lo dudo. Seguiría molesto por esto cuando se fuera a su casa a las siete de la mañana. Y los seis delincuentes, sin cargo de conciencia. Ahora solo les preocupaba la consecuencia inmediata de sus actos, nada más. La represión de Andy no había cambiado sus valores.

Así que todos aquí salimos perdiendo. Espera, estaba el oficial, él debe de haber sido el único que ganó. Tenía una pequeña mueca de sonrisa luego de lo sucedido en Traumatología menor.

Sin duda esto lo iba a recordar.

Hay que tener mucha paciencia para aprender a tener paciencia.
STANISLAW LEC (1909-1966)

14

CRUZAR LA BARRERA

Cuando lo corruptible se revista de lo incorruptible, y lo mortal, de inmortalidad, entonces se cumplirá lo que está escrito: "La muerte ha sido devorada por la victoria".

1 Corintios 15:54-55

Para los que trabajamos en la sala de urgencias, lidiar con la muerte tan de cerca es muy difícil. Pero de vez en cuando también debemos lidiar con muertes que ocurrieron en otra área del hospital. Cuando alguien fallece, se necesita que un médico certifique y documente que efectivamente está muerto. Esta responsabilidad recae sobre el médico que lo está atendiendo. Sin embargo, si es en la madrugada o durante un fin de semana y el médico de ese paciente no está en el hospital, el médico de turno en la sala de urgencias es una buena alternativa. Después de todo, él o ella está en el hospital, despierto y "disponible".

Declarar la muerte de un paciente es algo que hemos realizado en el pasado como cortesía hacia el equipo médico. Sin embargo, cuando el personal médico y el hospital crecieron, esto se volvió molesto para los médicos de urgencias.

No es solo la molestia de que nos saquen del área en momentos inoportunos, después de todo, las puertas no se cierran mientras no estamos y los pacientes siguen ingresando. Pero imagina cuál sería la respuesta si llamásemos a estos médicos cuando volvemos a nuestro sector y les pidiéramos que vinieran y nos ayudaran porque nos atrasamos con la atención.

La verdadera objeción que tenemos es que, a veces, subimos y encontramos al recién difunto en una habitación llena de familiares, que son extraños para nosotros, y se muestran molestos y angustiados, y con razón.

Y comienzan a preguntar:

"¿Quién es usted?"

"¿Dónde está el doctor?"

"¿De qué se murió?"

"¿Cree que sufrió?"

"¿Qué hacemos ahora?"

Estas son preguntas que, muchas veces, no estamos preparados para responder. Bueno, la primera normalmente la puedo manejar. Siempre es un momento incómodo para la familia y para nosotros. Nuestra política actual es ir a los pisos de arriba, siempre y cuando sea posible, documentar la muerte del paciente y anotar el horario en el certificado de defunción y en el historial del paciente. Esto solo toma unos minutos y luego regresamos a la sala de urgencias. Es responsabilidad del médico de cabecera coordinar con la unidad de enfermería para asegurarnos de que la familia haya sido notificada y hayan abandonado la habitación. Esta no es una solución perfecta, pero es un buen compromiso.

Antes había algunos miembros, en particular del personal médico, que parecían olvidarse siempre de la parte de ocuparse de la familia, y al abrir la puerta de la habitación nos encontrábamos con extraños haciendo el duelo.

El doctor Bill Jones no era de estos últimos y una mañana muy temprano tuve que tratar con uno de sus pacientes. El doctor apreciaba mucho nuestra ayuda y siempre lo remarcaba. Entendía nuestra posición y el posible dilema. Aun así, era engorroso.

Es interesante cómo algo que ves como una molestia, algo que es tan incómodo, puede convertirse en una experiencia profunda y significativa. Esto sucede cuando menos lo esperamos, en momentos y lugares inesperados. Creo que hay que abrirse un poco a esta posibilidad, o la oportunidad pasa y la pierdes para siempre. Me pregunto cuántas oportunidades he dejado pasar.

———◆◗◆◖◆———

Bill Jones llamó y me pidió que subiera para documentar a uno de sus pacientes.

—De acuerdo, Bill —respondí—. ¿El señor Blake, en la 432? —confirmé, anotándolo en un papel.

—Sí, correcto —contestó—. Ochenta y dos años, creo. Cáncer de páncreas. La familia ya se ha ido. Estaban esperando esto, hablaré con ellos en la mañana.

—Yo me encargo —le dije y le devolví el teléfono a la secretaria de la unidad.

Miré alrededor y me detuve en el área de Triaje. Jeff estaba de turno y estaba parado en la recepción hablando con la secretaria del tercer turno y el guardia de seguridad de la noche. La sala de espera estaba vacía.

—Parece que aquí todo está tranquilo —observé.

Me miró y dijo:

—Sí, toco madera. Está todo bajo control.

—Bien —dije—, tengo que subir a documentar un paciente del doctor Jones en el 4 este. Si me necesitas, utiliza los altoparlantes. Pero solo tardaré unos minutos.

—Lo haré —respondió y retomó su conversación.

El ascensor subió suave y, por un instante, estaba solo con mis pensamientos. "¿Cuántas veces había hecho esto? Demasiadas". Y sospechaba que serían muchas más. Para nosotros era una tarea mecánica. Tomar el pulso, verificar la respiración, anotar la hora en la ficha médica. Casi siempre son personas que no conozco y nunca he visto. A veces me encuentro con algún paciente que vi unos días antes en la sala de urgencias y lo trasladamos al hospital por algún problema grave. A veces es alguien que he visto y que ingresó con lo que parecía algo de rutina y sin riesgo de muerte. Esas muertes me sorprenden. Son inesperadas y me pregunto qué puede haber salido mal. En muy pocos casos, es un amigo o conocido mío, por lo general son ancianos cuya presencia en el hospital me toma por sorpresa. Estos casos siempre son momentos oscuros para mí y en los que no me molesta que haya familiares presentes.

Las puertas del ascensor se abrieron lentamente y me bajé en el cuarto piso, frente a la sala de enfermería. Los pisos de arriba del hospital estaban diseñados como una gran "rueda", con la enfermería en medio y cuatro "radios" que se extendían hacia afuera. En estos radios estaban las habitaciones y estaban señaladas como norte, sur, este y oeste. Me acerqué al mostrador central que era circular y allí una enfermera estaba sentada escribiendo en una ficha médica. Me miró mientras me acercaba.

—Buenos días, doctor Lesslie —me recibió sonriente.

Miré el reloj de la pared. 2:35 a. m. No me había dado cuenta, pero creo que de hecho ya era casi de día.

—Supongo que está aquí por el señor Blake de la 432 —cerró el expediente que estaba escribiendo y me lo entregó.

—Sí, ese es el paciente del doctor Jones, ¿verdad? —pregunté tomando la carpeta. Por reflejo, verifiqué el número de habitación y el nombre del paciente en la carpeta. "432-Blake". Solo para asegurarme. Más de una vez me habían dado la carpeta equivocada y había entrado en una habitación llena de familiares sintiéndome un poco ridículo y no quería que eso volviera a suceder.

—Así es. Lo revisamos hace un rato y había fallecido —me confirmó—. Era un buen hombre —agregó.

—Gracias —me coloqué la carpeta bajo el brazo y caminé por el radio este de la rueda.

Las habitaciones pares estaban a la derecha y la 432 se hallaba a mitad del corredor. La puerta estaba entreabierta y la cerré cuando entré.

La habitación estaba oscura, iluminada solamente por el brillo fluorescente de una figura pequeña en la cabecera de la cama y la luz tenue de la luna que entraba por la ventana abierta. Mis ojos se demoraron un instante en acostumbrarse a la oscuridad.

Me acerqué al pie de la cama y lo miré. El señor Blake se veía en paz, cubierto con una manta ubicada cuidadosamente debajo de su barbilla. Su cabeza sobre una almohada, sus ojos cerrados y su boca entreabierta. Lo observé por un momento y no pude distinguir respiración alguna. Me coloqué el estetoscopio en los oídos, quité la manta y le descubrí el pecho. Busqué alguna actividad cardíaca o movimiento de aire. Nada. Luego de colocarle nuevamente la manta, abrí el archivo médico, encontré la página correcta y comencé a anotar casi a oscuras. "Sin respiración. Sin actividad cardíaca. Fallecido a las 2:27 a. m.".

Eso era todo. Había declarado oficialmente la muerte de este completo desconocido. Había nacido hacía ochenta y tantos años, y ahora había muerto. Me alejé de la cama y vi una escena muy pacífica. Estaba muy tranquilo y la luz de la luna en la ventana le agregaba ese toque surrealista. En ese instante, me sentí un intruso. Este era un momento muy profundo, el fin de la vida de un hombre y, aunque estaba haciendo mi trabajo, yo era un desconocido.

Me acerqué a la puerta y di un salto cuando oí la voz de un hombre desde la esquina de la habitación.

—Ahora está en paz.

Detuve mi paso y dirigí la vista en dirección a la voz, intentando descifrar de dónde venía. En el rincón derecho de la habitación, a oscuras, comencé a ver la figura de un hombre sentado en una silla. Se movió en su asiento, mostrando claramente su presencia.

—Así es —respondí—. Soy el doctor Lesslie. ¿Usted es…?

—Su hijo, Paul Blake —respondió.

Nos quedamos en silencio un momento. Esta interrupción inesperada no me molestó, aunque ahora me sentía más intruso que antes.

—Sí, ahora está en paz —repitió Paul—. Han sido unas semanas difíciles. El cáncer de páncreas es… —se detuvo, buscando las palabras que pudieran describir las últimas semanas de agonía y sufrimiento de su padre. No había una palabra adecuada para la pérdida que Paul había anticipado y que ahora lo abrumaba—. Los últimos días sufrió bastante, pero anoche estaba muy tranquilo y pudimos hablar un poco, parecía que estaba mejorando.

Paul Blake volvió a moverse en su silla.

—Cerca de la madrugada su esposa, o sea, mi mamá, le dijo que ya era hora y que estaba bien despedirse.

Él hizo una pausa y se recompuso.

—Parece que eso lo liberó. Se tranquilizó y se relajó, y al rato dejó de respirar.

Él se quedó en silencio y no estaba seguro si necesitaba responder algo. Pero por alguna razón, este no era un momento común y le dije:

—Sabes, a veces se necesita eso. Cuando ya no se puede hacer nada, son las palabras de una esposa o un esposo o algún otro ser querido lo que puede hacer la diferencia. Y tienes razón acerca de "liberarse". A veces se necesita hacer eso y hay que ser fuerte para dejar ir a un ser querido.

—Tiene razón —respondió—. Mi mamá era una persona fuerte. Y ahora, la extraño horrores. Hace cinco años que falleció.

¿Qué acababa de oír? Miré alrededor para asegurarme de que no hubiera nadie más. ¿Su madre estaba muerta? Y ahí entendí.

—¿Tu papá creyó que hablaba con su esposa?

—No, no creyó que hablaba con ella. Sabía que era ella. Estaba como murmurando para sí, se detuvo y me miró fijo. Me dijo fuerte y claro lo que había dicho mamá, que todo iba a estar bien y que me amaba. Luego se tranquilizó y eso fue todo —su voz tembló al final.

Otra vez nos quedamos en silencio. Ya debía irme, carraspeé y me acerqué a la puerta.

—Por eso estoy aquí sentado —su voz atravesó la oscuridad—. Estoy esperando. Quiero hablar con mi mamá. Espero que me diga algo como le dijo a papá.

Miré hacia el rincón, intentando descifrar la cara de ese hombre, y volví a mirar a su padre, en la cama del hospital. Dejé la carpeta del señor Blake en la mesa de noche, tomé la otra silla y me senté.

Me incliné hacia adelante, con los codos en las rodillas y dije:

—Paul, creo que sé cómo te sientes.

—¿Sí? —preguntó—. Estaba por rendirme e irme a casa. No obstante, me quedé esperando. Siento que ella está muy cerca.

—Así es —respondí—. No sé cómo, pero sé que está aquí, con tu papá. Vi que asintió.

—Lo sé, pero necesito algo que pueda ver o sentir. Algo que pueda oír para estar seguro. ¿Entiende lo que digo?

—Sí, lo entiendo —respondí, pues, dolorosamente, entendía exactamente cómo se sentía.

—Sé que mamá amaba al Señor, y papá también, por eso sé dónde están ahora. No obstante, me siento tan solo en esta habitación. No estoy listo para perderlos a los dos. No estoy listo para estar solo, sin ellos.

Sabía cómo se sentía. Mi madre había muerto cuando yo tenía catorce años y mi padre hacía ya varios años. Realmente, Paul y yo éramos huérfanos. Nuestros padres ya no estaban aquí para consolarnos, para sostenernos, para aconsejarnos. Es parte del ciclo de la vida, pero es una parte muy dolorosa.

—Paul, sé que no nos conocemos, pero quiero compartirte algo.

Se acomodó en la silla, con las manos sobre el apoyabrazos y las piernas extendidas y cruzadas.

—Como médico, aprendí a ver las cosas desde un punto de vista científico. Propones una teoría e intentas probarla; si no lo logras, si la evidencia no aparece, descartas esa idea y continúas con la siguiente. Ahora, la evidencia científica es algo que podemos ver y sentir, algo que puede reproducirse una y otra vez. Si algo es verdad aquí en Rock Hill, debes poder observar el mismo resultado en Chicago, en Londres o en Australia. Si no puedes, entonces seguramente le estás ladrando al árbol equivocado.

Hice una pausa.

—Sí, lo entiendo, doctor —dijo Paul.

—Bueno —continué—, he llegado a entender que hay cosas en este mundo, en esta vida, que no entran en esa estructura. Hay cosas que suceden, cosas muy reales que no puedes guardar en un tubo de ensayo o ver o sentir con las manos. Pero sabes que son reales, y lo son. Como tu madre esta noche, hablándole a tu papá. Ceo que eso es real. No creo que haya sido un pensamiento casi inconsciente o algún recuerdo del pasado. Yo creo que es real.

Paul me interrumpió.

—Doctor, yo también quiero creer eso, lo creo. Pero ¿por qué no puedo sentirlo? ¿Por qué no puedo hablar con mamá como lo hizo papá? He estado sentado, esperando, orando y nada. Estaba yo solo en esta habitación, sin nadie, hasta que entró usted.

Me incliné hacia atrás en la silla y miré por la ventana. La luna plateada ahora estaba cubierta por unas nubes que pasaron y la habitación se oscureció.

—Entiendo lo que sientes —le dije—. Sin embargo, las cosas no funcionan así. Hay determinados momentos de comunicación, de sentir la presencia de un ser querido, pero vienen por su propia elección. No podemos provocarlos o forzarlos, creo que suceden en el momento que tienen que suceder. Creo que para muchos de nosotros, suceden, pero no los esperamos, no los entendemos o no los aceptamos. Lo has visto esta noche, con tu padre, sabes que fue algo real y lo aceptas.

Otra vez quedamos en silencio, mientras pensaba si debía continuar o no.

Paul me dio la respuesta.

—Doctor, dijo que quería compartirme algo. ¿Qué era?

Me encontré compartiendo mis pensamientos y sentimientos más profundos con un completo extraño, en una habitación oscura de hospital, a mitad de la noche. Sin embargo, sentí que era lo que debía hacer, en el momento justo.

—Te conté que mi padre falleció hace algunos años. Tenía setenta y tantos cuando falleció. Era químico orgánico, profesor, el hombre más brillante que he conocido. Le gustaban muchas cosas, pero una de sus pasiones eran los pájaros. No le gustaba que los gatos merodearan, porque molestaban a los pájaros y los ahuyentaban. Su favorito siempre fue el azulejo índigo, no sé bien por qué, tal vez por el color o por su personalidad. Pero, cualquiera que fuese la razón, en todos los lugares que vivió, construyó casas y comederos e intentaba atraer a los azulejos, y siempre lo lograba. Cuando lo visitaba y salíamos al parque a conversar, siempre señalaba alguna pajarera y describía a "la familia de azulejos" que vivía allí. Nunca entendí su fascinación por estos pájaros, pero la aceptaba como parte de él.

»Está enterrado a veinte minutos de aquí, en el cementerio de la iglesia presbiteriana Nelly's Creek, junto con mi madre. Un año después de que muriera papá, yo estaba en una carretera cercana a la iglesia y tenía tiempo, así que fui hasta el cementerio. Era un día entre semana, en la tarde, y no había nadie. Es un cementerio antiguo muy hermoso, totalmente abierto, tenía una gran magnolia cerca del lugar donde estaban mis padres enterrados. Me acerqué a sus tumbas y me quedé allí parado varios minutos. Leí las lápidas y se me ocurrió que nuestras vidas, al parecer, podían resumirse en unas pocas palabras y fechas, pero por supuesto eso no es verdad. Esos eran mis padres, por mi mente pasaron los recuerdos de toda una vida. Eran buenos recuerdos. No obstante, después de un rato, se volvieron tristes y dolorosos y me sentía como tú. Sin padres en este mundo. Mi madre y mi padre ya no estaban. Sabía que esas piezas de granito no marcaban en verdad su presencia, ellos estaban en otro lugar, pero no en un lugar donde podía verlos, o sentirlos, o hablar con ellos. En ese momento me sentí muy solo.

»Me di vuelta y miré al árbol de magnolias. Era alto, fuerte y elegante, sé que a mi padre le hubiese gustado verlo. De repente, un movimiento me llamó la atención y miré hacia las dos lápidas. Allí estaba, un azulejo índigo. Quién sabe de dónde había salido.

Se posó en la lápida de papá y se detuvo allí, mirándome, ladeando la cabeza para todos lados. Yo lo observé. ¿Coincidencia? ¿Destino? No. Nunca van a convencerme con eso. Fue un momento que nunca olvidaré. A los dos minutos, el pájaro se fue volando y me quedé solo otra vez, pero ya no sentía soledad y la tristeza había desaparecido. Todavía los extraño, a los dos. A veces los extraño más, pero cuando más siento su ausencia, recuerdo ese momento, esa experiencia, y sé que realmente no estoy solo.

—Mmm —murmuró Paul—. Yo tampoco creo que haya sido una coincidencia y eso es todo lo que estoy buscando. Alguna señal, algo que sea tan real para mí como lo fue para usted.

—La tendrás, Paul —le dije—. Llegará a su debido tiempo. Déjame decirte algo más, algo que pasó hace poco y que lo compartí con pocas personas.

»Hace poco tiempo, uno de mis hijos y yo estábamos limpiando el ático. Habíamos vivido en esa casa por más de veinte años y habíamos acumulado muchas cosas. La mayoría eran objetos que debíamos haber desechado hacía mucho tiempo. De todas formas, encontré una caja de cartón grande en un rincón y la llevé hacia la escalera para tener más luz. No tenía idea de lo que había dentro. Mientras la movía, el fondo se rompió y se cayeron unas cuantas cosas. Había una colección de estampillas de cuando yo tenía nueve o diez años y estaban mis objetos de cuando era niño explorador, las insignias y una gorra. También había una bolsa grande para almacenar, sellada con una cinta adhesiva que ya estaba seca.

»Tomé la bolsa y la abrí. Dentro encontré unas cartas viejas. Hacía mucho calor ahí arriba y las cartas me dieron curiosidad, así que le dije a mi hijo que bajaría unos minutos. Si él quería tomar un descanso, podía hacerlo. Bajé a la recámara de huéspedes que estaba vacía y desparramé los sobres en la cama.

»Antes de continuar, necesito explicar qué sucedía en ese momento de mi vida o, al menos, en mi vida profesional. Mi socio y yo estábamos pasando por una situación difícil que requería de un cuidadoso análisis y nos estaba robando mucho tiempo . Se estaba volviendo muy incómodo. Nos veíamos forzados a tomar una decisión que podía costarnos mucho si las cosas no salían bien; pero que si resultaba, nos podía ir de maravilla. De todas formas, estábamos en un momento complicado y descubrir qué era lo que debíamos hacer consumía casi toda mi energía mental y emocional. Estaba indeciso.

»Como sea, miré esas cartas y vi que todas estaban dirigidas a mí, las había escrito mi padre. Las fechas de los sellos eran de la época en que yo estaba en la universidad, hacía casi treinta años. Tomé una de las cartas y la abrí. Hacía tiempo que no veía la letra de mi padre y eso me conmovió. No sé por qué, pero ver su letra me…, me…, me hizo recordar muchas cosas, y de pronto era como si él estuviera conmigo en ese lugar.

»No sé por qué elegí esa primera carta. Solo elegí una y comencé a leerla. Luego del primer párrafo, entendí por qué la había escrito. Yo estaba en el primer año de la universidad y ese otoño había estado muy deprimido. No tenía problemas con los estudios, era difícil, pero me iba bien. Sin embargo, me preguntaba si estaba en el lugar correcto, haciendo lo correcto. Había hablado con él acerca de esto y hasta le había dicho que estaba pensando en estudiar otra cosa. Mirando hacia atrás, ahora con ojos de padre, me arrepiento de haber preocupado a papá con eso. Pero ahora me doy cuenta de que él me había escuchado, me había tomado en serio y había dedicado tiempo a sentarse y escribirme esa carta.

»En ese momento, podía sentirlo ahí, al lado mío. Podía ver su cara y oír su voz que salía de las páginas que tenía en mi mano. Al principio, hablaba de los tiempos difíciles que le habían tocado vivir a él y luego de los momentos difíciles que atravesaban otros familiares. Al final, habló de lo que me pasaba y su mensaje era muy claro. Yo estaba en el lugar correcto, haciendo lo correcto y algo de lo que dijo sobresalió. "No podrás disfrutar las alegrías de 1974 y 1975 si no atraviesas las dificultades de 1973". Recuerdo haber leído esa carta cuando iba a la universidad y entender que tenía razón. Atravesé ese periodo de mi vida y descubrí que al final de ese tiempo todo era mucho mejor y más brillante.

»De repente me di cuenta de que me estaba hablando sobre mi presente. Me estaba hablando en ese momento, treinta años después de haber escrito esas palabras. Me estaba diciendo que resistiera, que eligiera el camino correcto y permaneciera allí. Me recordaba que tal vez tendría que pagar un costo, pero que vendría algo mejor, y fue ahí cuando supe que mi socio y yo estábamos haciendo lo correcto. Era el consejo que necesitaba en ese momento, la confirmación que estaba buscando. Y le agradecí a mi padre.

Cuando terminé de hablar, me pregunté si no le había revelado demasiado de mí a ese extraño, pero sentí una gran tranquilidad y estaba agradecido por ese momento.

No hubo respuesta desde ese rincón de la habitación. Me levanté de la silla, me detuve cerca de la cama un momento y me dirigí hacia la puerta.

—Gracias, doctor Lesslie.

Me detuve y lo miré, él seguía en la oscuridad.

—No, gracias a ti, Paul —le dije.

Salí al corredor y cerré la puerta detrás de mí. Por un momento me detuve allí solo y en silencio. Lo que había comenzado como un inconveniente se había convertido en un regalo, en una bendición. Algo inesperado, para ser sincero, pero una verdadera bendición.

Entré al ascensor, con mi padre a mi lado.

15

¿QUIÉN ES MI HERMANO?

*En esto se presentó un experto en la ley y, para poner a prueba
a Jesús, le hizo esta pregunta:*
—Maestro, ¿qué tengo que hacer para heredar la vida eterna?
Jesús replicó:
—¿Qué está escrito en la ley? ¿Cómo la interpretas tú?
Como respuesta el hombre citó:
*—"Ama al Señor tu Dios con todo tu corazón, con todo tu ser, con todas
tus fuerzas y con toda tu mente", y: "Ama a tu prójimo como a ti mismo".*
—Bien contestado —le dijo Jesús—. Haz eso y vivirás.
Pero él quería justificarse, así que le preguntó a Jesús:
—¿Y quién es mi prójimo?

*[Para responder, Jesús le relata la historia de un hombre que es
atacado por ladrones y abandonado en medio del camino casi muerto
y cómo actúan tres personas diferentes que pasan por allí, entre ellas el
"Buen Samaritano". Luego le pregunta a su oyente]:*

*—¿Cuál de estos tres piensas que demostró ser el prójimo del que
cayó en manos de los ladrones?*
—El que se compadeció de él —contestó el experto en la ley.
—Anda entonces y haz tú lo mismo —concluyó Jesús.
TOMADO DE LUCAS 10:25-37

Muchos de nosotros no estamos muy expuestos a la verdadera indi-
gencia, a los verdaderos desafortunados o a los intocables. Solo los

vemos a través del medio aséptico de la pantalla del televisor o del monitor de la computadora. En la sala de urgencias nuestra exposición es más cercana y personal. Debemos abordar estas circunstancias desde un punto imparcial y técnico, haciendo eso para lo que estamos capacitados: estabilizar, diagnosticar, hacer tratamientos. Y luego, en un momento más tranquilo, nos queda por resolver el significado más humano y filosófico de lo que acabamos de vivir.

A veces, no podemos ni comenzar a imaginarlo.

———————◆◈◆———————

—Urgencias, aquí ambulancia 2. ¿Está el doctor?

Yo estaba sentado en el mostrador de la enfermería, terminando el expediente de un paciente que acababa de atender en la habitación 3. Era un niño de dos años con 104 °F de temperatura. Tenía una fuerte otitis, pero con los antibióticos y algún analgésico se pondría mejor.

Lori contestó el teléfono y me miró, sin decir nada levantó las cejas en señal de pregunta.

Asentí con la cabeza y miré el reloj que estaba al final del pasillo. 10:30 p. m. Había sido una noche tranquila para ser un lunes. Afuera hacía mucho frío, apenas por encima de los 20 grados, pero era algo normal para mediados de enero, el frío a veces mantenía a la gente adentro y en sus casas.

—Ambulancia 2 —respondió Lori—, aquí está el doctor Lesslie. Un segundo.

Me dio el teléfono y fue con el niño de la habitación 3. Coloqué el teléfono en la base y apreté el botón de altavoz.

—Aquí el doctor Leslie —dije—. ¿Qué sucede?

Era común que un paramédico pidiera hablar con el doctor de urgencias de turno. Muchas veces pedían algún consejo médico en una situación difícil. A veces eran circunstancias un poco delicadas, tal vez un problema doméstico o alguien que en realidad no necesitaba ser trasladado a Urgencias en la ambulancia. Seguí escribiendo en la planilla, esperando una respuesta directa.

—Doctor, aquí Denton Roberts. Hemos… —hizo una pausa, su voz se oía insegura y preocupada.

La respuesta misteriosa del paramédico despertó mi interés, así que dejé de escribir y bajé la planilla.

—Lo escucho, Denton. ¿Qué sucede?

—Es… algo poco común —hizo otra pausa y continuó—. Llevamos a un paciente de sexo masculino, de cuarenta y siete años. Estable, signos vitales en orden, pero… ¿podría esperarnos afuera en la entrada de la ambulancia? Llegamos en cinco minutos.

Ese sí que era un pedido poco común. La última vez que me pidieron que esperara afuera por una ambulancia tuve que traer a una niñita al mundo. Sin embargo, este caso no era algo así. En la voz de Denton no sentí pánico ni urgencia, pero sin duda sucedía algo fuera de lo común.

La secretaria de la unidad esa noche era Amy Conners y había escuchado la comunicación. Giró en su silla y me miró perpleja, con los labios fruncidos.

—Perfecto, Denton. Haré lo que necesiten —respondí.

—Se lo agradecería, doctor. Llegaremos en cuatro o cinco minutos. Gracias.

Amy se acercó y apretó el botón de altavoz para finalizar la llamada.

—¿Qué cree que le sucede a Denton? —me preguntó—. Sonaba algo incómodo.

—Sí, ¿verdad? Supongo que lo sabremos en un momento.

Escribí las últimas notas en el registro del niño, lo puse en la cesta donde se colocaban los casos que recibirían el alta y fui hasta la entrada de la zona de ambulancias. Mientras caminaba sobre la alfombra, automáticamente se abrieron las puertas hacia adentro. Una ráfaga de aire frío me golpeó para recordarme que era invierno y no estaba vestido como para quedarme mucho tiempo afuera.

Las luces de la ambulancia se reflejaron en los pocos autos que estaban estacionados en el área de emergencia. Levanté la vista asombrado por la claridad del cielo nocturno. Avisté la luna nueva, que estaba encima de la línea de árboles al final del estacionamiento. Justo debajo, a la derecha…, ese debía ser Venus. Brillante, majestuoso. Y Júpiter debe ser…

El paramédico 2 se detuvo frente a mí, poniéndole fin a mi breve reflexión. A través de la ventanilla del conductor vi a Seth Jones al volante. El me saludó y detuvo el motor. Seth era paramédico y había sido el compañero de Denton por cinco años.

Enfoqué mi atención en la parte trasera de la ambulancia, donde Denton había abierto las dos puertas desde el interior. Se bajó y me saludó mientras me acercaba al vehículo.

—Gracias por esperarnos aquí, doctor —dijo—. Pensé que sería mejor que habláramos un momento antes de ingresar al paciente. Tal vez no quiera que lo ingresemos cuando sepa…

—No hay problema, Denton —respondí, acercándome a las puertas abiertas.

Me tomó del brazo y me detuvo; lo miré de frente.

—Antes de que entre, necesito decirle algo —me dijo, mirándome a los ojos.

—¿Qué sucede? —le pregunté, tiritando de frío. A esta altura ya estaba perdiendo la paciencia.

—Recibimos una llamada de Oak Park, de un vecino de este hombre —comenzó, mientras señalaba hacia la ambulancia con la cabeza —. El vecino dijo que debíamos recogerlo, que necesitaba ayuda. Nada muy específico. Y luego colgó. Así que fuimos y nos encontramos con este señor en un remolque. Sin electricidad, sin calefacción, solo un calentador de queroseno que ya no tenía combustible. Nos dijo que apenas se había acabado, tal vez era verdad, porque el lugar estaba frío, pero no congelado.

Él hizo un silencio y puso los pies en el exterior. Yo volví a temblar.

—El remolque estaba en un terreno vacío —continuó—. Estaba rodeado únicamente por basura.

Oak Park era una zona muy conocida por los paramédicos y los médicos de urgencias. Es un vecindario muy pobre, con mala reputación y olvidado por una ciudad que estaba creciendo en diferentes direcciones y prosperando. Las visitas de la ambulancia a Oak Park muchas veces eran peligrosas, había innumerables tiroteos, forcejeos y puñaladas.

—Dice que su nombre es Charlie —me informó Denton—. No hay apellido. No hay identificación. No hay nada. El remolque estaba destrozado. Solo había unas latas de frijoles vacías en el suelo. Ah, y dentro había también dos gatos y un perro sarnoso. Casi ni se levantó cuando entramos, apenas nos miró —se detuvo y frotó sus manos.

Intentaba descubrir por qué era importante el perro cuando Denton continuó.

—Charlie tiene una especie de problema en la piel. Hace mucho que lo tiene, pero ahora le molesta demasiado. Dice que le pica a rabiar. Ese es el motivo principal por el que nos llamó el vecino. Eso y el…

Aunque no había terminado de hablar, me solté y entré a la ambulancia. Tenía frío y ya era hora de que el paciente y yo entráramos.

Las luces de batería del techo estaban encendidas. Eran tenues, pero pude ver a nuestro paciente recostado bajo una manta en la camilla de la ambulancia. La manta estaba colocada bajo su barba descuidada y sus ojos grandes y oscuros parecían agitados mirando de lado a lado. Su cabello estaba despeinado y tenía áreas irregulares que estaban calvas. El cuero cabelludo que se veía tenía manchas de color rojo vivo. Estaba sucio y tenía un aroma peculiar, era una combinación de olor a animal, ropa rancia, putrefacción y algo más que ni siquiera podía identificar.

Observé su torso cubierto con la manta y vi el movimiento furioso de sus brazos debajo de ella. Se estaba rascando con violencia, y ahora pude oír su gemido suave. Daba lástima verlo y escucharlo.

—Charlie, soy el doctor Lesslie —le dije—. Estoy aquí para ayudarlo.

Me acerqué y tomé el borde de la manta. Denton estaba dentro de la ambulancia, detrás de mí y me alertó susurrando:

—Yo tendría cuidado con eso, doctor. Como dije, lo que tiene no es solo comezón…

Me detuve mientras Denton decía esto, pero ya había jalado el borde de la manta y descubierto el cuerpo de Charlie, que tenía poca ropa. Su camisa a cuadros sucia y andrajosa estaba abierta y mostraba su pecho y su abdomen. La luz no era muy buena, pero pude ver que su piel estaba arrugada y escamada. El aroma extraño ahora era más fuerte y noté una secreción saliendo de esas arrugas profundas que estaban por todos lados.

Luego me congelé y me quedé observando. Había… movimiento. Su piel se movía, se retorcía como si estuviera viva y él se rascaba por todos lados. ¿Qué era lo que veía? Me incliné un poco más. ¿Eran…?

—Son hormigas, doctor —dijo Denton—. Están por todos lados. Por todo el remolque y en todo su cuerpo. Lo están picando a morir.

Por instinto, di un paso atrás, arrojando la manta sobre su cuerpo. Nuestras miradas se cruzaron y él interpretó mi repugnancia, pero sus ojos no vacilaron.

—Ayúdenme —suplicó.

Me repuse y pensé unos instantes.

—Denton, pídele a Seth que lo lleve a la habitación 4. Está vacía y podrá tener privacidad. Vamos a tener que resolver esto.

—De acuerdo, doctor —obviamente era un alivio entregar la responsabilidad de este hombre desafortunado a alguien más—. Seth —gritó—, ven aquí.

Seth ingresó a Charlie por la entrada de las ambulancias y lo llevó hacia la cama de la habitación 4. Miré hacia allí y vi que Tina Abbott, una joven enfermera de una agencia de empleo, entró con ellos a la habitación. Denton y yo nos detuvimos en las puertas automáticas y me dijo lo que sabía por medio de ese vecino que había llamado al 911.

Charlie vivía en la ciudad hacía aproximadamente dos años. Aparentemente se mudaba bastante, nunca se quedaba mucho tiempo en un lugar. El vecino era el dueño del terreno y del remolque, un día Charlie tocó a su puerta pidiendo trabajo y comida. Él le dio algunos trabajos para hacer y le pidió que cortara el césped. El remolque estaba abandonado y le permitió a Charlie que se quedara allí sin costo.

—Es un buen hombre —dijo Denton del vecino—. Al parecer sintió lástima por Charlie y le llevaba comida algunos días. Así es como supo acerca de él y su problema.

Charlie había nacido en algún lugar del medio oeste de los Estados Unidos y desde que tenía seis meses sus padres supieron que algo andaba mal. Su piel se comenzó a arrugar y luego se resquebrajaba y supuraba. Al principio les dijeron que su hijo solo tenía un caso grave de eczema. Probaron con varias cremas de esteroides, pero no lo ayudaban en nada, su piel solo empeoraba. Finalmente, les dieron el diagnóstico correcto: era una condición llamada ictiosis. Icti significa pez y sus escamas fueron las que determinaron esta enfermedad. En el caso de él no le afectó el rostro, las palmas, ni las plantas de los pies, pero el resto del cuerpo sí estaba aquejado por distintos niveles de escamas, grietas y arrugas. No tenía cura y, según su gravedad, podía ser muy difícil de soportar. Las infecciones en la piel eran algo común, así como también la comezón, la infinita comezón.

El caso de Charlie era grave, el peor que había visto. Denton me dijo que cuando tenía dos años sus padres ya no lo soportaron. Limpiar constantemente las úlceras, el llanto, las miradas y el disgusto de todos los que lo veían era demasiado para ellos. Intentaron dejarlo en distintos orfanatos, pero ninguno lo aceptaba. ¿Quién querría adoptar a un niño así? Así que al final lo abandonaron. Lo dejaron en el banco de una plaza y se largaron.

Él había crecido en distintos hogares de acogida, con educación en el hogar, si se puede llamar educación. Ninguna escuela pública lo aceptaba porque pensaban que la condición de su piel era contagiosa.

Luego deambuló por distintas ciudades, trabajando donde podía. El vecino no sabía mucho más que eso.

—Una criatura lamentable —le había dicho a los paramédicos—. Tuve que llamarlos de una vez por todas.

Le agradecí a Denton por la información. Vi una pequeña hormiga que estaba subiendo por su manga derecha, la señalé y él se la quitó.

—¡Aaaah! —se escuchó un grito en la habitación 4. Ambos giramos a tiempo para ver volar la cortina y a Tina Abbott que salió corriendo. Tenía las dos manos en la boca y corría inclinada, tanto que tropezó con el carro de las sábanas sucias y tumbó todo lo que tenía encima.

—¡Aaaah! —gritó otra vez y vomitó en medio de la sala de enfermería.

Lori acababa de volver de Triaje. Había ido a despedir al niño de dos años con otitis.

—¿Puedes ir a la habitación 4? —le pregunté—. Seth está allí y tal vez necesite ayuda.

Sin hacer preguntas se dirigió hacia allí, aunque primero ayudó a Tina a sentarse en una de las sillas de la recepción.

Luego me dirigí a Amy Conners.

—¿Podrías ver si tenemos algún repelente para insectos en el armario de la limpieza?

—¿Qué…? —comenzó.

Yo sacudí la cabeza y le dije:

—Por favor, solo fíjate si tenemos algo y tráelo a la habitación 4.

Cuando entré a la habitación, Lori estaba intentando quitar algunas hormigas del cuerpo de Charlie.

—Mmm… —murmuró cuando entré.

Aquí había más luz y podía ver lo grave que era el estado de su piel. Tenía grietas profundas por todos lados. Aparentemente ninguna zona de la piel estaba sana excepto la de su cara, sus manos y sus pies. Las hormigas también estaban por todos lados. Se arrastraban por dentro y por fuera de esas grietas y laceraciones, al parecer ese era su hogar. Charlie se rascaba y se quejaba en silencio todo el tiempo.

Después de solicitar algo para la picazón, dejé a Lori con Charlie y fui a la sala de enfermería. Me senté y comencé a pensar en las opciones que tenía. Primero, necesitábamos quitarle las hormigas, pero ¿cómo? Necesitábamos mucho insecticida para matar todas esas hormigas y seguramente eso era tóxico. No podíamos limpiarlo a fondo, las hormigas estaban debajo de su piel. ¿Alcohol? ¿Povidona yodada? Eso no funcionaría.

—¿Por qué no prueban con el tanque de Hubbard? —dijo Amy que había percibido mi dilema y se le había ocurrido el remedio obvio—. Ya sabes —agregó—, el que está en Fisioterapia.

Esa era la solución perfecta. Ese gran tanque de acero inoxidable, que se llenaba con agua tibia, se utilizaba para tratamientos en pacientes con quemaduras y otras lesiones de la piel. Se podía suspender a una persona en el tanque y luego sumergirlo gradualmente. En el caso de Charlie, las hormigas se ahogarían o tendrían que huir para salvarse.

—¡Qué gran idea! —dije—. Gracias. ¿Puedes llamar a la supervisora de enfermería para ver si podemos avanzar con esto?

—Esa sería May Flanders —dijo con un tono de escepticismo en su voz.

—Mmm… —musité—. Bueno, llámala y veremos.

May Flanders era una mujer de sesenta y dos años, pero parecía que había sido supervisora de enfermería por setenta años. Nunca la había visto tocar a un paciente y mucho menos ofrecer alguna ayuda constructiva al personal, ni en las peores circunstancias. Lo más misterioso era que siempre llevaba un bolígrafo en una mano y un portapapeles en la otra, pero en todos mis encuentros con ella nunca la vi hacer ningún tipo de anotación en esa libreta.

Quince minutos después, sonó el teléfono de Amy.

—Sala de urgencias, aquí Amy —contestó, y se quedó en silencio escuchando a quien llamó—. Sí… De acuerdo. Pero ¿por qué no se lo dice usted?

Me dio el teléfono con la mano temblando y gesticuló en silencio: "May Flanders".

Tomé el teléfono.

—Señorita Flanders, aquí el doctor Lesslie. ¿Qué pudo averiguar?

—Hablé con Jim Watson, el director de Fisioterapia —me informó May solemnemente—. Dijo que "de ninguna manera". No será posible utilizar su tanque para eso. Hay que limpiarlo y..., y.... ya sabe. Imposible. Así que la respuesta es no. Tendrán que buscar otra forma de...

—No hay otra forma —la interrumpí. Mi cara se enrojeció y estaba comenzando a enojarme—. ¿Por qué no baja y ve cómo está el paciente? Y así me dice qué es lo que deberíamos hacer.

Hubo un silencio. Y dijo:

—Supongo que ese es su problema, doctor Lesslie —y colgó.

Quería arrojar el teléfono, pero de alguna manera logré tranquilizarme y devolvérselo a Amy.

Ella colgó y luego me miró mientras apretaba el borrador del extremo de su lápiz.

—¿Y si hablamos con el director de guardia? Si quiere puedo averiguar quién es —se ofreció.

Esa era otra gran idea. Pasaría por arriba de May Flanders, pero eso me tenía sin cuidado en este momento. Charlie necesitaba que nos ocupáramos de él y no estábamos avanzando. Este era solo el principio. Primero debíamos deshacernos de las hormigas y luego necesitábamos encontrar un médico que lo aceptara en el hospital. Ese iba a ser otro desafío importante.

A las 11:45 p. m. el teléfono volvió a sonar y Amy contestó.

—Señor Waterbury, habla Amy Conners de la sala de urgencias. Perdón que lo moleste a esta hora, pero el doctor Lesslie necesita hablar con usted.

Tomé el teléfono con un gesto de agradecimiento.

—Ken, Robert Lesslie. —Ken Waterbury era uno de los tres subdirectores. Tenía treinta y cinco años. Había comenzado en el área de Nutrición y se había ganado su lugar en las filas del hospital. No sabía muy bien cuál era su trabajo como adjunto, pero él estaba de guardia en la dirección esa noche.

Le expliqué la situación de Charlie y los problemas que teníamos para poder acceder a Fisioterapia y al tanque de Hubbard.

—Bueno, doctor Lesslie. Qué complicado, ¿no? ¿Has considerado enviarlo a su hogar y avisar al Servicio Social por la mañana? Creo que esa es la mejor solución. Después de todo, dijiste que no tenía identificación y seguramente no tenga seguro médico. No querríamos cargarle una gran cuenta de hospital, ¿verdad? Quizá…

—Ken, este hombre no tiene hogar —le expliqué, sintiendo mi rostro arder otra vez. Eso es parte de mi ascendencia escocesa y, por desgracia, me es muy difícil ocultar mis emociones—. Si lo enviamos, morirá de frío, y necesitamos hacer algo con el problema de su piel. Tiene que ingresar al hospital —me mantuve firme en esto último.

—Bueno… —respondió. Por el tono de su voz supe dónde iba a terminar esto.

—Un momento, Ken —dije y me alejé el teléfono, pero me aseguré de ponerlo a una distancia desde la cual siguiera escuchándome.

—Señorita Conners, ¿quién es el jefe de personal este año? ¿El doctor Burns?

—Sí, así es. El doctor Burns —respondió ella—. Está de guardia esta noche. ¿Quiere que lo comunique con él? —Enseguida se dio cuenta de lo que hacía y habló fuerte para que el director escuchara.

—Sí, hazme ese favor. Necesito hablar con él sobre este problema.

Ken Waterbury estaba diciendo algo por el teléfono y volví a colocármelo en el oído.

—¿Qué decías, Ken? —pregunté—. No pude escucharte.

—No… No llames al señor Burns todavía. Déjame…, déjame ver un par de cosas —tartamudeó—. Enseguida te llamo.

Colgó el teléfono. Había dado en la tecla, lo sabía. Lo que menos quería un subdirector era crear un gran problema, especialmente a mitad de la noche, y eso haría el doctor Sandy Burns. Él era el jefe del grupo de traumatólogos más grande de la ciudad y era una de las autoridades principales del hospital desde hacía más de veinte años. Pero lo más importante, era un gran defensor del cuidado del paciente y no le importaba enfrentarse a cualquiera que se interpusiera en ese camino. Ken Waterbury sabía lo que haría Sandy Burns en un caso como este.

Al final, no fue necesario hablar con Sandy. Por alguna milagrosa razón, pudimos enviar a Charly a Fisioterapia y tratarlo en el tanque de Hubbard. Gracias a Dios funcionó. Pronto estuvo libre de las hormigas que lo fastidiaban. Hubo un insecto extraño que salió de una grieta oculta, pero lo eliminaron rápidamente. Ahora, sin hormigas y con la medicación que le había dado Lori para la comezón, estaba mucho más cómodo.

Pudimos encontrar a alguien que lo admitiera en el hospital para una evaluación dermatológica y, con suerte, le harían algún tratamiento. No tenía ilusión de que se curara, ni siquiera de que mejorara, pero deseaba que, al menos, pudiera estar más cómodo y conseguir cualquier ayuda que el sistema de nuestra comunidad le pudiera brindar a alguien como él.

Por mi agenda de trabajo no tuve que volver a la sala de urgencias por tres días, pero en cuanto tuve la oportunidad, subí a ver cómo estaba Charlie. Estaba internado en la planta médica, en el tercer piso, habitación 314. Cuando llegué, la cama estaba vacía. Le pregunté por Charlie a la jefa de enfermería de la unidad, pero ella sacudió la cabeza y me dijo que le habían dado el alta hacía dos días. No sabía nada más, ni adónde había ido ni qué sucedió. Solo se había ido.

Unos días después, Denton Roberts volvió a traer a un paciente a la sala de urgencias y pude preguntarle por Charlie.

—¿Se supo algo del hombre de las hormigas? —le pregunté.

—No, doctor. De hecho, fuimos a Oak Park ayer y vi que su remolque no estaba. Parecía que habían allanado el terreno, estaba todo vacío. No sé qué le habrá sucedido.

Nadie lo sabía. Nunca volví a ver a Charlie y, hasta el día de hoy, no he sabido nada más de él. Siento que está ahí afuera en algún lugar, solo y triste.

No podemos arreglarlo todo. A veces me pregunto si en verdad podemos arreglar al menos algo. No pudimos con Charlie. Él era una de esas personas invisibles que andan sin rumbo entre nosotros, desconocidos, faltos de amor, uno de esos "intocables" a los que fuimos llamados a tocar.

Tomé el próximo expediente que estaba en el mostrador: "Dolor de garganta y fiebre".

Pues ¿qué es una piedad que no toma en sus brazos para mecer?
Antoine de Saint Exupéry (1900-1914)

16

ÁNGELES EN LA SALA DE URGENCIAS

No se olviden de practicar la hospitalidad, pues gracias a ella algunos,
sin saberlo, hospedaron ángeles.

HEBREOS 13:2

Si no crees en los ángeles, deberías pasar un rato en la sala de urgencias. Allí aprenderás que existen de verdad y que se manifiestan de muchas formas. Algunos son enfermeras, otros doctores y muchos son "gente común" que ingresa por las puertas y pasa por nuestra vida. A veces tienes que buscar bien para encontrar las alas, y otras debes cubrirte los ojos por el resplandor que los rodea.

❖◆❖

Macey Love atravesó las puertas de Triaje en una silla de ruedas. Estaba inclinada hacia adelante, sujetando apenas los lados de la silla y Lori la ingresó en el área.

—Vamos a la 5 —dijo Lori—. Otra vez su asma.

Yo estaba del otro lado del mostrador y levanté la mirada cuando entraron. Macey me vio y sonrió, asintiendo con la cabeza. Tenía problemas para respirar y podía oír las sibilancias desde el otro lado de la habitación.

—Ya voy —le dije a Lori. Y luego me dirigí a Amy—. Llama a Fisioterapia respiratoria y diles que Macey está aquí.

Macey Love era una mujer de sesenta y dos años que había sufrido asma toda su vida. Durante la última década, la enfermedad había empeorado y las visitas a la sala de urgencias eran muy frecuentes. Casi siempre podíamos revertir sus ataques de asma con tratamientos intensivos; la manteníamos en el área por varias horas y la cuidábamos de cerca. Ella no quería ingresar al hospital y siempre lo dejaba bien en claro.

—Doctor Lesslie, tengo que regresar a casa y ocuparme de mis dos nietas, así que mejor déjeme en condiciones —me decía a veces alzando el dedo índice para dejarlo claro.

A veces estaba muy enferma como para volver a casa y habíamos tenido que subirla a una habitación por unos días. Los episodios se estaban volviendo cada vez más frecuentes.

Aun así, hacíamos todo lo que podíamos para "dejarla en condiciones" y que pudiera volver a casa. Sabíamos acerca de sus nietas y las responsabilidades que tenía para con ellas.

Las dos niñas, de ocho y diez años, vivían con su abuela desde hacía seis años. Su madre había decidido mudarse a Nueva York y, de un día para otro, las había dejado con Macey. No había vuelto. A veces en la noche o los fines de semana, las niñas venían a la sala de urgencias con Macey. No queríamos que estuvieran solas en la sala de espera, así que se quedaban junto a su abuela. Eran niñas prolijas, amables, sonrientes y educadas.

Macey había dedicado este tiempo de su vida a cuidar de esas niñas. Antes de que el asma le quitara la capacidad pulmonar, ella había sido la directora del coro de la iglesia metodista africana más grande de la ciudad. Cada domingo por la mañana, se aseguraba de que sus nietas estuvieran en el balcón del coro junto con ella, y los miércoles, en el ensayo del coro.

Macey estaba orgullosa de ellas, era evidente, y ellas la amaban.

Las niñas no estaban ese día con ella. Era un jueves de abril, cerca del mediodía, y las niñas se encontraban en la escuela.

Cuando entré a la habitación 5, Lori estaba colocando una intravenosa en la mano izquierda de Macey.

—Su pulsioximetría es de 87 por ciento —me informó. Este porcentaje se obtenía con un aparato que se coloca en la punta de los

dedos y presiona suavemente la placa ungueal para medir la cantidad de oxígeno en la sangre. Y aunque 87 era bajo, había visto a Macey peor—. El oxígeno va a tres litros por minuto —agregó Lori—.
¿Quieres una gasometría?

Cuando dijo esto, Macey se retorció anticipándose al dolor de
otra aguja en su muñeca para extraerle sangre de la arteria radial.
Eso nos daría un cuadro más completo de su estado de oxigenación,
mejor que la pulsioximetría, pero era bastante doloroso.

—No, detengámonos aquí y veamos cómo responde —le dije a
Lori para que Macey se relajara.

Sus pulmones hoy estaban muy contraídos, con una sibilancia
audible, pero sin mucho movimiento de aire. Luego de escuchar su
pecho di un paso atrás y la miré con los brazos cruzados en mi pecho.

Antes de que dijera algo, ella levantó la mano y sacudió el dedo.
No necesitaba decir nada y le hubiera resultado difícil hacerlo por
la falta de aire.

—Lo sé, lo sé, Macey —dije—. Haremos todo lo posible para no
internarte, pero tu estado es muy complicado esta vez. Lo sabes.

Ella asintió y sonreía mientras Lori le colocaba una máscara sobre la boca y la nariz. Esa máscara estaba conectada a una máquina
que enviaba una mezcla vaporizada de oxígeno, agua y un bronco-
dilatador. Macey conocía la rutina y estaba aspirando el vapor tan
profundo como podía para que que llegara a sus pulmones.

Insertamos otro medicamento por la intravenosa y pedí una máquina portátil para realizarle una radiografía de tórax. Necesitábamos saber si había una neumonía o alguna otra cosa que estuviera
causando el problema.

Le dije lo que le haríamos y asintió con la cabeza, sonriendo a
través del vapor que salía de la máscara.

Esa sonrisa siempre me llamó la atención, no era solo una sonrisa simple y agradable. Había un brillo en sus ojos y parecía tener
un resplandor rodeándola. No importaba qué tan enferma estuviera o qué tan mal estuviera su asma, ella siempre sonreía y expresaba

su amor en esa sonrisa. Podía verlo muy claro con sus nietas. Pero asombrosamente, podía sentirlo también con nosotros, el personal de urgencias. No conocí a nadie que no se sensibilizara con ella, todos deseábamos ocuparnos de Macey cuando estaba aquí por algún tratamiento.

Esa sonrisa había conmovido a Virginia Granger por más de cincuenta años.

Virgina y Macey habían crecido juntas en Rock Hill. Cuando estaban en primaria, en los años cuarenta, las escuelas estaban separadas. Cualquier "mezcla" de razas era mal vista o directamente prohibida. El padre de Macey y el de Virgina habían trabajado en una de las plantas textiles más grandes de la ciudad. Las dos niñas se habían conocido en una de las funciones de la empresa, en la que, sin querer, chocaron una con la otra. Rápidamente se hicieron amigas y encontraron la forma de verse con frecuencia y jugar juntas. El espíritu encantador de Macey y la tenacidad de Virginia, que no dejaba que nadie se metiera en sus asuntos personales, soportaron las miradas y a veces los insultos de sus "amigos" menos tolerantes o de la gente del lugar.

Esta relación había crecido y florecido hasta que el tiempo y las elecciones de la vida se interpusieron. Macey terminó la secundaria y comenzó a trabajar en una lavandería de la ciudad. Virginia había soñado con ser enfermera y dejó Rock Hill para ir a la universidad. No se vieron por muchos años, pero la casualidad las volvió a juntar. La casualidad y el asma de Macey.

Muchos años antes, Macey había ingresado a la sala de urgencias en medio de un gran ataque de asma. Ese día estaba de turno con Virginia y cuando entré a la habitación, ella estaba atendiendo a Macey.

—Estoy muy contenta de verte aquí, Ginny —dijo Macey mirando a su amiga—. Me alegra que seas la enfermera que me atiende.

Luego de escuchar eso miré a Virginia. Ginny. Sentí que eso era algo que podía utilizar, pero me miró por encima de sus lentes y supe que no debía pronunciar ese apodo en su presencia.

—Sabes, Ginny —continuó Macey mientras respiraba con dificultad—, sin duda el Señor me ha bendecido poderosamente.

Hizo una pausa para recuperar el aliento y yo escuchaba atentamente, curioso de lo que diría. Estaba en la sala de urgencias con una gran dificultad respiratoria y sufriendo una enfermedad que no tenía cura. Sin embargo, decía que era bendecida.

Pronto conocería las bendiciones de Macey Love. Nos habló de sus nietas y de todo lo que hacían juntas. Ella le recordó a Virginia su padre y los días y noches incansables que había trabajado para sostener a su esposa y a sus hijos. También nos dijo que no tenía miedo de enfrentar las incertidumbres de su asma, que empeoraba, y de su salud, que comenzaba a fallar. En medio de todo esto, ella mantenía su sonrisa y sus ojos brillantes.

La única vez que la vi esconder un poco esa sonrisa fue una mañana que hablamos de sus nietas. En esa ocasión necesitaba ser internada y parecía más preocupada que nunca por la gravedad de su condición médica.

—Doctor Lesslie —me dijo—, si algo me sucede, no sé qué será de esas niñas. Ellas son mi mundo y temo que soy casi lo único que tienen. Está Patricia, mi hermana, pero… no lo sé.

Y se quedó callada, pensando. Cerró los ojos y después de un momento asintió con la cabeza. Luego abrió los ojos y recobró la sonrisa.

En esta visita en especial, Macey estaba respondiendo bien a los tratamientos. Su respiración ya era menos forzada y la saturación de oxígeno había aumentado a un 95 %. Seguiríamos con las inhalaciones y la medicación, pero creía que en una hora más o menos podríamos enviarla a casa. Estaría aliviada con esa información, por eso fui a la habitación 5 para avisarle.

Corrí la cortina y Macey me miró sonriente. Virginia Granger estaba al lado de la camilla, su mirada me siguió mientras entraba y luego volvió a Macey.

Estaban tomadas de la mano.

Me quedé ahí por un momento, mirando a estas dos mujeres, estas dos amigas.

—Volveré en unos minutos —tartamudeé y salí de la habitación.

Macey ya no está. Falleció una noche en su casa durante un ataque de asma antes de que las unidades de urgencia pudieran llegar. Ya han pasado más de quince años desde la última vez que la vi, pero sigo viendo su cara tan clara como si estuviera aquí en la habitación conmigo. Nunca olvidaré esa sonrisa, esos ojos brillantes y eso especial que sentíamos todos cuando ella estaba presente.

El escritor del libro de Hebreos nos aconseja que siempre seamos hospitalarios, no sea que estemos en presencia de un ángel y no nos demos cuenta. Con Macey, me di cuenta.

Y también lo noté en Virginia.

———◆◗◆———

Emma y Sarah Gaithers vivían en uno de los vecindarios más antiguos de la ciudad. Las dos hermanas, ambas octogenarias, habían vivido en la misma casa toda su vida. Su padre había sido un gerente intermedio en la fábrica textil más grande de la ciudad y había construido su casa como en esa época, grande, cuadrada y blanca.

La familia había vivido a cuatro o cinco cuadras de la fábrica, ubicados cómodamente entre las casas de los trabajadores por hora y el barrio exclusivo de los dueños de la fábrica, los banqueros y los doctores de la ciudad.

Ahora ya no existía la planta textil y el barrio había sido abandonado a su suerte. Habían demolido o abandonado muchas de las casas, y los jardines viejos y crecidos estaban adornados con carteles de "Se vende". Los barrios exclusivos ahora estaban en los suburbios, pero las hermanas Gaithers permanecían allí. En realidad, no tenían adónde ir. Sus padres habían muerto hacía cuarenta años y les habían dejado una casa libre de hipotecas y un poco más.

El hecho de que hubieran podido permanecer en esta casa era admirable. Sarah había sido maestra y había enseñado el tiempo suficiente como para acceder a los beneficios de la jubilación. Sin embargo, Emma nunca trabajó. Había tenido un accidente que no se pudo especificar durante el nacimiento y nunca pudo desarrollarse con normalidad. Su edad mental era de tres o cuatro años y había estado ligada a una silla de ruedas desde los cinco. Sus piernas estaban torcidas y eran inútiles, como su brazo y su mano izquierdos. Podía utilizar su mano derecha, pero nunca había desarrollado ninguna destreza importante. Después de la muerte de sus padres dependía por completo de su hermana.

Sarah asumió la responsabilidad sin problemas. Ella había ido a la universidad y había obtenido el título de maestra, pero nunca se había casado. Si alguna vez en su vida tuvo un interés amoroso, fue un secreto muy bien guardado. Emma era su única familia y el centro de su vida.

Ahora, a mitad de sus ochenta, era más difícil cuidar de su hermana. Aunque Emma no tenía ninguna dificultad médica crónica, Sarah había desarrollado diabetes e hipertensión y comenzaban a pasarle factura. A pesar de su espíritu dedicado e indomable, se estaba debilitando y ocuparse diariamente de Emma se le hacía más difícil.

—Venga por aquí, Sarah —oí que dijo Lori, pero no levanté la vista.

Yo estaba sentado al pie de la cama D en Traumatología menor intentando hacer una sutura en el dedo gordo de un niño de cuatro años muy intranquilo y que se movía constantemente. Era verano, había estado nadando en el lago y tuvo la mala suerte de pisar una botella rota. Y allí estaba. Por apenas un segundo, su dedo se extendió y aproveché mi oportunidad. La aguja curva ingresó por un extremo de la herida y salió por el otro. Tomé el hilo con firmeza, lo até en su lugar y me recosté en el taburete.

—Ya está, mamá —le dije a la joven que intentaba controlar a su pequeño sin lograrlo—. Eso es todo —ella se relajó y yo también.

Miré hacia atrás y en diagonal en dirección a la cama B. Lori estaba con Emma Gaithers subiéndola de la silla de ruedas a la cama. Era una tarea incómoda, solo la ayudaba el hecho de que Emma pesaba poco menos de 90 libras. Sarah estaba parada a su lado, ayudando a sujetarla.

Antes de que pudiera quitarme los guantes e ir a ayudar, Lori se las había arreglado para colocar a Emma en la cama y estaba acomodando las barandillas. Sarah me miró mientras me acercaba.

—Buenas tardes, doctor Lesslie. Qué bueno verlo —me dijo. Tenía en sus manos el suéter de alpaca de Emma y acariciaba suavemente esa prenda desgastada en su antebrazo. Un suéter, a mitad del verano.

—Hola, Sarah —le respondí mirándola a ella y luego a su hermana—. ¿Qué le sucede a Emma hoy?

La respuesta parecía obvia. Lori estaba utilizando gasa esterilizada para limpiar la frente de Emma. Tenía una gran herida que iba desde donde nace el cabello hasta el puente de la nariz. La sangre se había coagulado en la herida y el frente y el cuello de su camisa estaban empapados.

—Mmm —murmuró Sarah—. Emma se estaba dando un baño y la estaba ayudando a salir de la tina. Supongo que me fallaron las fuerzas y ella se resbaló. Su frente se golpeó contra el borde de la tina y… bueno, ya puede ver lo que pasó —explicó señalando la frente de su hermana.

Emma estaba mirándome mientras Lori le limpiaba la cara. Estaba sonriendo, pero era una sonrisa vacía y, como siempre, no sabía cómo responder. Nunca supe cuánto comprendía. Sarah decía que nos reconocía, que sabía quiénes trabajábamos aquí, pero nunca vi ninguna evidencia de eso.

Me acerqué a ella y le sonreí.

—Hola Emma, parece que tienes un pequeño corte aquí. —Examiné la herida, le revisé los ojos y busqué alguna otra herida, pero más allá de su frente, se veía bien—. Lo arreglaremos en un segundo —le dije palmeándole el hombro. Ella seguía sonriendo, pero no hizo ningún sonido.

Volteando hacia su hermana dije:

—Va a necesitar algunos puntos, probablemente unos cuantos. ¿Manifestó dolor en alguna otra parte? —pregunté.

—No, más allá de eso está bien —respondió Sarah. Ella se daría cuenta.

A mi entender, Emma nunca pronunció una palabra. Sin embargo, ella y Sarah se comunicaban de una forma silenciosa. Si Sarah decía que estaba bien, para mí eso era suficiente.

—Bien —dije, y noté un destello de luz pequeño en medio del ojo izquierdo de Sarah.

—Sarah, creí que ibas a operarte de cataratas —le dije con una seriedad algo fingida. Me acerqué y vi que se habían agrandado desde la última vez que había estado aquí.

Ella sacudió la cabeza y no dijo nada.

—¿Cómo está la visión de ese ojo? —le pregunté tomando de la pared el oftalmoscopio—. Abre los dos ojos bien grandes —le ordené mientras revisaba su ojo derecho. En el cristalino de ese ojo también se le estaba comenzando a formar una catarata y pronto le nublaría lo que le quedaba de visión.

—No muy bien, ¿no? —respondí por ella.

—Doctor Lesslie, ¿cómo podría operarme de la vista? ¿Quién se ocuparía de Emma? Por ahora no tengo tiempo. Tal vez…, tal vez en algunos meses o… Tendremos que esperar y ver.

—Sarah, eso no se va a recuperar solo —la regañé amablemente—. Y ¿cómo vas a cuidar de Emma si no puedes ver?

Ya habíamos tenido esta discusión y ambos sabíamos que no había una buena solución para el problema. Sarah y Emma no tenían más familia y los pocos amigos que tenían ya estaban muertos hacía rato o estaban en residencias de ancianos.

Uno de mis compañeros más jóvenes había cometido un gran error con esto. Ese error había hecho que viera a Sarah enojarse un poco por primera vez.

Una noche, Emma se había caído de la cama y Sarah la había traído a Urgencias. Luego de revisarla cuidadosamente y determinar que no se había provocado ningún daño grave, Jack Young le había pedido a Sarah que saliera al corredor con él, quería hablar sobre Emma en privado.

—Señorita Gaithers —comenzó—, su hermana estará bien esta noche.

—¡Qué alivio, doctor Young! —respondió—. Estaba tan preocupada.

—Por esta vez está bien —continuó—, pero ¿qué sucederá la próxima vez que se caiga? ¿Qué pasa si ocurre algo peor? —le preguntó.

Sarah estaba sorprendida por la pregunta y por un momento no supo qué responder.

Jack Young malinterpretó su silencio y pensó que era una invitación a ofrecerle su guía y su sabiduría. Él le dijo a Sarah que era hora de que pusiera a Emma en un hogar o algo así, para que pudiera estar en un lugar donde la atendieran correctamente. De hecho, esto debería haberlo hecho hace años.

Sarah enrojeció y se puso rígida.

—Doctor Young, usted no me conoce —declaró con firmeza— y no conoce a mi hermana. Hemos estado juntas por más de ochenta años y nada va a cambiar eso ahora. Cuidaré de Emma todo el tiempo que el Señor me permita hacerlo.

Hizo una pausa aquí y se inclinó hacia su rostro.

—Y esa será la decisión de Él y no la suya, jovencito.

Ella se recompuso, se tranquilizó y dijo:

—Si ya terminó, supongo que debo llevar a Emma a casa. Gracias por su ayuda.

Jack no volvió a cometer ese error y, aunque el tiempo se estaba acercando, no quería volver a tener esa conversación, todavía no. Confiaba en que Sarah se daría cuenta cuando ya no tuviera la capacidad de cuidar a Emma.

Algunos meses antes, pensé que habíamos llegado a ese día. En esa ocasión Sarah había sido la paciente y Emma la acompañante. La ambulancia había traído a ambas a la sala de urgencias luego de que Sarah llamara diciendo que tenía tos, fiebre y dificultad para respirar.

Rápidamente le detectamos una neumonía grave y necesitaba quedarse internada en el hospital para darle antibióticos por intravenosa y cuidados generales. Cualquier otra cosa podría ser peligrosa.

—Doctor Lesslie, es imposible —me había dicho, sacudiendo la cabeza—. No me puedo quedar en el hospital —dijo rotundamente—. ¿Quién va a cuidar de Emma?

Nuevamente, le expliqué que su situación era muy grave y que si llegara a morir, no habría nadie que se ocupara de Emma. No llegué a ningún lado. Se negó a quedarse y sabía que no podíamos obligarla.

Muy disgustado, salí de la habitación y me dirigí a la enfermería. En el mostrador estaba sentada Virginia Granger, quien me escuchó contar mi problema.

Se puso de pie y se alisó la falda plisada y almidonada del uniforme.

—Doctor Lesslie —me dijo—, deme unos minutos con Sarah.

Caminó hasta la habitación y cerró la cortina detrás de ella. Yo esperé. Unos minutos después salió y vino a la enfermería. Le vi la mirada y estaba a punto de decirle algo cuando me silenció con su dedo índice hacia arriba. Entró a su oficina y cerró la puerta.

Estuvo al teléfono por quince minutos, llamando a la administración y a los pisos médicos. Estaba telefoneando a cada contacto que tenía para negociar, y tenía muchos.

Salió de la oficina sonriendo.

—De acuerdo, esta es la situación —comenzó a decirme. Amy Corners se puso detrás de mí, curiosa por saber las maravillas que Virginia había podido realizar—. La administración accedió a que Emma pueda quedarse en un catre en la habitación de Sarah. El personal médico del piso le dará de comer y la cuidará. A Sarah le va a gustar eso, ¿no cree?

No sabía qué decir. Este tipo de cosas no suelen suceder, no en este hospital.

—Virginia... —comencé e hice una pausa.

—Bueno, ¿va a decírselo a Sarah o quiere que se lo diga yo?

Vacilé otra vez y Virginia se dirigió a la habitación de Sarah, que accedió a internarse bajo esos términos. Luego de una semana de tratamiento intensivo, ambas hermanas regresaron a su hogar.

La visita de esta tarde a Urgencias era más directa. Debíamos curar la herida de la frente Emma y luego podrían irse.

—De acuerdo, Emma, ocupémonos de tu frente. —Estuve cuarenta y cinco minutos suturando la herida. Sarah se quedó a su lado sosteniéndole la mano y Emma no quitó los ojos del techo durante todo ese tiempo, sonriendo. Solo demostró molestia cuando le apliqué la anestesia: frunció apenas el ceño.

—Ya está, eso es todo —dije quitándome los guantes y depositándolos en la bandeja quirúrgica.

—Ah, Emma —dijo Sarah acercándose a su hermana—, tu frente se ve bien. Creo que el doctor Lesslie debería dedicarse a la costura.

Emma solo sonrió. Lori le estaba dando a Sarah instrucciones para cuidar la herida y yo salí de la habitación.

Unos minutos después se me acercaron. Emma estaba en la silla de ruedas, con su suéter, y Sarah la llevaba.

Se detuvieron en la enfermería y Sarah dijo:

—Gracias otra vez por su ayuda —dio una palmada en el hombro a su hermana y agregó—. Y Emma también se lo agradece.

—Por nada, Sarah —respondí—. A ti también, Emma —agregué, bajando la mirada hacia ella, que también estaba mirándome—. Cuídense entre ustedes.

Sarah asintió y sonrió. Luego giró y comenzó a empujar otra vez la silla de ruedas. Se detuvo, sin saber bien adónde dirigirse. Cuando estaba por hablarle, Sarah se inclinó hacia su hermana y le dijo:

—Aquí vamos, Emma, por aquí —atravesaron el pasillo y desaparecieron a través de la entrada de Triaje.

En verdad, aquí hubo un espíritu ministrando, un ángel que pasó por esta vida y tocó la nuestra.

◆◆◆

Las puertas de la zona de ambulancias se abrieron y Willie James entró con su silla de ruedas a la sala de urgencias junto a dos mujeres de treinta y tantos años. Eran sus hijas y estaban llevando su silla hacia la enfermería. Una de ellas nos miró y dijo:

—Mi papá está teniendo problemas para respirar. Es su corazón otra vez.

Virginia acababa de salir de su oficina con los primeros horarios de enfermería del próximo mes. Cuando vio a Willie, dejó la pila de papeles en el mostrador y se acercó directo a él.

—¿Qué problema tiene esta noche, Willie? —preguntó. Se abrió paso entre las dos mujeres y tomó la silla de ruedas—. Vayamos por aquí —agregó. Me miró y señaló con la cabeza la sala de Cardiología.

Willie James tenía sesenta y tres años. Había sufrido un infarto importante hacía tres años, que le había dejado poco menos de la mitad de su músculo cardíaco. Desde ese momento, estaba siempre al borde de la insuficiencia cardíaca. En ocasiones estaba bien, pero otras veces entraba en un territorio peligroso. Demasiada sal, demasiado estrés, demasiada actividad física, muchas cosas podrían sobrecargar su corazón y los fluidos podrían entrar en sus pulmones. Cada vez le costaría más respirar, no podría caminar distancias cortas o incluso recostarse sin quedarse sin aire. Luego se formaría una especie de espuma en sus labios. Los pacientes a veces lo describían como sentir que te estás "ahogando en tus propias secreciones" y es entendible que eso te asuste.

Esa noche, Willie estaba al filo del abismo, pero estaba tranquilo y hasta pudo sonreírle a Virginia cuando se acercó a él. Estaba muy falto de aliento para responder sus preguntas y solo asentía mientras se inclinaba hacia adelante en la silla, agarrando con fuerza los reposabrazos y respirando con dificultad. En sus labios era evidente la espuma que delataba la insuficiencia cardíaca.

Willie vestía una antigua camiseta y un pantalón a cuadros gastado. Sus pies estaban cubiertos con unos calcetines deportivos blancos y uno de ellos se había caído a mitad de camino. Su dedo sucio y descuidado se arrastraba por el piso. Me levanté de detrás del mostrador y los seguí a la sala de Cardiología.

Sin que le indicara nada, Amy dijo:

—Traeré los equipos para realizarle radiografías y análisis, y a alguien de Fisioterapia respiratoria.

—Gracias —respondí, mirando el reloj de la pared. 10:35 p. m.

Willie no se veía bien. Esta vez había esperado mucho para pedir ayuda. No estaba reaccionando a nuestros tratamientos habituales y su condición empeoraba frente a nuestras narices. Él se estaba cansando. Virginia preparaba una bandeja auxiliar de vías respiratorias, anticipando que pronto deberíamos intubarlo y ponerlo en un respirador. Ese sería el próximo paso, pero quería evitarlo si era posible. Willie también. Miró la bandeja con los accesorios y los tubos y sus ojos se agrandaron. Me miró a mí. No podía decir nada, pero sus ojos hablaban por él.

Todos nos alegramos cuando comenzó a mejorar. Su saturación de oxígeno comenzó a subir y su pulso se redujo un poco. Continuamos con nuestros tratamientos y en cuarenta y cinco minutos pudimos ver que estaba mejorando. Tal vez había evitado el respirador esta noche, pero sin duda tenía que ser internado en el hospital.

—Willie, ¿su doctor es Angus Gaines? —le pregunté, para que solo me respondiera con la cabeza. Estaba bastante seguro de que era él.

Él asintió en señal de afirmación.

—Bien, lo llamaré y le diré que está aquí —continué—. Necesita quedarse en el hospital esta noche, ¿está bien?

Esa no era una pregunta, pero Willie asintió nuevamente.

Pocos minutos después, Amy tenía al doctor Gaines al teléfono.

Angus Gaines tenía poco más de setenta años y aún trabajaba a tiempo completo. Había trabajado en el Rock Hill por más de cuarenta años y mientras que técnicamente era un médico general, se encargaba de casi todo. No hacía cirugías, pero tenía más pacientes que cualquier otro médico en el área y quería ser parte de su cuidado. Supuse que querría saber que Willie estaba en la sala de urgencias. Seguramente vendría a verlo y luego haría que algún cardiólogo del equipo lo internara en la Unidad Coronaria.

Angus siempre venía a ver a sus pacientes. No importaban ni el día ni la hora. Lo llamaríamos y en unos minutos estaría en el área. Esa no era la regla de otros miembros del personal médico. De hecho, esa ya era la excepción.

Algunos días antes, una mujer de cuarenta años había estado en la sala de urgencias con síntomas de fiebre, escalofríos y dolor torácico. Tenía un historial agravado de lupus, una enfermedad inflamatoria de los tejidos conectivos internos, y hacía poco le habían diagnosticado insuficiencia renal. Llegamos a la conclusión de que tenía una pericarditis que complicaba el lupus. Esta era una infección en la capa externa del corazón y podía ser fatal. Necesitaba ingresar al hospital. Me dio el nombre de su médico de cabecera y le pedí a Amy que me comunicara con él.

Pocos minutos después, ella me dio el teléfono y hablé con su médico.

Luego de explicarle las circunstancias de esta paciente, me dijo:

—Bueno, Robert, atiendo a esa mujer en el consultorio, pero ahora me debe dinero y... bueno... No creo que la sigamos atendiendo. Tal vez deberías intentar hablar con el médico de turno para "médico no asignado" y ver si la puedes internar.

Estaba enfurecido. Su respuesta fue totalmente inapropiada, pero sabía que ese no era el momento de pelear esa batalla.

Observé a la paciente, feliz de que no hubiera escuchado nuestra conversación. Intenté controlar mi enojo y mi lengua, y miré la lista de los médicos de turno que estaba en una columna de la pizarra de enfermería. En esa lista estaban los médicos responsables de distintas especialidades: cirugía, cirugía ortopédica, pediatría, clínica. Estos miembros del personal médico tenían que hacerse cargo de los pacientes que no tenían médico.

Encontré la palabra "médico" y leí…

—Sí, Robert, intenta hablar con el médico de turno… —comenzó a burlarse.

—Espera, Jake —lo interrumpí con un gran sentimiento de satisfacción y sentido de justicia divina—. Eres tú. Tú estás de turno esta noche para los que no tienen un doctor asignado.

—¿Qué…?

Angus Ganes nunca nos respondería así. De hecho, nunca lo había escuchado tener un intercambio de palabras o mostrar ninguna molestia con sus pacientes o con los llamados tarde en la noche.

Esta noche no era la excepción. Estaba parado frente al mostrador cuando Amy me entregó el teléfono.

—Es el doctor Gaines —me dijo.

—Angus, habla Robert Lesslie de la sala de urgencias —dije, preguntándome si lo habríamos despertado—. Aquí tengo a uno de tus pacientes, Willie James. Otra vez está con insuficiencia cardíaca congestiva y necesita ingresar al hospital.

Mientras esperaba su respuesta, me acerqué la ficha de Willie para poder leer su información. Sabía lo que me iba a pedir y quería estar listo.

—Willie James, dices. —Su voz áspera resonó en mi oído. Angus parecía despierto, así que tal vez no habíamos molestado su descanso—. ¿Vive en Bird Street 122?

Busqué la información en la planilla.

—Sí, así es —respondí. Como siempre, me sorprendía mucho su memoria. Sabía dónde vivían casi todos sus pacientes, y eran muchos.

—Y nació… en abril de 1930 —agregó.

Busqué otra vez en la planilla. "Fecha de nacimiento: 18/04/1930". ¿Cómo lo hizo?

—Sí, correcto, otra vez —le dije.

—Sí, conozco a Willie. Voy para allá directamente.

Le devolví el teléfono a Amy. Sabía que "directo" significaba que estaría aquí en menos de quince minutos.

Pero ¿cómo lo hacía? ¿Cómo podía tener tanta memoria? Yo casi ni me acuerdo del aniversario de mi esposa, y debería recordarlo, porque también es el mío.

Aun así, que Angus Gaines, a su edad, tuviera esa memoria era algo impresionante. Se me ocurre que gran parte de la motivación para recordar esas cosas es el interés genuino que tiene por su gente.

Las puertas de la ambulancia se abrieron y miré el reloj. 12:22 a. m. A once minutos de colgar el teléfono aquí estaba Angus atravesando la puerta.

—Buenas noches, Robert —dijo—. ¿Dónde está Willi?

Le señalé la habitación de Cardiología y me dirigí hacia allí.

Quien no conociera al doctor Angus Gaines, de seguro estaría mirando su apariencia. Amy y yo ya estábamos acostumbrados y casi no lo notamos.

Angus caminaba hacia Cardiología vistiendo un sobretodo gris hasta las rodillas y debajo podía verse el pantalón de su pijama a rayas. En sus pies tenía pantuflas de cuero color café. Se quitó el bombín gris y lo lanzó hacia el mostrador.

—¿Cree que está mejorando? —preguntó.

Lo puse al corriente rápidamente mientras entrábamos a la habitación. Las hijas de Willie estaban con él, una de cada lado de la camilla. Los tres nos miraron cuando entramos.

Cualquiera hubiera pensado que era Navidad. Cuando vieron a Angus Gaines, sus ojos se iluminaron y sus rostros se inundaron de sonrisas. Una de las hijas corrió y lo abrazó.

—¡Qué alegría que esté aquí! —dijo.

Treinta minutos después, ya estaban camino a la Unidad Coronaria. Angus tomó su sombrero de la enfermería y me miró.

—Gracias por cuidar de Willie. Voy a subir para asegurarme que se instale bien. Haré que uno de los cardiólogos lo venga a ver.

Ahí se fueron todos, y Angus se alejó silenciosamente por el pasillo deslizando sus pantuflas.

No hubo ningún otro acontecimiento en el resto de mi turno, solo algunos pocos pacientes en las primeras horas de la mañana. Mi relevo llegó faltando cinco minutos para las siete y yo tomé mi maletín y salí por la puerta de la zona de ambulancias.

El aire de la mañana era puro y fresco, y el sol intentaba asomarse por detrás de los árboles al final del estacionamiento de los doctores. Caminé por la loma hacia mi auto y, por primera vez, me di cuenta de lo cansado que estaba. Tenía muchas ganas de llegar a casa, tomar un baño e irme a la cama.

Sentí un movimiento detrás, a mi izquierda, que me llamó la atención. Me detuve y giré. Alguien estaba caminando por el otro extremo del estacionamiento. Vi que era un hombre con un sobretodo oscuro y un bombín. Era Angus Gaines. Acababa de salir del hospital. Había estado toda la noche en el cuarto de Willie James; no había querido irse hasta estar seguro de que todo estaba estable y de que Willie estaría bien.

Tenía las manos dentro de los bolsillos y arrastraba sus pies enfundados en pantuflas. Obviamente estaba pensando algo muy profundo. Por un momento, lo miré con admiración mientras subía la loma. Mientras lo observaba, ocurrió algo extraño y asombroso. El primer haz de luz de la mañana se asomó entre los árboles y alumbró directamente a este hombre admirable.

Somos como niños, que necesitamos maestros que nos iluminen y
nos guíen; por eso Dios nos envía a sus ángeles, para que
sean nuestros maestros y guías.
Tomás de Aquino

NOTAS

Página 53: "Todos deseamos el conocimiento...". Thomas à Kempis, *The imitation of Christ*, Peabody, MA: Hendrickson Publishers, 2005, p. 4. [Trad. esp. *Imitación de Cristo* (trad. Agustín Magaña Méndez), Barcelona: Herder, 1991].

Página 216: "Hay que tener mucha...". Stanislaw Lec, *Unkempt Thoughts*, Nueva York: St. Martin's Press, 1962, p. 110. [Trad. esp. *Pensamientos despeinados* (trad. Emilio Quintana), Barcelona: Península, 1996].

Página 241: "Pues ¿qué es una piedad...". Antoine de Saint Exupéry, *The Wisdom of the Sands*, Nueva York: Harcourt Brace and Company, 1950, p. 26. [Trad. esp. *Ciudadela* (trad. Hellen Ferro), Barcelona: Alba Editorial, 1997].

Página 260: "Somos como niños...". Tomás de Aquino, *Summa Theologica*, reimpr., Denton, TX: Christian Classics, 1981. [Trad. esp. *Suma de teología* (ed. dir. por los Regentes de Estudios de las Provincias Dominicanas en España), 16 vols., Madrid: Biblioteca de Autores Cristianos, 1988].

SOBRE EL AUTOR

El doctor Robert Lesslie tiene más de treinta años de experiencia trabajando en salas de urgencias. Ha escrito varios libros, columnas en periódicos y revistas, e historias de interés humano. En la actualidad es socio y director médico de dos clínicas de urgencias y reside en Carolina del Sur junto con su esposa.